职业教育课程改革成果教材

国际贸易

基础与实务

Guoji Maoyi Lilun yu Shiwu

International

陈　曦　王秋晓　　　　主　编
王兆立　王爱民　张淑泉　副主编

东北财经大学出版社 · 大连
Dongbei University of Finance & Economics Press

图书在版编目（CIP）数据

国际贸易基础与实务 / 陈曦，王秋晓主编. —大连：东北财经大学出版社，2017.1（2017.8重印）
（职业教育课程改革成果教材）
ISBN 978-7-5654-2636-0

Ⅰ. 国… Ⅱ. ①陈… ②王… Ⅲ. 国际贸易-职业教育-教材 Ⅳ. F74

中国版本图书馆CIP数据核字（2017）第005716号

东北财经大学出版社出版
（大连市黑石礁尖山街217号 邮政编码 116025）
网 址：http：//www.dufep.cn
读者信箱：dufep@dufe.edu.cn

大连雪莲彩印有限公司印刷 东北财经大学出版社发行

幅面尺寸：185mm×260mm 字数：258千字 印张：11.5
2017年1月第1版 2017年8月第2次印刷

责任编辑：周 欢 王芃南 责任校对：周晓慧
封面设计：张智波 版式设计：钟福建

定价：22.00元

教学支持 售后服务 联系电话：（0411）84710309

如有印装质量问题，请联系营销部：（0411）84710711

前　言

加入世界贸易组织以来，我国对外贸易的竞争力在世界所处的地位不断地增强，2013年我国货物贸易额已上升至世界第一位，超过了世界唯一的超级大国——美国，成为名副其实的贸易大国。同时，我国外贸企业数量大幅度增加，对不同层次的外贸专业人才的需要也在不断扩大。2014年5月，国务院印发了《国务院关于加快发展现代职业教育的决定》（国发〔2014〕19号，以下简称《决定》）。《决定》强调，加快发展现代职业教育是党中央、国务院作出的重大战略部署。因此，对于职业教育来说，培养高素质的国际商务工作一线人员的要求体现得越来越明显。在上述良好发展前景的激励下，为适应职业院校教育教学方式、方法的改革，打破传统的教学模式，更好地开展职业院校“国际经济与贸易”“国际商务”专业课程的教学，作者依据国家最新的专业教学标准和相关课程标准，组织编写了本书。

“国际贸易基础与实务”是“国际经济与贸易”“国际商务”专业的核心课，也是财经商贸大类专业的基础课。在内容的选择和编排上，作者着眼于国际贸易行业发展的要求、本学科的教学特点以及职业教育教材“实用”“适用”“够用”的教学要求来编写，努力体现了国际贸易行业的最新惯例与规则，以及职业岗位所对应的人才培养要求和新知识、新技术。

本书根据国际贸易工作岗位的实际要求，共设置了9个教学项目，具体包括：国际贸易基础知识，贸易术语，合同主要交易条款，商检基本知识与争议、索赔和仲裁，核算进出口商品价格，支付款项的结算，买卖合同的订立，国际贸易合同的履行，贸易方式的选择。采取了“项目—任务”的编写方式，各项目按照“学习目标”“任务描述”“任务实施”“项目小结”“项目训练”的体例来完成，其中“项目训练”包括填空题、判断题、单项选择题、问答题、实务训练题等内容。同时，根据教学情境的需要穿插了“案例”“知识拓展”“小提示”等栏目，既方便教师教学，又提高了学生对相应知识点、技能点的理解掌握。每个项目后的“项目训练”，使学生通过练习达到巩固知识、强化技能的目的。“项目训练”各习题的参考答案，可登录东北财经大学出版社网站（www.dufep.cn）查询或下载。本书可用于职业院校（高职和中职）国际经济与贸易、国际商务、电子商务、市场营销、物流服务与管理、商品经营等财经商贸类相关专业的教学，也可用于外贸人员培训。

本书由天津市第二商业学校陈曦担任第一主编，总纂并负责统稿。临沂市高级财经学校王秋晓担任第二主编。临沂市高级财经学校王兆立、王爱民、张淑泉担任副主编。

其他参与编写的人员有天津市第一商业学校杨松梓、张许畅，天津市经济贸易学校隋珅瑞、王佳。

在本书的编写过程中，我们还得到了行业和企业有关专家的无私帮助，在此深表感谢。由于编写者理论水平及实践经验均有一定局限，教材中难免有不足之处，敬请提出宝贵意见，我们将虚心学习，不断改进和完善。

编　者

2016年11月

目　录

项目一

国际贸易基础知识

■学习目标

知识目标：

1. 了解国际贸易的基本概念。
2. 掌握和理解国际贸易理论与政策。
3. 掌握国际贸易措施。

能力目标：

1. 能通过基本概念了解当今国际经济贸易形势。
2. 能运用国际贸易理论和政策分析经济贸易问题。
3. 能运用国际贸易措施来解决国际贸易实务中的问题。

国际贸易（International Trade）也称通商、世界贸易，是指跨越国境的货品和服务交易，一般由进口贸易和出口贸易所组成，因此也可称为进出口贸易。进出口贸易可以调节国内生产要素的利用率，改善国际间的供求关系，调整经济结构，增加财政收入等。

任务一　初涉国际贸易

任务描述

认识国际贸易，学习和掌握国际贸易的基本概念。能够明确国际贸易和国内贸易的内涵、区别。理解国际贸易各项指标的含义，并能正确分析各项指标，判断相关贸易国的贸易地位和贸易发展趋势。了解国际经济贸易现象，明确国际贸易的发展趋势。

任务实施

一、国际贸易与对外贸易

国际贸易是指世界各个国家（或地区）在商品和劳务等方面进行的交换活动。它是各国（或地区）在国际分工的基础上相互联系的主要形式，反映了世界各国（或地区）在经济上的相互依赖关系，是由各国对外贸易的总和构成的。

对外贸易是指一国（或地区）同其他国家（或地区）所进行的商品、技术和服务的交换活动。因此，提到对外贸易时要指明特定的国家，如中国的对外贸易等；某些岛国如英国、日本等也称对外贸易为海外贸易。

二、国际贸易的分类

1.按商品移动的方向分类

（1）进口贸易（Import Trade）：是指将其他国家的商品或服务引进到某国市场销售。

（2）出口贸易（Export Trade）：是指将某国的商品或服务输出到其他国家市场销售。

（3）过境贸易（Transit Trade）：A国的商品经过C国境内运至B国市场销售，对C国而言就是过境贸易。由于过境贸易对国际贸易的阻碍作用，世界贸易组织（World Trade Organization，WTO）成员之间互不从事过境贸易。

进口贸易和出口贸易是就每笔交易的双方而言，对卖方而言，就是出口贸易；对买方而言，就是进口贸易。此外，输入该国的商品再输出时，成为复出口；输出国外的商品再输入该国时，称为复进口。

2.按商品的形态分类

（1）有形贸易（Visible Trade）：是指有实物形态的商品的进出口。例如，机器、设备、家具等都是有实物形态的商品，这些商品的进出口称为有形贸易。

（2）无形贸易（Invisible Trade）：是指没有实物形态的技术和服务的进出口。专利使用权的转让、旅游、金融保险企业跨国提供服务等都是没有实物形态的商品，其进出口称为无形贸易。

3.按生产国和消费国在贸易中的关系（是否有第三国参加）分类

（1）直接贸易（Direct Trade）：是指商品生产国与商品消费国不通过第三国进行买卖商品的行为。贸易的出口国方面称为直接出口，进口国方面称为直接进口。

（2）间接贸易（Indirect Trade）和转口贸易（Entrepot Trade）：间接贸易是指商品生产国与商品消费国通过第三国进行买卖商品的行为，间接贸易中的生产国称为间接出口国，消费国称为间接进口国，而第三国则是转口贸易国，第三国所从事的就是转口贸易。

4.按贸易参加国的数量分类

（1）双边贸易：是指两国之间通过协议在双边结算的基础上进行的贸易。这种贸易，双方以一方的出口支付从另一方的进口，多实行于有外汇管制国家。另外，双边贸易也泛指两国间的贸易往来。

（2）多边贸易：是指三个或三个以上的国家通过协议在多边结算的基础上进行互有买卖的贸易。很显然，在经济全球化的趋势下，多边贸易表现得更为普遍。

三、国际贸易的特点

国际贸易属商品交换范围，与国内贸易在性质上并无不同，但由于它是在不同国家或地区间进行的，所以与国内贸易相比具有以下特点：

（1）国际贸易要涉及不同国家或地区，这些国家或地区在政策措施、法律体系方面可能存在着差异和冲突，语言文化、社会习俗等方面也有差异，所涉及的问题远比国内贸易复杂。

（2）国际贸易的交易数量和金额一般较大，运输距离较远，履行时间较长，因此交易双方承担的风险远比国内贸易要大。

（3）国际贸易容易受到交易双方所在国家的政治、经济变动、双边关系及国际局势变化等条件的影响。

（4）国际货物贸易除了交易双方外，还涉及运输、保险、银行、商检、海关等部门的协作、配合，过程较国内贸易要复杂得多。

四、国际贸易主要分析统计指标

1.贸易额和贸易量

贸易额是指用货币表示的贸易的金额；贸易量是指剔除了价格变动影响之后的贸易额，贸易量使得不同时期的贸易规模可以进行比较。这里有三个概念需要掌握。

（1）对外贸易额（Value of Foreign Trade）：是指一个国家在一定时期内的进口总额与出口总额的和。一般用该国货币表示，也可用国际上习惯使用的货币表示，联合国发布的世界各国对外贸易额是以美元表示的。各国在统计有形商品时，出口额以FOB价格计算，进口额以CIF价格计算，无形商品不报关，海关没有统计。

（2）国际贸易额（Value of International Trade）：是指以货币表示的世界各国对外贸易值的综合，又称国际贸易值。它等于一定时期内世界各国用FOB价格计算的出口贸易额之和。

（3）贸易量：是指为了剔除价格变动影响、准确反映国际贸易或一国对外贸易的实际数量而确立的一个指标。在计算时，以固定年份为基期而确定的价格指数去除报告期的贸易额，得到的就是相当于按不变价格计算（剔除价格变动的影响）的贸易额，该数值被称为报告期的贸易量。

贸易量可分为国际贸易量和对外贸易量以及出口贸易量和进口贸易量。

2.贸易差额（Balance of Trade）

贸易差额是指一个国家在一定时期内（通常为一年）出口总额与进口总额之间的差额。

（1）贸易顺差（Favorable Balance of Trade）：中国也称它为出超（Excess of Export over Import），表示一定时期的出口额大于进口额。

（2）贸易逆差（Unfavorable Balance of Trade）：中国也称它为入超（Excess of Import over Export）、赤字，表示一定时期的出口额小于进口额。

（3）贸易平衡：是指一定时期的出口额等于进口额。

一般认为贸易顺差可以推进经济增长、增加就业，所以各国无不追求贸易顺差。但是，大量的顺差往往会导致贸易纠纷，例如日美汽车贸易大战等。

3.贸易条件（Terms of International Trade）

贸易条件是指出口商品价格与进口商品价格的对比关系，又称进口比价或交换比价。它表示出口一单位商品能够换回多少单位进口商品。很显然，换回的进口商品越多，越有利。

4.国际贸易商品结构（Composition of Trade）

国际贸易商品结构是指各类商品在贸易总值中所占的比重。

5.国际贸易地理方向

（1）对外贸易地理方向（Direction of Foreign Trade）。

对外贸易地理方向是指该国进口商品原产国和出口商品消费国的分布情况，它表明该国同世界各国家、各地区之间经济贸易联系的程度。由于对外贸易是一国与他国之间发生的商品交换，因此，把对外贸易按商品分类和按国家分类结合起来分析研究，即把商品结构和地理方向的研究结合起来，可以查明一国出口中不同类别商品的去向和进口中不同类别商品的来源，具有重要意义。

（2）国际贸易地理方向（Direction of International Trade）。

国际贸易地理方向是指国际贸易的地区分布和商品流向，也就是各国家、各地区在国际贸易中所占的地位，通常用它们的出口额（或进口额）占世界出口贸易总额（或进口贸易总额）的比重来表示。国际贸易地理方向亦称“国际贸易地区分布”（International Trade by Region），用以表明世界各洲、各国或各个区域集团在国际贸易中所占的地位。计算各国在国际贸易中的比重，既可以计算各国的进、出口额在世界进、出口总额中的比重，也可以计算各国的进出口总量在国际贸易总量（世界进出口总额）中的比重。

6.对外贸易依存度（Foreign Dependence Degree）

对外贸易依存度是指一个国家（或地区）在一定时期内的进出口贸易值与该国同时期国内生产总值的比例关系。它是衡量一个国家（或地区）经济对进出口贸易依赖程度的一个指标。

五、国际经济贸易的发展趋势和特点

当前国际经济贸易的发展趋势和特点可以归纳为六个方面：

（1）国际贸易步入新一轮高速增长期，贸易对经济增长的拉动作用愈加明显。

（2）以发达国家为中心的贸易格局保持不变，中国成为国际贸易增长的新生力量。

（3）多边贸易体制面临新的挑战，全球范围的区域经济合作势头高涨。

（4）国际贸易结构走向高级化，服务贸易和技术贸易发展方兴未艾。

（5）贸易投资一体化趋势明显，跨国公司对全球贸易的主导作用日益增强。

（6）贸易自由化和保护主义的斗争愈演愈烈，各种贸易壁垒花样迭出。

以贸易全球化为首要内容的经济全球化，对中国经济和商务发展产生了深刻影响。深入分析和把握当前国际贸易的发展趋势和特点，对我们科学决策，在更大范围、更广领域和更高层次上参与国际经济合作与竞争，把握经济全球化带来的各种机遇，具有十分重要的意义。

小提示 1-1

贸易可以使每个人的状况更好

贸易实际上就是以物换物，即把你最擅长做的东西和别人最擅长做的东西进行交换，就会得到你所需要的东西，这就是“双赢”。国际贸易的好处也是显而易见的，人与人之间、企业与企业之间、地区与地区之间、国家与国家之间可以多多地沟通，并开展贸易与合作。

任务二　探究国际贸易理论

任务描述

国际贸易理论试图解释为什么有国际贸易，以及作为一个国家应当如何对待国际贸易。通过学习，认识和掌握自由贸易理论中的绝对利益论和比较利益论、保护贸易理论，了解国际贸易新理论的基本原理。

任务实施

一、自由贸易理论

自由贸易理论（Free Trade Theory）的创始者是18世纪英国经济学家亚当·斯密，他是资产阶级经济学古典学派的主要奠基人之一，也是国际贸易理论的创始者。自由贸易理论的核心是，自由贸易可使参与贸易的双方均获得贸易利益。该理论是通过对贸易原因近乎完美的实证分析和逻辑推论而得出的，因此获得广泛认同；自由贸易理论自诞生以来，就一直是国际贸易的核心理论，成为整个国际贸易理论发展的主线，甚至成为国际贸易理论的理念和目标，对后世各种不同类型国家的贸易理论和政策选择产生了深远的影响。

亚当·斯密首创性地提出了分工学说。他的“绝对利益论”认为，不同国家生产同样的商品成本不同，一国应放弃成本绝对高的，而选择成本绝对低的进行专业化生产，并彼此进行交换，这样两国的劳动生产率都会提高，成本会降低，劳动和资本能得到正确的分配和运用，而分工和专业化的发展需要自由贸易的国际市场。因此，他认为自由贸易是增加国民财富的最佳选择。但亚当·斯密的“绝对利益论”无法解释当一国在所有产品的生产成本上较之另一国均处于绝对优势或绝对劣势时，仍能进行相互贸易的原因。

而18世纪至19世纪，英国另一位资产阶级古典政治经济学的奠基者——大卫·李嘉图的“比较利益论”解决了这个问题。他认为一国应根据“两优相较择其重，两劣相较取其轻”的比较利益法则，选择优势较大或劣势较小，即具有比较优势的产品进行专业化生产，而放弃优势较小或劣势较大产品的生产，并出口具有比较优势的产品，进口具有比较劣势的产品。李嘉图的“比较利益论”成为以后国际贸易理论发展的基石，为自由贸易政策提供了强有力的理论根据。此后，国际贸易理论的主流学派就一直倡导自由贸易，并将其作为贸易政策追求的理想目标。而在贸易实践上，随着工业革命的发展，19世纪中期以后到第一次世界大战前，以英国为首的各主要西方国家都实行了自由贸易政策。第二次世界大战后迅速发展的经济全球化、区域经济一体化、贸易与投资自由化以及GATT和WTO所建立的多边贸易体制都深受此理论的影响。自由贸易理论的要点有：

（1）自由贸易可形成互相有利的国际分工。在自由贸易下，各国可按照自然条件、比较利益和要素丰缺状况，专门生产其有利较大或不利较小的产品。这种国际分工可带来很多利益，如专业化的好处、要素的最优配置、社会资源的节约以及技术创新等。

（2）扩大真实国民收入。各国根据自己的禀赋条件发展具备比较优势的部门，要素就会得到合理有效的分配和运用，再通过贸易以较少的花费换回更多的东西，从而增加国民财富。

（3）自由贸易条件下，由于进口廉价商品，国民开支减少。

（4）自由贸易可加强竞争，减少垄断，提高经济效益。企业在自由贸易条件下，要与外国同行进行竞争，这样就会消除或削弱垄断势力，从长远看，能促进一国经济增长。

（5）自由贸易有利于提高利润率，促进资本积累。对外贸易可阻止国内利润率下降的趋势，通过商品进出口的调节，可以降低成本，提高收入水平，增加资本积累，使经济得以不断发展。

然而，纵观国际贸易历史，发展中国家贸易政策的选择却长期背离自由贸易原理。直到20世纪70年代后，发展中国家的贸易政策才不断倾向于开放和自由化；而20世纪90年代亚洲金融危机的发生，又促使人们对自由贸易理论特别是“比较利益论”在发展中国家的运用进行重新思考。这是因为，发达国家和发展中国家经济发展水平不同，在国际分工和贸易中所处地位及条件不同，自由贸易的利益在这两类国家间的分配存在着巨大差异。自由贸易理论在发展中国家的实践表明，它既能增进贸易利益，又带来不可避免的代价。

知识拓展1-1

“绝对利益论”与“比较利益论”举例说明

通过前面学习的内容我们知道，绝对利益论是将一国内部不同职业之间、不同工种之间的分工原则推演到各个国家之间的分工，从而形成的国际分工理论。其主张如果外国的产品比自己国内生产的要便宜，那么最好是输出本国在有利的生产条件下生产的产品去交换外国的产品，而不要自己去生产。

假设英国、葡萄牙两国都生产葡萄酒和毛呢两种产品，见表1-1。绝对利益是通过“生产成本”来衡量的，英国每单位葡萄酒需要的劳动投入是每年120人，葡萄牙是每年80人；对于每单位毛呢，英国的生产成本是每年70人，葡萄牙是每年110人。通过比较，我们可以得知，葡萄酒的生产成本是英国的高于葡萄牙的，毛呢的生产成本是英国的低于葡萄牙的，英国的绝对优势产品是毛呢，葡萄牙的绝对优势产品是葡萄酒。分工前，英国和葡萄牙各享有1单位葡萄酒和1单位毛呢。按照绝对利益论分工原则，英国生产和出口毛呢，葡萄牙生产和出口葡萄酒。在分工以后，英国毛呢产量是2.7单位，葡萄牙葡萄酒产量是2.375单位。

表1-1　　**绝对利益论条件下的国际分工与贸易利益**

	国别	葡萄酒产量（单位）	所需劳动投入（人/年）	毛呢产量（单位）	所需劳动投入（人/年）
分工前	英国	1	120	1	70
	葡萄牙	1	80	1	110
分工后	英国			2.7	190
	葡萄牙	2.375	190		
交换后	英国	1		1.7	
	葡萄牙	1.375		1	

按照1：1的单位条件进行交换，分工后英国毛呢产量2.7单位，用其中的1单位毛呢交换葡萄牙1单位的葡萄酒，英国享有1单位葡萄酒和1.7单位毛呢，比分工前增加了0.7单位的毛呢；分工后葡萄牙葡萄酒产量2.375单位，用其中的1单位葡萄酒交换英国1单位的毛呢，葡萄牙享有1单位毛呢和1.375单位葡萄酒，比分工前增加了0.375单位葡萄酒。

以上分析说明，如果一国在某种产品生产上具有比他国高的劳动生产率，该国在该种产品的生产上就具有绝对优势；相反，如果一国在某种产品的生产上具有比他国低的劳动生产率，该国在该种产品生产上就具有绝对劣势。通过国际分工，各国各自生产具有绝对优势的该种产品，交换后比分工前能获得更高的产量。

大卫·李嘉图继承并发展了亚当·斯密的“绝对利益论”，他认为在国际分工和国际贸易中起决定作用的不是绝对利益而是比较利益，并把它们作为国际分工的理论基础。大卫·李嘉图认为每个国家不一定生产各种商品，而应集中力量生产那些“两利取重，两劣取轻”的产品进行交换，这样就可以增加产品总量，节约社会劳动和资本，形成互利的国际分工和国际贸易。

见表1-2，葡萄牙单位葡萄酒和毛呢的生产成本，分工前分别是每年80人和每年90人，所需劳动投入均少于英国，从而英国在这两种产品的生产上都处于不利地位。根据亚当·斯密的绝对利益论，两国之间不会进行国际分工，从而也不会发生国际贸易。而大卫·李嘉图的理论认为，葡萄牙生产每单位葡萄酒所需劳动投入比英国每年少40人，生产毛呢每年只少10人，即葡萄牙每单位葡萄酒的生产成本为英国的0.67，每单位毛呢的生产成本是英国的0.9。显然，葡萄牙在葡萄酒的生产上优势更大一些，虽然它在毛呢生产上也具有优势；英国在两种产品的生产上都处于劣势，但在毛呢生产上劣势较小一些。根据李嘉图的论点，应根据“两利取重，两劣取轻”的原则进行分工和贸易，英国虽然都处于绝对不利地位，但应取其不利程度较小的毛呢进行生产；葡萄牙虽然都处于绝对有利地位，但应取有利程度较大的葡萄酒进行生产。按照这种原则进行国际分工，在两国劳动投入没有发生变化的条件下，两国产量都会增加，通过国际贸易，两国都会获得利益。分工后，英国毛呢产量达到2.2单位，葡萄牙葡萄酒产量达到2.125单位。分工后两国拥有的产品总量都增加了，英国增加了0.2单位的毛呢，葡萄牙增加了0.125单位的葡萄酒。

表1-2　　比较利益论条件下的国际分工与贸易利益

	国别	葡萄酒产量（单位）	所需劳动投入（人/年）	毛呢产量（单位）	所需劳动投入（人/年）
分工前	英国	1	120	1	100
	葡萄牙	1	80	1	90
分工后	英国			2.2	220
	葡萄牙	2.125	170		
交换后	英国	1		1.2	
	葡萄牙	1.125		1	

按照1∶1的单位条件进行交换，分工后英国毛呢产量2.2单位，用其中的1单位毛呢交换葡萄牙1单位的葡萄酒，英国享有1单位葡萄酒和1.2单位毛呢，比分工前增加了0.2单位的毛呢；分工后葡萄牙葡萄酒产量2.125单位，用其中的1单位葡萄酒交换英国1单位的毛呢，葡萄牙享有1单位毛呢和1.125单位的葡萄酒，比分工前增加了0.125单位葡萄酒。

以上分析说明，一个国家各种产品的生产都处于绝对优势，另一个国家都处于绝对劣势，但它们在不同产品生产上的优劣程度是不相同的，具体表现在劳动生产率的差距是不同的。也就是说，一个国家不一定要生产各种产品，而应集中生产优势最大或劣势最小的产品，即比较优势产品。然后进行国际贸易，由此形成的国际分工对贸易各国都有利。

二、保护贸易理论

保护贸易理论（Protective Trade Theory）的主要内涵是，国家广泛利用各种措施对进口和经营领域及范围进行限制，保护本国的产品和服务在本国市场上免受外国产品和服务的竞争，并对本国出口的产品和服务给予优待与补贴。国家对贸易活动进行干预，限制外国商品、服务和有关要素参与本国市场竞争，主要是为了保护国内市场以促进国内生产力的发展。重商主义限制进口，鼓励出口，其目的是为了积累金银财富，主张保护贸易的目的则是为了提高创造财富的生产力，表现方式主要有：出口补贴、进口关税和进口配额。国家重点保护的对象是那些对国家独立自主和经济发展有重要意义的工业。

在18世纪至19世纪，德国经济学家李斯特认为，在一个国家的各类产业中，工业最为重要，工业生产力提高了，会把农业的生产水平带动上去。因此他认为，农业不需要保护，不必限制农产品进口，否则不能从外国取得廉价的粮食和原料，这将不利于本国工业的发展。在工业中，也不是所有的部门都需要保护，需要保护的是那些幼稚而有发展前途的工业，是那些建立时需要大量投资并且所生产的是最重要的生活必需品的工业。对国内工业的保护绝不应是无限期的，否则，将会出现保护落后和保护低效率的结局。有些被保护了一定时期的工业部门，当其产品价格已低于国外同类产品的价格时，可以降低保护程度或完全撤除保护，让其进入国际市场自由竞争。有些被保护的工业部门，在过了一定的保护期后仍没有明显进步，离开政府给予的协助和扶植仍难以独立发展，这表明它们不适宜成为被保护的对象，政府应该撤除对它们的保护，任其自生自灭。对工业部门的保护期限最长不应超过30年，否则，将不利于经济的发展和生产率的提高。

三、国际贸易新理论

现代国际贸易所面临的是国际经济市场竞争的局面，市场已从卖方市场转变为买方市场，许多产品供大于求；同时，国际贸易中运用产业组织生产求得专业化优势使收益递增。对这些全新的国际贸易现象，必须用新的贸易理论进行揭示和说明。

1.产品周期理论

产品周期理论表明，西方经济学家把用创新技术生产的新产品在国际贸易中周期传递的国家分为三组：首先是出口新产品的工业高度发达的国家，如美国；其次是较小的工业发达国家，如大多数欧洲国家；最后是工业化发展中国家或地区，如泰国、马来西亚等。国际产品的周期传递分为如下五个阶段：

（1）出口产品处在导入期，假设新开发工业制成品的生产技术为美国所垄断，因美国工业发达，科技人才众多，研究和开发费用投资充分，在满足国内市场需求之后，国外对新产品的需求增加，美国开始扩大生产并提供出口。

（2）产品进入成长期，新产品在国外的市场份额逐渐扩大，当地厂商会仿制生产。此时，美国与发达工业国之间在生产技术上的差距基本消失。欧洲开始生产，美国出口增长缓慢，出口量开始下降。

（3）产品仍处在成长期，欧洲工业国家的生产企业由于节省了大量研究开发费用，其生产成本较低，美国的技术领先优势被竞争对手的价格优势所替代。其国外市场缩小，出口减少。

（4）产品进入成熟期，美国由净出口国变成净进口国。此时，欧洲工业国家生产规模扩大，成本降低，美国在技术和价格上都无力与之竞争。与此同时，发展中国家因国内需求扩大，也开始生产该产品，替代进口品。

（5）产品仍处在成熟期，发展中国家成为出口国。最先发明该产品的美国反而成为进口国。

2.需求相似理论

需求相似理论认为，发达国家工业制成品双向贸易的增加，主要由消费者的需求偏好来决定。而人均收入与贸易收入的趋同性、需求结构的相似性，增大了双方贸易的数量和机会。

（1）国内需求是出口贸易的基础。

（2）需求结构越相似，两国贸易量越大。

（3）影响一国需求结构的决定因素是平均收入水平。

3.产业内贸易学说

产业内贸易学说是指一个国家在出口的同时又进口某种同类产品。这里的同类产品是指国际标准分类至少三位数相同的产品。它们既出现在一国的进口项目中，又出现在该国的出口项目中。之所以会形成产业内贸易，是因为即使两国具有完全一样的资本-劳动比率，两国的厂商也会生产同类但有差异的产品；而消费者对这些产品的需求，一方面会促进各国扩大某种产品的规模，另一方面又会促进两国的国际贸易。

4.地区经济一体化的关税同盟理论

地区经济一体化是指在地缘区域内，由两个或两个以上的国家或地区出面结成的超国家的国际经济联合体。地区经济一体化，按照贸易壁垒撤除的程度可划分为：优惠贸易安排、自由贸易区、关税同盟、共同市场、经济同盟和完全经济一体化；按照经济一体化的范围可划分为：部门一体化和所有经济部门一体化；按照参加国的经济发展水平可划分为：经济发展水平相同或相近国家间的一体化和经济发展水平存在较大差异的国家间的一体化。

关于地区经济一体化对世界经济贸易的影响，西方经济学家讨论较多。其中，他们对关税同盟理论作了最具代表性的分析。该理论认为关税同盟的建立能给参加关税同盟的国家带来明显的经济效果。这是因为：

第一，关税同盟国之间的零关税制度，可使关税同盟内部产生贸易创造的效果。关税同盟内部实行统一的对外歧视性关税，可以产生抑制从非同盟国进口和扩大同盟国之间贸易的贸易转移效果。

第二，关税同盟的经济效果，就是由贸易创造获得的利益减去贸易转移造成的损失所得到的实际利益。这个差额是正数，并且正数越大，说明关税同盟的经济效果越好。

任务三 认识对外贸易政策

任务描述

对外贸易政策是国家为管理和调整国际贸易活动所制定的准则。通过学习，认识和掌握对外贸易政策中的自由贸易政策和保护贸易政策，了解管理贸易政策，理解出口管制措施，了解我国的对外贸易政策概况。

任务实施

一、对外贸易政策类型

对外贸易政策是指一国政府根据本国的政治经济利益和发展目标而制定的在一定时期内进出口贸易活动的准则。它集中体现为一国在一定时期内对进出口贸易所实行的法律、规章、条例及措施等。它既是一国总经济政策的重要组成部分，又是一国对外政策的重要组成部分。

它为发展经济服务，并随着国内外的经济基础和政治关系的变化而变化。从国际贸易的历史考察，以国家对对外贸易的干预与否为标准，可以把对外贸易政策归纳为三种基本类型：自由贸易政策、保护贸易政策和管理贸易政策。

1.自由贸易政策

自由贸易政策是指国家对商品进出口不加干预，即对进口商品不加限制，不设障碍；对出口商品也不给予特权和优惠，放任自由，使商品在国内外市场上自由竞争。自由贸易政策产生的历史背景是资本主义自由竞争时期（18世纪至19世纪），主要在英国、荷兰等首先进入资本主义、在经济上和竞争上居优势的国家实行，其主要代表人物是英国的古典经济学家亚当·斯密和大卫·李嘉图。自由贸易政策是自由放任经济政策的一个重要组成部分。国家取消对进出口贸易和服务贸易的限制和障碍，取消对本国进出口贸易和服务贸易的各种特权和优待，使商品自由进出口，服务贸易自由经营。也就是说，国家对贸易活动不加或少加干预，任凭商品、服务和有关要素在国内外市场公平、自由地竞争。

自由贸易政策是指国家对进出口贸易不加干预，任其自由竞争。自由贸易政策有单边、双边和多边几种。自由贸易政策的实施表现为关税的降低、应税商品的减少、非关税壁垒等的减少与取消。自由贸易政策随资本主义建立而出现，随资本主义发展而演变，时强时弱，没有绝对意义上的自由贸易政策。在国家存在和不平衡规律作用下，自由贸易政策成为主流政策时期短于保护贸易政策时期。但自由贸易政策有利于资本扩张本性的追求。第二次世界大战以来，随着资本国际化和经济全球化的发展，自由贸易政策成为主流，但不稳定。自由贸易政策为经济实力强的国家所采用，为国内成长产业集团所推动，它们是主要受益者。对经济实力薄弱的国家及幼稚产业，却意味着市场被外国占领，它们是主要受害者，因而自由贸易被认为是“强者”的政策。

英国是最早实行自由贸易政策的国家，它最先完成产业革命，是19世纪最强大的工业国家，1850年其工业产量占世界30%。同时英国又是最大的殖民帝国，版图占地球陆地面积1/4，殖民地面积超过本土10倍。英国成为世界工厂，商品销向全世界，原料、食品购自全世界，这就决定英国必须冲破国内保护贸易的限制，积极推行自由贸易政策。

2.保护贸易政策

推行保护贸易政策的国家对商品进出口积极加以干预，利用各种措施限制商品进口，保护国内市场和国内生产，使之免受国外商品竞争；对本国出口商品给予优待和补贴，鼓励扩大出口。保护贸易政策，在不同的历史阶段，由于其所保护的对象、目的和手段不同，可以分为：

（1）重商主义。

重商主义是16世纪到17世纪资本主义生产方式准备时期，欧洲各国普遍实行的保护贸易政策。重商主义代表商业资本的利益，追求的目标是把金银财富集中在国内，实现资本积累。早期重商主义注重货币差额，主张扩大出口、减少进口或根本不进口，因为出口可以增加货币收入，而进口必须支出货币；规定本国商人外出贸易必须保证有一部分金银或外国货币带回国内；外国商人来本国贸易必须把销售所得全部用于购买本国商品；禁止货币和贵金属出口，由国家垄断全部货币贸易。晚期重商主义注重贸易差额，从管制货币进出口转为管制商品进出口，主张通过奖励出口、限制进口、保证出超，以达到金银货币流入的目的。

（2）幼稚工业保护政策。

幼稚工业保护政策是18世纪到19世纪资本主义自由竞争时期，美国、德国等后起的资本主义国家实行的保护贸易政策。当时，这些国家的工业处于刚刚起步的幼稚阶段，缺乏竞争力，没有力量与英国的工业品竞争，这些国家的政府代表工业资产阶级利益，为发展本国工业，实行保护贸易政策，保护的方法主要是建立严格的保护关税制度，通过高关税削弱外国商品的竞争能力；同时也采取一些鼓励出口的措施，提高国内商品的竞争力，以达到保护民族幼稚工业发展的目的。

（3）超保护贸易政策。

超保护贸易政策是19世纪末至第二次世界大战期间资本主义垄断时期各资本主义国家普遍实行的保护贸易政策。在这一时期，垄断代替了自由竞争，成为社会经济生活的基础。同时，资本主义社会的各种矛盾进一步暴露，世界市场的竞争开始变得激烈。于是，各国垄断资产阶级为了垄断国内市场和争夺国外市场，纷纷要求实行保护贸易政策。但是，这一时期的保护贸易政策与自由竞争时期的保护贸易政策有明显的区别，是一种侵略性的保护贸易政策，因此称其为超保护贸易政策。超保护贸易政策具有以下特点：

①保护的对象不再是国内幼稚工业，而是国内高度发达或出现衰落的垄断工业。

②保护的目的不再是培植国内工业的自由竞争能力，而是垄断国内外市场。

③保护的手段不仅仅是关税壁垒，而且出现了各种各样的限进奖出的措施。

④新贸易保护主义。

新贸易保护主义是对第二次世界大战后贸易自由化倾向的反省，形成于20世纪70年代中期。这段时间，资本主义国家经历了两次经济危机，经济出现衰退，陷入滞胀的困境，就业压力增大，市场问题日趋严重。尤其是在战后贸易自由化中起领先作用的美国，在世界市场的竞争中，日益面临着日本和欧共体国家的挑战，从20世纪70年代开始，从贸易顺差转为逆差，且差额迅速上升。在这种情况下，美国率先转向贸易保护主义，各国纷纷效仿，致使新贸易保护主义得以蔓延和扩张。新贸易保护主义之所以“新”，是因为与传统的贸易保护主义相比，在保护手段上具有显著的特点：

①保护措施由过去以关税壁垒和直接贸易限制为主逐渐被间接的贸易限制所取代。

②政策重点从过去的限制进口转向鼓励出口，双边与多边谈判和协调成为扩展贸易的重要手段。

③从国家贸易壁垒转向区域贸易壁垒，实行区域内的共同开放和区域外的共同保护。

3.管理贸易政策

管理贸易政策，又称协调贸易政策，是指国家对内制定一系列的贸易政策、法规，加强对外贸易的管理，实现一国对外贸易有秩序、健康的发展；对外通过谈判签订双边、区域及多边贸易条约或协定，协调与其他贸易伙伴在经济贸易方面的权利与义务。管理贸易政策是20世纪80年代以来，在国际经济联系日益加强而新贸易保护主义重新抬头的双重背景下逐步形成的。在这种背景下，为了既保护本国市场，又不伤害国际贸易秩序，保证世界经济的正常发展，各国政府纷纷加强了对外贸易的管理和协调，从而逐步形成了管理贸易政策或者说协调贸易政策。管理贸易是介于自由贸易和保护贸易之间的一种对外贸易政策，是一种协调和管理兼顾的国际贸易体制，是各国对外贸易政策发展的方向。

二、出口管理措施

出口鼓励措施主要有出口信贷、出口信贷国家担保、出口补贴、商品倾销、外汇倾销等。

（1）出口信贷是指一个国家为了鼓励出口、增强商品的竞争能力，通过本国银行对本国出口商（卖方）或国外进口商或进口方银行（买方）提供的优惠利率的贷款。

（2）出口信贷国家担保是指国家为了扩大出口，对于本国出口厂商或商业银行提供的信贷，由国家设立的担保机构出面担保，当国外债务人拒绝付款时，该机构就按照承保的数额给予补偿。

通常保险公司不承保的出口项目都可向担保机构投保。担保风险一般分为政治风险和经济风险，前者一般为合同金额的85%～95%，后者一般为合同金额的70%～80%。

（3）出口补贴又称出口津贴，是指一国政府为了降低出口商品的价格，加强其在国外市场的竞争力，在出口某种商品时给予出口厂商的现金补贴或财政上的优惠待遇。需要指出的是，有些补贴会造成市场扭曲，属于不公平贸易行为，应根据有关承诺禁止使用。

出口退税可以降低出口商品的成本和价格，是国际贸易中常用的鼓励出口的措施，它不属于不公平贸易行为。出口退税就是在商品出口时，国家将其在国内生产流转过程中被征收的所有税款全部退还给出口商，使商品能够零税率出口的措施。中国已在逐步提高出口退税税率。

（4）商品倾销是指出口厂商以低于国内市场价格甚至低于成本的价格，在国外市场上大量抛售商品的行为。

案例1-1

1998年，美国企业诉中国果汁倾销。接到美方的反倾销诉讼时，中国湖滨果汁有限责任公司联合山东省北方安德利果汁股份有限公司、中鲁果汁集团公司和陕西省海升鲜果汁有限公司等9家国内企业经过充分的准备欣然应诉。在应诉过程中，中国企业一方面对国际市场上倾销价格的认定和技术处理作出了有利于我方的安排。另一方面，在中国相关法律技术人才奇缺的情况下，特地聘请了具有25年反倾销办案经验的美国资深律师为主办律师来办理此案。

经过艰难的应诉，美国国家贸易委员会作出最终裁决，对来自中国的浓缩苹果汁增收51.74%的反倾销税，比起美国企业最初要求的91%，不能不说是大获全胜了。面对世界各国的反倾销诉讼，中国企业应该如何应对呢？

资料来源　应颖．国际贸易基础知识［M］．3版．北京：高等教育出版社，2012.

案例解析：

第一，要积极应诉。应诉是我们应对反倾销的关键。正像打官司有原告和被告一样，并不是谁是原告谁就有理，被告有申辩的权利，最终理在何方要服从法庭的裁决。

第二，该起诉，就起诉。在国际贸易领域中，反倾销是一柄双刃剑，谁都可以利用它置对手于败境。与国际社会对我国的反倾销诉讼相比较，我国对外国产品提出反倾销诉讼的比例失衡，获胜的案例就更是凤毛麟角了。在国际范围内的反倾销斗争中，我们不能总是处于消极防御、被动挨打的地位。

第三，该应诉但不要盲目应诉。我们提倡积极应诉，就是说应诉就要有胜诉的把握，起码要有胜诉的可能。这意味着在应诉之前要进行充分的准备，不顾自身的条件限制，仓促、盲目应诉是不可取的。

（5）外汇倾销就是利用本国货币对外贬值的机会扩大出口。

本国货币贬值，则用外币表示的本国出口商品的价格就会降低，本国出口商品竞争力提高，有利于扩大出口。同时，用本币表示的进口商品的价格上升，进口商品竞争力下降，有利于限制进口。但外汇倾销是有条件的：货币贬值的程度大于国内物价上涨的程度；他国不同时实行同等程度的货币贬值或采取其他报复措施。

（6）鼓励出口的其他措施包括政府利用国家财政经费举办出口商品展销会，邀请外国贸易代表团来访和组织本国贸易代表团出访，以促进商品出口；颁布各种出口奖励政策；设置促进出口的行政机构，建立各类为出口厂商服务的信息情报网络；创办经济特区，鼓励出口加工贸易和转口贸易，促进对外贸易的发展。

出口管制措施是指国家对有些商品的出口实行管制。出口管制的商品包括：

①战略物资及其有关的先进技术资料。

②国内生产所需的原材料、半成品及国内市场供应不足的某些必需品。

③实行“自动”出口控制的商品。

④实行许可证出口管理的商品。

⑤为了实行经济制裁而对某国或某地区限制甚至禁止出口的商品。

⑥重要的文物、艺术品、黄金、白银等。

三、我国对外贸易政策概况

从中华人民共和国成立到1978年期间，根据当时的国内外经济政治形势，中国实行的是国家管制的封闭型的保护贸易政策。这种封闭型贸易政策实质上也就是过度的保护贸易政策，对保护的对象不进行正确选择，没有明确的保护期限，因此，这种政策存在不少弊端：

（1）不利于中国工业的进步。在高度保护政策上成长的民族工业，犹如温室中的花朵，成本较高，享受特殊的优惠待遇，无竞争压力，没有技术革新、提高产品质量的动力。

（2）容易导致国内资源的低效率配置。由于受保护的产业或企业享受各种优惠，国内资源会争相流入这些低效率的部门。

（3）失去了参与国际分工、获取比较利益、充分利用国际生产力的机会。

总之，这种政策使经济的内向程度加深，经济结构与国外先进国家的差距拉大，延缓了工业化的速度。

随着国内外经济政治形势的变化，尤其是中国共产党十一届三中全会的召开，作出了对内搞活、对外开放的英明决策，原来的封闭型保护贸易政策已不能适应这种变化的形势，改革势在必行，由国家统制下的封闭型保护贸易政策转变为国家统制下的开放型保护贸易政策。开放型保护贸易政策是指对外贸易活动由国家统一领导、控制和调节，积极参与国际分工和国际交换，使对外贸易高速发展，促进我国生产力的提高。在进口方面，把积极引进先进技术和设备、大力吸收外资作为战略重点，同时，适当进口满足人民物质和文化生活所需的生活用品和物资。在出口方面，根据我国的情况和国际市场的需要，利用中国自然资源的优势，扩大矿产品、耐用消费品和农副产品的出口，努力把初级产品、粗加工制品加工成工业制成品出口。总之，这一时期的对外贸易政策是与改革开放政策相一致的。随着出口贸易政策开始走向自由化，高度保护的进口贸易政策已不能适应我国参与多边贸易活动和进一步对外开放的形势。因此，1992年以来，我国对进口贸易政策进行了改革，使贸易保护程度大大降低，提高了民族企业的竞争意识和竞争能力，促进了经济体制改革的良性发展，提高了中国在国际经济中的地位。

1.适度保护

贸易政策是符合中国现阶段基本国情和对外开放政策的必然选择。中国现阶段的基本国情是人口多、底子薄、生产力水平低，经济发展存在着地区和产业方面的不平衡。改革开放30多年来经济快速发展，但科技水平和科技转换能力与发达国家相比差距还很大，综合国力还较弱。在这种情况下，如果实行自由贸易政策，无条件地全面开放市场，让发达国家的商品占领我国市场，对消费者来说暂时可以得到物美价廉的商品，但从长远看必然会冲击中国的民族工业。那么，如何从中国基本国情和世界政治、经济格局的现实出发，如何从中国经济发展战略和我国产品在世界市场上的竞争力以及我国的科技水平、资源、产业结构等情况出发，把自由贸易和保护贸易两种政策结合起来，制定更加科学的、符合国际惯例的对外贸易政策，是我国贸易政策制定机构面临的一项任务。笔者认为，现阶段及今后一段时期，中国的对外贸易政策应是在对外开放的基础上实行适度保护贸易政策。适度保护贸易政策会对我国有关行业和企业实行一定程度的保护，使国际竞争限制在中国所能承受的范围内，并逐步与WTO所要求的国际惯例接轨，这有利于提高资源的配置效率，并与国际市场保持有机联系。在现实经济生活中，面对激烈的市场竞争，各国包括发达国家在内都在一定时期和一定范围内采取程度不同的贸易保护，中国作为发展中国家更有充分理由实行适度的保护贸易政策。

适度保护贸易政策的前提是开放，贸易保护是在开放基础上的保护。随着国际分工和国际交换的深化，各国之间的经济联系日益加强。从某种程度上说，一个国家参与世界经济的程度和范围，成为衡量该国经济发展水平的重要标志。我国要想发展自己的经济，就必须逐步开放市场，把我国的市场纳入整个世界市场经济体系中，而不能独立于这个体系之外，并进一步提高我国企业在国际上的竞争力，培养它们在竞争环境中生存和发展的本领。充分利用国际国内两个市场、两种资源，对国内幼稚产业采取动态的保护措施，对在国外有发展潜力的产业和产品，实施鼓励出口措施，促进技术进步和产业结构调整，推动国民经济快速发展。

2.把握好适度保护贸易政策的“度”

中国正式加入世界贸易组织，是中国继20世纪70年代末实行对外开放政策以来的第二次对外开放，对中国的经济发展产生了深远的影响。既要对外开放市场又要保护民族工业，开放型适度贸易保护政策是建立在对外开放基础上的有目的、有选择的保护，并不是什么都保护，更不能保护落后的产业或企业。这就要求掌握好开放和保护的适度性，具体内容有：如何选择保护的对象；确定保护期限；保护要有高度的透明度和适当的保护高度。

中国是一个发展中的大国，国内已有相当雄厚的工业基础，某些行业或企业已达到或接近同行业国际先进技术水平，并建立了较为科学的经营管理体系，初步具备了与国际大企业竞争的一些条件，并且已进入或占领了国际市场。如我国具有比较优势的纺织业、家电业、机电设备制造业等，对这些行业没必要进行过度保护，而应让这些行业积极参与国际竞争，不断提高竞争力。那么受到保护的应是哪些行业或产业呢？受保护的应是幼稚产业、支柱产业和主导产业。

3.面临内外多重压力

当前，我国外贸发展面临的内外部环境略好于以往，但国际国内的风险因素叠加仍将对我国外贸发展造成较大压力，主要表现在如下方面：一是外需不足的矛盾尚未根本缓解。在世界经济复苏态势疲软、风险持续升高的情况下，我国出口企业订单不足的问题依然突出，特别是短单、小单多，长单、大单少的局面还将持续；二是贸易摩擦的影响持续加大，中国是贸易保护主义的最大受害者；三是转变外贸发展方式的任务更加紧迫。中国要素成本上升较快，在一定程度上削弱了制造业的成本竞争力。随着国内外环境的深刻变化，中国外贸难现前些年的持续高速增长。

4.外需改善不明显

世界经济已进入深度转型调整期，低速增长态势仍将延续，经济回升的基础并不稳固，对我国外贸利好作用有限，外需的改善并不明显。随着国家稳增长和促外贸一系列政策效果的逐步释放以及后续配套政策的陆续出台，我国出口增速有所回升，但难有大幅改善，仍将远低于过去几年的平均增速，进口增速将有所提高。

5.出口上升空间有限

中国出口的高增长可能已触及“天花板”，这意味着我国出口高速增长传统模式的黄金期已过，中长期内出口增速上升空间有限。中国和其他新兴工业国贸易顺差将随之减少。我国出口竞争力正处在稳步下滑之中，以大宗商品进口为主的一般贸易逆差将持续扩大，总体顺差将呈收窄趋势，贸易顺差占GDP的比例将进一步下行。国际环境倒逼我国要扩大内需、提高创新能力、促进外贸发展方式的转变。要由以劳动密集型为主的产业结构向资本和技术密集型的产业结构转变，提高高新技术产业的外向程度，培育品牌、营销网络和进行研发设计，由“中国制造”向“中国创造”转变。此外，还要继续稳定和扩大中国出口在国际市场中的份额，发挥进口对结构调整的支持作用，促进国际收支平衡。

任务四　了解国际贸易措施

任务描述

国际贸易措施是在进出口贸易中所实行的一些限制性壁垒。通过学习，了解当前国际贸易中普遍存在的关税措施与非关税措施，掌握非关税措施的种类、特点、影响、现状和趋势等问题。

任务实施

一、关税壁垒

关税是指一国海关根据该国法律规定，对通过其关境的进出口货物课征的一种税收。关税在各国一般属于国家最高行政单位指定税率的高级税种，对于对外贸易发达的国家而言，关税往往是国家税收乃至国家财政的主要来源。政府对进出口商品都可征收关税，但进口关税最为重要，是主要的贸易措施。

关税壁垒（Tariff Barrier）是指用征收高额进口税和各种进口附加税的办法，以限制和阻止外国商品进口的一种手段，是贸易壁垒的一种。这可以提高进口商品的成本从而削弱其竞争力，起到保护国内生产和国内市场的作用。它还是在贸易谈判中迫使对方妥协、让步的重要手段。世界贸易组织对其极力反对，并通过谈判将其大幅削减。

16世纪至17世纪，欧洲曾经运用关税壁垒阻止外国制成品的进口。19世纪，欧洲其他国家为了对抗英国工业品的大量输入，曾运用关税壁垒，以保护本国工业发展。20世纪后，发达资本主义国家运用关税壁垒，以保证国内垄断资本获取超额利润，并用其迫使其他国家就关税和外贸问题作出让步；发展中国家有时也运用关税壁垒，抵制他国低廉物品的倾销。

目前来看，关税仍然是国际贸易中的重要壁垒，因为：

（1）较低的关税平均水平掩盖了某些商品的高关税。比如美国，工业品的平均关税虽然只有3%，但有些工业品的关税却高达30%～40%。

（2）较低的名义关税掩盖了关税的有效保护率。在对最终产品和中间产品都征收关税的现实情况下，关税的有效保护率和对最终产品的名义保护率是不同的。日本关税的有效保护率约为名义关税率的2～2.5倍。20世纪60年代初，美国进口生铁的名义税率为2%，关税的有效保护率却为9%；服装的名义税率为25%，有效保护率却为36%。

（3）较低的正常进口税率掩盖了较高的进口附加税。当一个国家进口商品时，除了按照正常公布的税率征收进口税外，在需要时，还按照临时公布的税率加征一部分进口税。目的或者是为了应对国际收支危机，或者是为了防止外国实行商品倾销，或者是对某个国家实行歧视政策。如1971年8月15日，美国为了减少进口，解决它的国际收支危机，实行“新经济政策”，宣布征收10%的进口附加税，使许多国家的出口受到重大影响。后来，美国政府在其他国家强烈反对下，不得不取消了这一税率。

（4）实行反倾销税是目前国际上，特别是发达国家通常使用的限制进口的手段。反倾销是WTO允许成员方采取的保护本国产品和市场的一种手段，但它正被发达国家滥用。20世纪90年代以来，我国成为国际反倾销的最大受害者，涉及金额数百亿美元，有的国家对我国实行的反倾销税率超过100%。1993—1994年，墨西哥对我国十大类4 000多种商品征收所谓反倾销税，税率为16%～1 105%。

（5）随着区域集团化趋势的发展，关税成为参加关税同盟的国家对非成员方商品实行进口限制的手段。参加关税同盟的国家，比如欧洲经济货币联盟成员方，对内实行自由贸易，对外征收关税时实行统一税率。

关税壁垒对当前国际贸易的影响主要体现在以下两方面：

（1）对世界贸易发展的影响。

当世界上主要国家普遍提高关税壁垒时，不仅这些国家的进出口商品的数量要减少，而且由于相互影响、相互作用的结果，将进一步影响国际贸易的发展。在其他条件不变的情况下，世界主要国家关税税率的增减程度与国际贸易的发展速度成反比关系。

（2）对国际贸易商品结构和地理方向的影响。

关税壁垒在一定程度上影响国际贸易商品结构和地理方向的变化。发达资本主义国家工业制成品进口关税下降幅度超过农产品，工业制成品受非关税壁垒的影响程度小于农产品；发达资本主义国家之间的关税下降幅度超过对发展中国家和社会主义国家的关税下降幅度；发展中国家和社会主义国家对外贸易受发达国家非关税壁垒的影响程度超过发达资本主义国家本身。这种差异是第二次世界大战后制成品贸易的增长快于农产品贸易的增长、发达资本主义国家间贸易的增长超过它们与发展中国家和社会主义国家之间贸易增长的重要原因。

二、非关税壁垒

非关税壁垒（Non-tariff Barrier），又称非关税措施，指一国政府采取除关税以外的各种办法，对本国的对外贸易活动进行调节、管理和控制的一切政策与手段的总和。其目的是试图在一定程度上限制进口，以保护国内市场和国内产业的发展。非关税壁垒大致可以分为直接的和间接的两大类：前者是由海关直接对进口商品的数量、品种加以限制，其主要措施有：进口限额制、进口许可证制、“自动”出口限额制、出口许可证制等；后者是指进口国对进口商品制定严格的条例和标准，间接地限制商品进口，如进口押金制、苛刻的技术标准和卫生检验规定等。

1.非关税壁垒的种类

（1）进口配额制。

进口配额制（Import Quotas）是指一国政府在一定时期以内，对某些商品的进口数量或金额加以直接限制，在规定时间内，超过配额的商品不许进口，或者需被征收较高的关税或罚款才能进口。

例如，2016年我国粮食进口关税配额量为：小麦963.6万吨，玉米720万吨，大米532万吨（其中：长粒米266万吨、中短粒米266万吨）。

（2）“自动”出口配额制。

“自动”出口配额制（“Voluntary” Restriction of Export）是出口国或地区在进口国的要求或压力下，“自动”规定某一时期内，某些商品对该国的出口限制，在限定的配额内自行控制出口，超过配额即禁止出口。

例如，日本曾一度在美国的压力下，限制其汽车的对美出口，按每年允许出口的汽车数量（配额）自行限制出口。

（3）进口许可证制。

进口许可证制是指商品的进口，事先要由进口商向国家有关机构提出申请，经过审查批准并发给进口许可证后，方能进口，没有许可证，一律不准进口。

例如，我国对汽车的进口实施的是进口配额许可证管理，进口商必须申请并取得与配额相关的进口许可证才能进口。根据有关承诺，我国在2005年1月1日前全部取消对汽车及其关键件、摩托车及其关键件的进口配额许可证管理。

（4）进口押金制。

进口押金制又称进口存款制。它要求进口商在进口商品时，必须预先按进口金额的一定比率和规定的时间，在指定的银行无息存放一笔现金。这样就增加了进口商的资金负担，从而起到限制进口的作用。

（5）外汇管制。

外汇管制是指国家根据法令，对外汇买卖所实行的限制性措施。

对外贸易与外汇有密切的关系，出口可收进外汇，进口要付出外汇，因而外汇管制必然直接影响进出口贸易。进口外汇管制是限制进口的一种手段。

（6）最低限价制。

最低限价是指进口国对某一商品规定最低价格，进口价格如低于这一价格就征收附加税。例如，规定钢材每吨最低限价为320美元，若进口时每吨为300美元，则进口国要征收20美元的附加税，以抵消出口国可能的补贴或倾销。

（7）海关估价制。

海关为征收关税，确定进口商品价格的制度称为海关估价制。有些国家的海关根据某些特殊规定，会提高进口商品的海关估价，从而增加进口商的关税负担，达到限制进口的目的。

（8）苛刻的技术、卫生、检验标准。

一些国家为了限制进口，规定复杂、苛刻的工业产品技术标准、卫生检疫规定以及商品包装和标签规定，这些标准和规定往往以维护消费者安全和人民健康的理由来制定。但有些规定十分复杂，经常变化，使外国产品难以适应，从而起到限制进口的目的。我国出口的农产品有时存在着农药残留量超标的问题，出口纺织品有时也存在着有害物质超标的现象，这将会导致我国在今后面临上述非关税壁垒，这需要我们尤其注意和改进。

2.非关税壁垒的特点

关税壁垒通过提高进口商品的成本，提高其价格，降低其竞争力，从而间接地起到限制进口的作用。非关税措施则是直接限制进口，与关税措施相比，非关税措施的特点如下：

（1）非关税措施具有较大的灵活性和针对性。

关税税率的制定往往需要一个立法程序，一旦以法律的形式确定下来，便具有相对的稳定性，且受到最惠国待遇条款的约束，进口国往往难以做到有针对性的调整。

非关税措施的制定和实施，则通常采用行政手段，进口国可根据不同的国家作出调整，因而具有较强的灵活性和针对性。

（2）非关税措施更易达到限制进口的目的。

关税措施是通过征收高额关税、提高进口商品的成本来削弱其竞争力。若出口国政府对出口商品予以出口补贴或采取倾销的措施销售，则关税措施难以达到预期效果。非关税措施则能更直接地限制进口。

（3）非关税措施更具有隐蔽性和歧视性。

一国的关税一旦确定下来之后，往往以法律、法规的形式公布于世，进口国只能依法行事。而非关税措施往往不公开，或者规定繁琐复杂的标准或程序，且经常变化，使出口商难以适应。而且，有些非关税措施就是针对某些国家的某些产品设置的。

3.非关税壁垒的影响

非关税壁垒名目繁多，涉及面广，对国际贸易和有关进出口国家的影响较难估计，但可以从以下几方面来看：

（1）对国际贸易发展的影响。非关税壁垒对国际贸易发展起着很大的阻碍作用。在其他条件不变的情况下，世界性的非关税壁垒加强的程度与国际贸易增长的速度成反比关系。例如，在第二次世界大战后的50年代到70年代初，关税有了大幅度的下降，同时，各发达国家还大幅度地放宽和取消进口数量限制等非关税措施，因而在一定程度上促进了国际贸易的发展。

（2）对商品结构和地理方向的影响。非关税壁垒还在一定程度上影响着国际贸易商品结构和地理方向的变比。第二次世界大战后，受非关税壁垒影响的产品的总趋势是：农产品贸易受影响的程度超过工业品，劳动密集型产品贸易受影响的程度超过技术密集型产品，而受影响国家则是发展中国家和社会主义国家比发达国家要多，程度也更严重。这些现象，都严重影响着国际贸易商品结构与地理方向的变化，使发展中国家和社会主义国家对外贸易的发展受到重大损害。

（3）对进口国的影响。关税壁垒对进口国来说，可以限制进口，保护该国的市场和生产，但也会引起进口国国内市场价格上涨。例如，如果进口国采取直接进口数量限制措施，则不论国外的价格上升还是下降，也不论国内的需求多大，都不增加进口，这就会导致国内外之间的价格差异拉大，使进口国国内价格上涨，从而保护了进口国同类产品的生产，这在一定条件下可以起到保护和促进该国有关产品的生产和发展的作用。

但是，非关税壁垒的加强会使进口国消费者付出巨大的代价，他们要付出更多的金钱去购买所需的商品，国内出口商品的成本与出口价格也会由于价格的上涨而提高，削弱出口商品的竞争力。为了增加出口，政府只有采取出口补贴等措施，从而增加了国家预算支出，加重了人民的税收负担。

（4）对出口国的影响。进口国加强非关税壁垒措施，特别是实行直接的进口数量限制，固定了进口数量，将使出口国的商品出口数量和价格受到严重影响，造成出口商品增长率下降或出口数量的减少和出口价格下跌。一般来说，如果出口国出口商品的供给弹性较大，则这些商品受进口国的非关税壁垒影响而引起的价格下跌幅度将较小；反之，如果出口国出口商品的供给弹性较小，则这些商品受进口国的非关税壁垒影响而引起的价格下跌幅度将较大。由于大部分发展中国家的出口产品供给弹性较小，所以，世界性非关税壁垒的加强使发展中国家受到严重的损害。

4.对外贸易中非关税壁垒现状

随着我国对外贸易地位的迅速提高，出口规模的不断扩大，产品竞争力的提升，加上与主要工业国的贸易不平衡状况日益加剧等，我国遭遇的贸易摩擦逐渐增多。目前，我国出口日益受到其他国家的关注和牵制，出口产品受到国外名目繁多、形式多样的贸易措施限制，特别是非传统贸易壁垒的制约在加大。美、欧等贸易大国还采取了许多违反世界贸易组织规则和自由贸易精神的不合理限制措施，变换各种方式，制造和滥用贸易壁垒。目前，在我国对外贸易活动中，技术性贸易壁垒对出口的制约作用迅速上升；贸易救济措施仍是影响出口的重大贸易壁垒；知识产权问题成为出口的新制约因素。

从我国对进口产品实施贸易救济情况看，为了抵御进口产品的不公平竞争，我国依据世界贸易组织基本精神和规则，积极完善各类贸易救济制度，对某些进口产品实施了贸易救济措施，以保护国内产业和市场秩序。但从总体看，在我国进口贸易迅猛增长的情况下，如何合理、有效地运用非关税措施仍存在着一些问题。我国对外反倾销立案数量与进口的增长还有差距；一些贸易救济措施的启动在不同产业间造成不合理的“分配效应”；在技术性贸易措施、知识产权保护等方面尚缺乏足够的手段。

贸易摩擦的蔓延和升级威胁着我国的出口贸易环境，不仅给出口持续发展带来重大威胁，而且对宏观调控和对外政治关系造成严重干扰，成为制约我国对外贸易发展和产业结构调整的主要因素之一。从当前形势看，今后一段时期我国对外贸易仍将保持增长态势，出口增速将继续高于世界贸易平均增速和大多数国家的出口增长水平，与一些国家的双边贸易失衡状况恐将难以得到完全解决。由此，我国出口产品在全球范围内遭遇贸易救济措施及贸易壁垒也难以避免，各种贸易争端可能还会进一步增加，我国企业将因此增加参与国际贸易的成本，面对更多的冲击和挑战。今后，我们要充分准备来应对遭遇的贸易壁垒及其引发的具体案件。

5.非关税壁垒发展趋势

20世纪90年代以来，由于WTO组织的不懈努力及各个国家通过双边和多边贸易谈判，传统的非关税壁垒，如配额、进口许可证等已大为减少，但与此同时，非关税壁垒领域出现了新的发展趋势，这突出表现在：

（1）反倾销的措施不断增强。反倾销的最初目的在于抵制国际贸易中的不公平行为，消除价格歧视。然而一些国家却把它当作一种战略竞争的手段，借此打击竞争对手和作为防止对手强大的武器来使用，使其带上了浓重的贸易保护色彩。从发展趋势看，反倾销将成为21世纪国际贸易壁垒的主导。如就反倾销的实施情况来看，中国仍然是最大的受害国。从1996年开始，中国已连续多年成为世界上受到反倾销调查最多的国家。仅2014年，中国所遭受到的反倾销、反补贴调查就有97项。

（2）贸易技术壁垒（TBT）迅速发展。由于WTO有关技术壁垒的协议并不否认TBT存在的合理性和必要性，允许各国根据自身的特点制定与他国不同的技术标准，发达国家利用此法律依据制定了多种技术法规、技术标准、质量认证等来限制其他国家的出口产品。随着科学的进步、技术创新的深入，新的技术标准会不断涌现，并被不断地纳入新的技术法规。技术创新使检测设备、手段、方法也更加先进，一些WTO发达成员方运用TBT的水平也逐渐提高，对进口产品的标准规定得越来越细，要求也越来越高。例如，日本对中国大米的农药残留量，从原来的65项检测指标增加到104项。此外，从涉及领域看，TBT从生产领域开始逐渐扩张至贸易领域，从有形商品扩张到金融、信息等服务以及投资、知识产权的各个领域。

（3）数量保障措施使用频繁。数量保障措施的形式主要有进口配额、自愿出口限额和进口禁止。数量保障措施用于出口限制具有直接、迅速的特点。因此，许多西方国家针对发展中国家对外贸易迅速发展的特点，攻击其出口商品的“数量激增”。其中，最具威胁力的是专门针对中国制定的“特保条款”。如2005年6月23日，巴西政府曾对原产于中国的产品采取特别保障措施，从而暂时保护巴西国内工业，这部法令一是针对中国的纺织品服装实施配额和附加税，二是针对中国的其他特定产品。另外，欧盟、美国等中国主要的出口国还出现了这样一种趋势，即当找不到合适的理由实施技术贸易壁垒和反倾销措施时，就会转求助于“特保条款”。

（4）绿色壁垒名目激增。贸易与环境问题正日益得到国际社会、各国政府及人民的关注，成为国际政治、经济领域的焦点问题之一。因此，西方发达国家利用绿色浪潮席卷全球与世界绿色经济兴起的趋势，打着保护自然资源、保护环境和人类健康的旗帜，制定一系列复杂苛刻的环保制度和标准，对来自别国或地区的产品及服务设置屏障，如北欧四国的“白天鹅制度”、欧盟的“EU制度”、日本的“生态标志制度”等。

（5）灰色区域措施的使用。优惠性原产地规则和政府采购政策等灰色措施仍然游离于WTO多边约束规则之外，从而，被大多数成员方作为贸易保护手段广泛运用。由于原产地规则和政府采购政策背后都隐藏着巨大的经济利益，因此，各个国家政府都通过制定各类的法律、法规来限制其他国家产品的进口，以达到保护该国生产商利益的目的。

（6）劳工标准和动物福利的兴起。劳工标准和动物福利这两项措施虽然还未被纳入国际贸易制度中，但是发达国家为了削弱发展中国家的劳动力和原材料比较优势，一直力图使其正式成为WTO的制度，而且已经逐步开始使用该措施来限制发展中国家的出口。在动物福利方面，2002年乌克兰曾经有一批生猪经过60多个小时的长途跋涉运抵法国却被法国有关部门拒收，理由是运输过程没有考虑到猪的福利，中途未按规定时间休息。在劳工标准方面，据美国商会组织调查，目前有50%的跨国公司和外贸企业表示，如果SA8000标准实施，将重新与中国企业签订新的采购合同。中国的产品结构属于劳动密集型居多，而SA8000主要是针对劳动密集型产品，因此，这无疑将给中国的外贸发展带来巨大影响。

项目小结

国际贸易不仅把商品生产发展很高的国家互相联系起来，而且也将生产发展水平低的国家和地区纳入交换领域中，使作为一般等价物的货币深入到它们的经济生活中，使这些国家和民族的劳动产品日益具有商品和交换价值的性质，价值规律逐渐支配了他们的生产。随着各国的商品流通发展成为普遍的、全世界的商品流通，世界价格的形成，价值规律的作用扩大到世界市场，为各国商品的生产和交换条件进行比较建立了基础，促进了世界生产和贸易的发展。通过国际贸易，参与国际分工，节约社会劳动，不但可以使各国的资源得到最充分的利用，而且还可以保证社会再生产顺利进行，加速社会扩大再生产的实现。

项目训练

一、填空题

1.16～17世纪资本主义生产方式准备时期，欧洲各国普遍实行________下的强制性的贸易保护政策。

2.在资本主义自由竞争时期，在对外贸易政策方面，英国实行的是________，美国和德国实行的是________。

3.________用以表明各国、各个国家集团在国际贸易中所处的地位。

4.________就是各类商品在贸易总值中所占的比重。

5.按商品移动方向分类，国际贸易可以分为________、________和________。

6.对外贸易政策基本上可以分为________、________、________三种类型。

7.____________就是一国政府在一定时期内，对于某些商品的进口数量或金额加以直接限制，在规定时间内，超过配额的商品不许进口，或者需被征收较高的关税或罚款才能进口。

二、判断题

1.国际贸易也称通商，是指跨越国境的货品和服务交易，一般由进口贸易和出口贸易所组成，因此也可称为进出口贸易。 (　　)

2.对外贸易依存度是指一个国家（或地区）在一定时期内的进出口贸易值与该国同时期国内生产总值的比例关系。它是衡量一个国家（或地区）经济对进出口贸易依赖程度的一个指标。 (　　)

3.直接贸易不可以间接运输，转口贸易可以直接运输。 (　　)

4.贸易条件是出口商品价格与进口商品价格的对比关系，又称交换比价。它表示出口一个单位商品能够换回多少单位进口商品。很显然，换回的进口商品越多，越为不利。 (　　)

5.自由贸易政策是指国家对商品出口不加干预，对进口商品多加限制，设置障碍；对出口商品不给予特权和优惠，放任自由，使商品在国内外市场上自由竞争。 (　　)

6.自由贸易理论创始者是英国经济学家亚当·斯密。 (　　)

7.李斯特认为，在一个国家的各类产业中，工业最为重要，工业生产力提高了，会把农业的生产水平带动上去。 (　　)

8.商品倾销是指出口厂商以高于国内市场价格甚至低于成本的价格，在国外市场上大量抛售商品的行为。 (　　)

9.关税是指一国海关根据该国法律规定，对通过其关境的进出口货物课征的一种税收。 (　　)

10.国际贸易地理方向用以表明世界各洲、各国或各个区域集团在国际贸易中所占的地位。（　　）

三、单项选择题

1.商品生产国与商品消费国不通过第三国进行买卖商品的行为是（　　）。

A.直接贸易　　B.间接贸易

C.有形贸易　　D.无形贸易

2.如果甲国使用同样数量的资源比乙国能生产更多的商品X，那么甲国在X商品生产上是（　　）。

A.有相对利益　　B.相对有利

C.绝对有利　　D.绝对不利

3.一定时期的出口额小于进口额称为（　　）。

A.贸易顺差　　B.贸易逆差

C.贸易平衡　　D.贸易对等

4.日本的产品经过中国国境销往蒙古国的贸易是（　　）。

A.转口贸易　　B.过境贸易

C.间接贸易　　D.总贸易

5.（　　）是一国政府为了降低出口商品的价格，加强其在国外市场的竞争力，在出口某种商品时给予出口厂商的现金补贴或财政上的优惠待遇。

A.出口信贷　　B.商品倾销

C.国家担保　　D.出口补贴

6.（　　）是世界各个国家（或地区）在商品和劳务等方面进行的交换活动。

A.国际贸易　　B.国际分工

C.对外援助　　D.地区经济一体化

7.保护对象不再是国内幼稚工业，而是国内高度发达或出现衰落的垄断工业的是（　　）。

A.重商主义　　B.自由贸易政策

C.超保护贸易政策　　D.贸易自由化

8.（　　）是出口国家或地区在进口国的要求或压力下，"自动"规定某一时期内，某些商品对该国的出口限制，在限定的配额内自行控制出口，超过配额即禁止出口。

A.进口配额制　　B.进口许可证制

C.进口押金制　　D.自动出口配额制

四、问答题

1.简述国际经济贸易的发展趋势。

2.自由贸易理论的要点是什么？

3.关税壁垒对当前国际贸易的影响主要体现在哪几个方面？

五、实务训练题

利用大卫·李嘉图的"比较利益论"，将下表填写完并分析。

	国别	香料（单位）	所需劳动投入（人/年）	服装（单位）	所需劳动投入（人/年）
分工前	甲国	1	25	1	20
	乙国	1	15	1	18
分工后	甲国				
	乙国				
交换后	甲国				
	乙国				

项目二

贸易术语

■学习目标

知识目标：

1. 了解贸易术语和国际贸易惯例。
2. 掌握贸易术语的含义、买卖双方的责任与义务。
3. 掌握贸易术语使用的注意问题。

能力目标：

1. 能运用贸易术语制定价格条款。
2. 能恰当地选择贸易术语。
3. 能运用贸易术语解决实际问题。

贸易术语（Trade Terms）也被称为价格术语（Price Terms），是在长期的国际贸易实践中产生的，用来表示成交价格的构成和交货条件，确定买卖双方风险、责任、费用划分等问题的专门用语。贸易术语对买卖双方的权利和义务都有统一的解释，有利于买卖双方明确各自的权利和义务。各种贸易术语对成本、运费和保险费等各项费用由谁负担都有明确的界定，买卖双方比较容易核算价格和成本。由于贸易术语由相关的国际惯例解释，对买卖双方在交易中的争议，可通过国际贸易惯例解释。

《2010年国际贸易术语解释通则》（International Rules for the Interpretation of Trade Terms 2010，缩写INCOTERMS 2010）是国际商会根据国际货物贸易的发展，对《2000年国际贸易术语解释通则》的修订，于2010年9月27日公布，2011年1月1日实施。

《2010年国际贸易术语解释通则》（以下简称《2010通则》）共有11种贸易术语，按照所适用的运输方式划分为两大类：

第一组：适用于任何运输方式的术语七种：EXW、FCA、CPT、CIP、DAT、

DAP、DDP。

（1）EXW（Ex Works）工厂交货。

（2）FCA（Free Carrier）货交承运人。

（3）CPT（Carriage Paid to）运费付至目的地。

（4）CIP（Carriage and Insurance Paid to）运费/保险费付至目的地。

（5）DAT（Delivered at Terminal）目的地或目的港的集散站交货。

（6）DAP（Delivered at Place）目的地交货。

（7）DDP（Delivered Duty Paid）完税后交货。

第二组：适用于水上运输方式的术语四种：FAS、FOB、CFR、CIF。

（1）FAS（Free alongside Ship）装运港船边交货。

（2）FOB（Free on Board）装运港船上交货。

（3）CFR（Cost and Freight）成本加运费。

（4）CIF（Cost，Insurance and Freight）成本、保险费加运费。

任务一　理解水上运输贸易术语

任务描述

认识贸易术语，学习和掌握贸易术语是当今商务活动中尤其是外贸活动中必须具备的基本技能。本任务探讨《2010通则》中适合水上运输的贸易术语的含义、买卖双方的风险、责任和费用的划分，以及在使用贸易术语时的注意事项等。通过讲述能达到认识贸易术语的目的。

任务实施

一、FOB

FOB（Free on Board）（Insert Named Port of Shipment），也称“装运港船上交货”，是国际贸易中常用的贸易术语之一。按离岸价进行的交易，买方负责派船接运货物，卖方应在合同规定的装运港和规定的期限内将货物装上买方指定的船只，并及时通知买方。货物在装运港被装上指定船时，风险即由卖方转移至买方。

1.卖方义务

（1）在合同规定的时间或期限内，在装运港按照习惯方式将货物交到买方指派的船上，并及时通知买方。

（2）自负风险和费用，取得出口许可证或其他官方批准证件。在需要办理海关手续时，办理货物出口所需的一切海关手续。

（3）负担货物在装运港装上船为止的一切费用和风险。

（4）自付费用提供证明货物已交至船上的通常单据。如果买卖双方约定采用电子通信，则所有单据均可被具有同等效力的电子数据交换（EDI）信息所代替。

2.买方义务

（1）自负风险和费用取得进口许可证或其他官方批准的证件。在需要办理海关手续时，办理货物进口以及经由他国过境的一切海关手续，并支付有关费用及过境费。

（2）负责租船或订舱，支付运费，并给予卖方关于船名、装船地点和要求交货时间的充分通知。

（3）负担货物在装运港装上船后的一切费用和风险。

（4）接受卖方提供的有关单据，受领货物，并按合同规定支付货款。

3.在使用FOB贸易术语时应注意以下问题

（1）买方必须自该交货点起负担一切费用和货物灭失或者损坏的风险，这也就是说如果货物在海上遇险或者遭遇海盗，将与卖方无关，买方不应以此理由拒绝支付货款，所以卖方可以建议买方为货物投保。

（2）FOB价格包含了国内的所有费用。如果货物比较多或者利润比较高的话，国内的费用是可以不用考虑的。而如果货物比较少，就需要相应提高价格，因为单位成本增加了很多，单位成本主要包括：内陆运费（工厂到港口或者集装箱仓库）、装卸费（特别是一些不能机械装卸的货物）、拼箱杂费、码头费、报送费、报检费等。

（3）使用FOB术语时，卖方在装运港将货物装上船时完成交货，而载货船舶由买方负责租船订舱，所以买卖双方必须注意船货衔接问题。为了避免发生买方船到而卖方未备妥货物或卖方备妥货物而不见买方载货船舶的情况，买卖双方必须相互给予充分的通知。如卖方及时将备货进度告知买方，以便买方适时租船订舱。买方租船订舱后也应及时将船名、航次、预计到达装运港的时间通知卖方，以便卖方做好交货准备。

（4）当使用集装箱运输货物时，卖方通常将货物在集装箱码头移交给承运人，而不是交到船上，这时不宜使用FOB术语，而应使用FCA术语。

（5）卖方装船后，必须及时向买方发出装船通知，以便买方及时办理投保手续。

（6）根据《2010通则》，FOB、CFR和CIF术语的风险划分界限由“船舷”改为“船上”，这种修改更符合业务实际操作情况。

知识拓展2-1

国际贸易惯例

国际贸易惯例（International Trade Custom）是指在国际贸易实践中逐渐自发形成的，某一地区、某一行业中普遍接受和经常遵守的任意性行为规范。国际贸易惯例本身并不是法律，贸易双方当事人有权在合同中达成不同于惯例规定的贸易条件。但许多国家在立法中明文规定了国际贸易惯例的效力，特别是在《联合国国际货物销售合同公约》中，惯例的约束力得到了充分的肯定。在下列情况下，国际贸易惯例对当事人有约束力：第一，当事人在合同中明确表示选用某项国际贸易惯例；第二，当事人没有排除对其已知道或应该知道的某项惯例的适用，而该惯例在国际贸易中为同类合同的当事人所广泛知道并经常遵守，则应视为当事人已默示地同意采用该项惯例。有关贸易术语的国际贸易惯例主要有三种：《1932年华沙-牛津规则》、《1941年美国对外贸易定义（修订本）》和《2010通则》。

4.有关FOB贸易术语的其他解释

《1941年美国对外贸易定义（修订本）》对FOB的解释分为六种，其中只有：指定装运港船上交货”（FOB Vessel，“Named Port of Shipment”）与《2010通则》对FOB

术语的解释相近。所以，《1941年美国对外贸易定义（修订本）》对FOB的解释与运用，同国际上的一般解释与运用有明显的差异，这主要表现在下列几方面：

（1）美国惯例把FOB笼统地解释为在某处某种运输工具上交货，其适用范围很广，因此，在同美国、加拿大等国的商人按FOB订立合同时，除必须标明装运港名称外，还必须在FOB后加上“船舶”（Vessel）字样。如果只约定为“FOB SanFrancisco”而漏写“Vessel”字样，则卖方只负责把货物运到旧金山城内的任何处所，不负责把货物运到旧金山港口并交到船上。

（2）在风险划分上，不是以装运港船舷为界，而是以船舱为界，即卖方负担货物装到船舱为止所发生的一切丢失与损坏。

（3）在费用负担上，规定买方要支付卖方协助其办理进口单证的单证费用以及进口税和产生的其他费用。

5.对FOB贸易术语的变形

在按FOB条件成交时，卖方要负责支付货物装上船之前的一切费用。但各国对于“装船”的概念没有统一的解释，有关装船的各项费用由谁负担，各国的惯例或习惯做法也不完全一致。如果采用班轮运输，船方管装管卸，装卸费计入班轮运费之中，自然由负责租船的买方承担；而采用程租船运输，船方一般不负担装卸费用。这就必须明确装船的各项费用应由谁负担。为了说明装船费用的负担问题，双方往往在FOB术语后加列附加条件，这就形成了FOB的变形，主要包括以下几种：

（1）FOB Liner Terms（FOB班轮条件）。这一变形是指装船费用按照班轮的做法处理，即由船方或买方承担。所以，采用这一变形，卖方不负担装船的有关费用。

（2）FOB under Tackle（FOB吊钩下交货）。这一变形是指卖方负担费用将货物交到买方指定船只的吊钩所及之处，而吊装入舱以及其他各项费用，概由买方负担。

（3）FOB Stowed（FOB理舱费在内）。这一变形是指卖方负责将货物装入船舱并承担包括理舱费在内的装船费用。理舱费是指货物入舱后进行安置和整理的费用。

（4）FOB Trimmed（FOB平舱费在内）。这一变形是指卖方负责将货物装入船舱并承担包括平舱费在内的装船费用。平舱费是指对装入船舱的散装货物进行平整所需的费用。

在许多标准合同中，为表明由卖方承担包括理舱费和平舱费在内的各项装船费用，常采用FOBST（FOB Stowed and Trimmed）方式。

FOB的上述变形，只是为了表明装船费用由谁负担而产生的，并不改变FOB的交货地点以及风险划分的界限。《2010通则》对这些术语后的添加词句不提供任何指导规定，建议买卖双方在合同中加以明确。

二、CIF

CIF术语的中译名为成本、保险费加运费（指定目的港），其原文为Cost, Insurance and Freight（insert named port of destination）。按此术语成交，货价的构成因素中包括从装运港至约定目的港的通常运费和约定的保险费，故卖方除具有与CFR术语的相同义务外，还要为买方办理货运保险，支付保险费，按一般国际贸易惯例，卖方投保的保险金额应按CIF价加成10%。如买卖双方未约定具体险别，则卖方只需取得最低保费的保险险别，如买方要求加保战争保险，在保险费由买方负担的前提下，卖方应予加保，卖方投保时，如能办到，必须以合同货币投保。需要强调的是，按CIF术语成交，虽然由卖方安排货物运输和办理货运保险，但卖方并不承担保证把货送到约定目的港的义务，因为CIF属于装运交货的术语，而不是目的港交货的术语，也就是说CIF不是真正意义上的“到岸价”。

CIF到岸价即“成本、保险费加运费”，是指在装运港被装上承运人船舶时即完成交货。

CIF通常是指FOB+运费+保险费。CFR通常是指FOB+运费。

卖方必须支付将货物运至指定的目的港所需的运费和费用，但交货后货物灭失或损坏的风险及由于各种事件造成的任何额外费用即由卖方转移到买方。但是，在CIF条件下，卖方还必须办理买方货物在运输途中灭失或损坏风险的海运保险。

因此，由卖方订立保险合同并支付保险费。买方应注意到，CIF术语只要求卖方投保最低限度的保险险别。如买方需要更高的保险险别，则需要与卖方明确地达成协议，或者自行作出额外的保险安排。

CIF术语要求卖方办理货物出口清关手续。

该术语仅适用于海运和内河运输。若当事方不承担装船义务则应使用CIP术语。

案例2-1

我国某公司于2016年8月2日以CIF价格条件向新加坡出口一批货物。合同订立后，我方公司于9月10日将货物运到上海码头，9月14日开始装上中国远洋运输公司的承运船舶，当天下午5时装船完毕。9月15日承运船舶开航，10月2日到达新加坡，10月6日新加坡公司提货。

案例解析：

本案中双方当事人选择的术语为CIF（cost，insurance and freight），其格式应为CIF新加坡。根据《2010通则》的规定，在装运港上海当货物装上船时卖方即完成交货义务。但是，我国某公司作为卖方，必须支付将货物运至指定的目的港新加坡所需的运费和费用，但交货后货物灭失或损坏的风险及由于各种事件造成的任何额外费用即由卖方转移给买方。卖方还必须办理应由买方承担货物在途灭失或损坏风险的海运保险，包括订立保险合同和支付保险费。

1.卖方义务

（1）负责签订运输合同，在合同规定的装运日期或期限内，在装运港将货物装上船，支付至目的地的运费，并及时向买方发出详尽的通知。

（2）负责办理出口清关手续，提供出口许可证及各种官方证明文件，支付各种出口关税和费用。

（3）负担货物在装运港装上船为止的一切风险。

（4）负责办理货物运输保险，支付保险费。

（5）负责提供相应的发票或相应的电子信息，提供清洁提单和保险单。

2.买方义务

（1）受领符合合同规定的货物和单证，支付货款。

（2）负担除运费和保险费以外的货物运输过程中的一切风险及卸货费用。

（3）负担货物在装运港装上船时起的一切风险。

（4）负担风险和费用办理进口手续。

3.在使用CIF贸易术语时应注意以下问题

（1）装卸问题：按CIF术语成交，卸货港（目的港）是合同的要件，因为它关系到进口方的利益，如果出口方违反了，进口方有权撤销合同。

（2）关于风险划分的问题：CIF术语费用和风险的划分地点是相互分离的（它不同于FOB术语，FOB术语费用和风险的划分都是同一地点）。费用的划分——指定的目的港；风险的划分——装运港船上为界。

（3）关于保险费问题：在CIF术语项下，出口方虽然负责保险，取得保险单，并支付保险费，但是这属于代办性质，就是出口方代办，因此进口方签订合同时要特别谨慎。

（4）有关单据的重要性：CIF术语项下很重要的一条是"凭单交货，凭单收取"，交单和付款是对流条件。单据齐全、内容正确，就可以及时地收取货款；反之，单据不全，内容有不符点，尽管货物是合格的，也不能结汇。

4.对CIF贸易术语的变形

（1）CIF Liner Terms（CIF班轮条件）。这一变形是指卸货费按班轮做法办理，即买方不负担卸货费。

（2）CIF Landed（CIF卸至码头）。这一变形是指由卖方承担卸货费，包括可能涉及的驳船费在内。

（3）CIF Ex Tackle（CIF吊钩下交货）。这一变形是指卖方负责将货物从船舱吊起一直卸到吊钩所及之处（码头上或驳船上）的费用，船舶不能靠岸时，驳船费用由买方负担。

（4）CIF Ex Ship's Hold（CIF舱底交货）。按此条件成交，货到目的港在船上办理交接后，由买方自行启舱，并负担货物由舱底卸至码头的费用。

三、CFR

CFR，全称Cost and Freight（insert named port of destination），中文名称为成本加运费，指在装运港船上交货，卖方需支付将货物运至指定目的港所需的费用，但货物的风险是在装运港船上交货时转移。

1.卖方义务

（1）自负风险和费用，取得出口许可证或其他官方批准的证件，在需要办理海关手续时，办理货物出口所需的一切海关手续。

（2）签订从指定装运港承运货物运往指定目的港的运输合同；在买卖合同规定的时间和港口，将货物装上船并支付至目的港的运费；装船后及时通知买方。

（3）承担货物在装运港装上船为止的一切风险。

（4）向买方提供通常的运输单据，如买卖双方约定采用电子通信，则所有单据均可被同等效力的电子数据交换（EDI）信息所代替。

2.买方义务

（1）自负风险和费用，取得进口许可证或其他官方批准的证件，在需要办理海关手续时，办理货物进口以及必要时经由另一国过境的一切海关手续，并支付有关费用及过境费。

（2）承担货物在装运港装上船以后的一切风险。

（3）接受卖方提供的有关单据，受领货物，并按合同规定支付货款。

（4）支付除通常运费以外的有关货物在运输途中所产生的各项费用以及包括驳运费和码头费在内的卸货费。

3.在使用CFR贸易术语时应注意以下问题

（1）卖方应及时发出装船通知。按CFR条件成交时，由卖方安排运输，由买方办理货运保险。如卖方不及时发出装船通知，则买方就无法及时办理货运保险，甚至有可能出现漏保货运险的情况。因此，卖方装船后务必及时向买方发出装船通知，否则，卖方应承担货物在运输途中的风险和损失。

（2）按CFR进口应慎重行事。在进口业务中，按CFR条件成交时，鉴于由外商安排装运，由我方负责保险，故应选择资信好的国外客户成交，并对船舶提出适当要求，以防外商与船方勾结，出具假提单，租用不适航、不适货的船舶，或伪造品质证书与产地证明。若出现这类情况，会使我方蒙受不应有的损失。

4.对CFR贸易术语的变形

卸货费究竟由何方负担，买卖双方应在合同中订明。为了明确责任，可在CFR术语后加列表明卸货费由谁负担的具体条件：

（1）CFR Liner Terms（CFR班轮条件）。这是指卸货费按班轮办法处理，即卖方负责卸货，买方不负担卸货费。

（2）CFR Landed（CFR卸到岸上）。这是指由卖方负担卸货费，其中包括驳运费在内。

（3）CFR Ex Tackle（CFR吊钩下交货）。这是指卖方负责将货物从船舱吊起卸到船舶吊钩所及之处（码头上或驳船上）的费用。在船舶不能靠岸的情况下，租用驳船的费用和货物从驳船卸到岸上的费用，概由买方负担。

（4）CFR Ex Ship's Hold（CFR舱底交货）。这是指货物运到目的港后，由买方自行启舱，并负担货物从舱底卸到码头的费用。

CFR术语的附加条件，只是为了明确卸货费由何方负担，其交货地点和风险划分的界线并无任何改变。

小提示2-1

根据《2010通则》，改装运港船舷为装运港船上。CFR、FOB、CIF这三种外贸报价方式的共同点是：

（1）卖方负责装货并充分通知，买方负责接货。

（2）卖方办理出口手续，提供证件；买方办理进口手续，提供证件。

（3）卖方交单，买方受单、付款。

(4) 装运港交货，风险、费用划分一致，以装上船为界。

(5) 交货性质相同，都是凭单交货、凭单付款。

(6) 都适合于海洋运输和内河运输。

CFR、FOB、CIF这三种外贸报价方式间的不同点是：

(1) FOB：买方负责租船订舱、预付运费；办理保险、支付保险费。

(2) CIF：卖方负责租船订舱、预付运费；办理保险、支付保险费。

(3) CFR：卖方负责租船订舱、预付运费；买方负责办理保险、支付保险费。

四、FAS

FAS（Free alongside Ship）"船边交货（……指定装运港）"是指卖方在指定的装运港将货物交到船边，即完成交货义务。买方必须承担自那时起货物灭失或损坏的一切风险。根据《2010通则》的解释，按FAS术语成交，卖方要在约定的时间内将合同规定的货物交到指定的装运港买方指定的船边，在船边完成交货义务。买卖双方负担的风险和费用均以船边为界。如果买方所派的船只不能靠岸，卖方则要负责用驳船把货物运至船边，仍在船边交货。装船的责任和费用由买方承担。

1.卖方义务

(1) 负责将货物在规定的期限交到指定的装运港买方所指派的船边。

(2) 负责办理货物的出口手续，承担出口清关的费用。

(3) 承担自货物在指定地点交至买方船边为止的风险和费用。

2.买方义务

(1) 接收卖方提供的有关单据，收领货物，并按合同规定支付货款。

(2) 承担交货时起货物灭失或损坏的一切风险。

(3) 自负风险和费用，取得进口许可证或其他官方批准的证件，并且办理货物进口所需海关手续，支付关税及其他有关费用。

知识拓展2-2

修订后的《2010通则》

修订后的《2010通则》取消了"船舷"的概念，卖方承担货物装上船为止的一切风险，买方承担货物自装运港装上船后的一切风险。在FAS、FOB、CFR和CIF等术语中加入了货物在运输期间被多次买卖（连环贸易）的责任义务的划分。考虑到一些大的区域贸易集团内部贸易的特点，规定《2010通则》不仅适用于国际销售合同，也适用于国内销售合同。

任务二　了解其他各种运输贸易术语

任务描述

本任务探讨《2010通则》中适合其他各种运输的贸易术语的含义、买卖双方的风险、责任和费用的划分，以及在使用贸易术语时的注意事项等。通过讲述能达到认识贸易术语的目的。

任务实施

一、EXW

EXW（Ex Works）中文名称为工厂交货，是指当卖方在其所在地或其他指定的地点（如工场、工厂或仓库）将货物交给买方处置时，即完成交货，卖方不办理出口清关手续或将货物装上任何运输工具。该术语是卖方承担责任最小的术语。买方必须承担在卖方所在地受领货物的全部费用和风险。但是，若双方希望在起运时卖方负责装载货物并承担装载货物的全部费用和风险，则须在销售合同中明确写明。在买方不能直接或间接办理出口手续时，不应使用该术语，而应使用FCA术语，如果卖方同意装载货物并承担费用和风险的话。在使用EXW贸易术语时应注意以下问题：

（1）在EXW术语后面要尽可能清楚地写明指定交货地点内的交付点。如果在指定交货地点没有约定特定的交付点，且有不止一个交付点可供使用，卖方可以选择对其来说最方便的交付点。

（2）卖方不需要将货物装上任何前来接收货物的运输工具，如果卖方更方便装货，应使用FCA。

（3）需要清关时，卖方无须办理出口清关手续。卖方只有在买方提出要求并承担风险和费用时才有义务协助买方办理出口手续。因此，在买方不能直接或间接地办理出口手续时，不应使用这一术语，而应使用FCA。

（4）当买方提出要求并承担风险和费用时，卖方有义务及时向买方提供或协助买方取得货物进出口相关单证和信息，包括安全信息。而买方仅有限度地承担向卖方提供货物出口相关信息的责任。

二、FCA

FCA（Free Carrier）是“货交承运人”（指定地点），是指卖方只要将货物在指定的地点交给买方指定的承运人，并办理了出口清关手续，即完成交货。需要说明的是，交货地点的选择对在该地点装货和卸货的义务会产生影响。若卖方在其所在地交货，则卖方应负责装货；若卖方在任何其他地点交货，卖方不负责装货。该术语可用于各种运输方式，包括多式联运。若买方指定承运人以外的人领取货物，则当卖方将货物交给此人时，即视为已履行了交货义务。

“承运人”是指在运输合同中，承诺通过铁路、公路、空运、海运、内河运输或上述运输的联合方式履行运输或由他人履行运输义务的人。

1.卖方义务

（1）在合同规定的时间、地点，将合同规定的货物置于买方指定的承运人控制之下，并及时通知买方。

（2）承担将货物交给承运人控制之前的一切费用和风险。

（3）卖方必须自负风险和费用，取得出口许可证或其他官方许可，并在需要办理海关手续时，办理货物出口所需要的一切海关手续。

（4）提交商业发票或具有同等效力的电子信息。

2.买方义务

（1）订立从指定地点承运货物的合同，支付有关运费，并将承运人名称及有关情况及时通知卖方。

（2）根据合同的规定受领货物并支付货款。

（3）承担受领货物之后所发生的一切费用和风险。

（4）自负风险和费用，取得进口许可证或其他官方文件，并且办理货物进口所需要的海关手续。

知识拓展2-3

FCA和FOB的比较分析

1.FCA和FOB的相同点

FCA和FOB的共同点是从价格的构成上看都不含有运费和保险费，即运输和保险的手续都是由买方办理的并且费用是由买方支付的，卖方需要承担的是本地费用（Local Charge）。具体的运输方式要根据不同的情况来进行选择，在我国除了以上两种运输方式以外，还有CIF、CIP等其他运输方式，都要根据相应的情况进行分析选择。

2.FCA和FOB的不同点

（1）FCA和FOB适用的运输方式不同：FOB只适用于海上运输方式，而FCA则适合任何运输方式。

（2）FCA和FOB交货地点不同：FOB方式运输在转运港交货，FCA方式运输需要在合同指定的地点交货。

（3）FCA和FOB风险划分界限不同：FOB买卖双方风险划分界限在装运港的船上，FCA则在指定的交货地点。

（4）FCA和FOB使用的运输单据不同：FOB只会是海运提单，而FCA使用的运输单据根据不同的运输方式而定。

（5）FCA和FOB关于装卸费的负担规定不同：FOB在租船的情况下，为解决装卸费的负担问题有贸易术语的变形，而FCA不需要为解决装卸费的负担而产生贸易术语的变形。

三、CIP

CIP（Carriage Insurance Paid to…）（…named place of destination）运费、保险费付至（指定目的地），是指卖方向其指定的承运人交货，期间卖方必须支付将货物运至目的地的运费，并办理买方货物在运输途中灭失或损坏风险的保险，亦即买方承担卖方交货之后的一切风险和额外费用。

采用这一贸易术语时，从卖方把货物交给承运人照管之时起，风险和责任即由卖方转移给买方。CIP术语与CIF术语基本相同，其主要区别在于：后者仅适用于海上和内河运输，而前者则可适用于各种运输方式，包括多式联运。在使用CIP贸易术语时应注意以下问题：

1.风险和保险问题

按CIP术语成交的合同，卖方要负责办理货运保险，并支付保险费，但货物从交货地点运往目的地的运输途中的风险由买方承担。所以，卖方的投保仍属于代办性质。根据《2010通则》的解释，一般情况下，卖方要按双方协商确定的险别投保，如果双方未在合同中规定应投保的险别，则由卖方按惯例投保最低的险别，保险金额一般是在合同价格的基础上加成10%，即CIF合同价款的110%，并以合同货币投保。

2.应合理确定价格

与FCA相比，CIP条件下卖方要承担较多的责任和费用，要负责办理从交货地至目的地的运输，承担有关运费；办理货运保险，并支付保险费，这些都反映在货价之中。所以，卖方对外报价时，要认真核算成本和价格。在核算时，应考虑运输距离、保险险别、各种运输方式和各类保险的收费情况，并要预计运价和保险费的变动趋势等。

知识拓展2-4

CIP与CIF的区别与联系

CIP与CIF有相似之处，它们的价格构成中都包括了通常的运费和约定的保险费，而且，按这两种术语成交的合同均属于装运合同。但CIP和CIF术语在交货地点、风险划分界限以及卖方承担的责任和费用方面又有明显的区别，主要表现在：CIF适用于水上运输，交货地点在装运港，风险划分以装运港船上为界，卖方负责租船订舱、支付从装运港到目的港的运费，并且办理水上运输保险，支付保险费。而CIP术语则适用于各种运输方式，交货地点要根据运输方式的不同由双方约定，风险是在承运人控制货物时转移，卖方办理的保险也不仅是水上运输险，还包括其他各种运输险。

四、CPT

CPT是Carriage Paid to...（…named place of destination）的缩写形式，意为运费付至（指定目的地），是指卖方向其指定的承运人交货，但卖方还必须支付将货物运至目的地的运费，即买方承担交货之后的一切风险和其他费用。CPT术语要求卖方办理出口清关手续。根据《2010通则》，该术语可适用于各种运输方式，包括多式联运。在使用CPT贸易术语时应注意以下问题：

1.交货通知

《2010通则》规定，卖方必须在货物交给承运人或其他人接管后，向买方发出交货的详尽通知。在实际业务中，此类通知亦称为“装运通知”（Shipping Notice），其作用是使买方及时办理货物运输保险、进口手续、报关和接货。交货通知的内容通常包括合同号或订单号、信用证号、货物名称、数量、总值、运输标志、启运地、启运日期、运输工具名称及预计到达目的地日期等。如果买方需要卖方提供特殊信息，应在买卖合同中约定或在信用证中作出规定。若卖方未按惯例规定发出或未及时发出交货通知，使买方投保无依据或造成买方漏保，货物在运输过程中一旦发生灭失或损坏，应由卖方承担赔偿责任。

2.投保信息

该贸易术语规定由卖方根据买方的请求，提供投保信息，这是卖方合同义务中的通知义务。买方在选择保险公司的地点和保险公司时完全是自由的，买方有可能选择卖方所在国家的保险公司办理保险，所以要求卖方将指定保险公司的保险条款等情况提供给买方。按惯例规定，若买方提出请求卖方提供投保信息，卖方未能提供该信息，致使买方来不及或无法为货物投保，一旦货物在运输途中出现灭失或损坏的风险，卖方应承担损害赔偿责任。

3.保单

在进口贸易中使用CPT术语时，卖方没有义务提供保单，但是可以协助办理，但是这个费用应该由买方支付，而且银行审单时这个保单不应该在审核范围之内。如果你是买方，希望对方为你提供保单，那就采用CIP或者CIF贸易术语。

知识拓展2-5

FCA、CPT、CIP与FOB、CFR、CIF的比较

1.两组术语的共同点

（1）适用于任何运输方式，包括多式联运，也包括海运。在船舷无实际意义时，如在滚装/滚卸或集装箱运输的情况下，使用FCA、CPT、CIP术语比使用FOB、CFR、CIF术语更为适宜。

（2）卖方在规定的日期或期间内在出口国的内地或港口把货物交给承运人或第一承运人照管。

（3）卖方自行负担风险和费用，取得出口许可证或其他官方批准证件，并办理货物出口所必需的一切海关手续；买方自负风险和费用，取得进口许可证或其他官方批准文件，并办理货物进口以及必要时经由另一国家过境运输所需的一切海关手续。

（4）卖方支付货物出口所需办理的海关手续的费用以及为出口应交纳的一切关税、税捐等。买方支付货物进口和必要时经另一国家过境运输应缴纳的一切关税、税捐、其他官方费用及办理海关手续的费用。

（5）卖方承担货物灭失或损坏的一切风险，直至货物在指定的出口国内地或港口交给承运人或第一承运人处置时为止；货交承运人或第一承运人处置后的风险则由买方负责。

（6）卖方支付一切费用，直至货物在指定的出口国的内地或港口交给承运人或第一承运人处置时为止；货交承运人处置后费用则由买方负责。例外的是，CPT术语下，货交承运人后的通常运费由卖方负担；CIP术语下，货交承运人后的通常运费和保费由卖方负担。

2.两组术语的不同点

（1）FCA、CPT和CIP适用于多种运输方式，特别是多式联运，其承运人可以是运输公司（铁路、航运、航空），也可以是安排多式联运的经营人。多式联运在国际贸易中已被广泛运用，而且必将进一步扩大。为了适合这一趋势，在我外贸运输机构能有效地承担“联合运输经营人”的前提下，我外贸企业应按具体交易情况，选用国际商会制定的适用多式联运的货交承运人（FCA），运费付至（CPT）和运费、保险费付至（CIP）术语，以代替传统的仅适用于海运和内河运输的FOB、CFR和CIF术语。

（2）装卸费用负担明确。FOB、CFR、CIF术语还需用变形的方式，分别表明有关装货、卸货费用由谁负担的问题。而在FCA、CPT和CIP术语中，运费已包含了承运人接管货物后装运港的装船费用和目的港的卸货费用，无须另行说明。

（3）加速了运输单据的出单时间。在FOB、CFR、CIF术语下，卖方一般应向买方

提供已装船清洁提单。在FCA、CPT、CIP术语下，卖方提供的运输单据视不同运输方式而定，除了海运提单外，根据不同的运输方式或多式联运方式，可以相应提供铁路、公路、航空运单或多式联运提单。卖方只需将货物交付给承运人由其接管，就可自承运人处取得运输单据并凭以向买方或其指定的银行收取货款，出单时间的缩短有利于卖方的资金周转。如果用传统的术语，从承运人接管货物到把货物运上船，通常需要几天时间，有时甚至多达十天半月，显然对卖方是不利的。因此，在出口业务中，推广使用FCA、CPT和CIP术语，对我方是有利的。术语比较见表2-1。

表2-1　　FCA、CPT、CIP与FOB、CFR、CIF比较

比较项目	FOB、CFR、CIF	FCA、CPT、CIP
负担出口手续的风险和费用	卖方	卖方
负担进口手续的风险和费用	买方	买方
达成的贸易术语下的合同性质	装运合同	装运合同
适合的运输方式	海运及内河运输	任何运输方式（包括海运）
交货地点	装运港	出口国内地或港口
风险划分点	货物装上船时	货交承运人处置时
装卸费用的划分	租船时，买卖合同应明确	按班轮条件办理
货运单据	海运单据或内河运单	视运输方式而定

五、DAP

DAP（Delivered at Place）即目的地交货，是指卖方用运输工具把货物运送到买方指定的目的地后，将装在运输工具上的货物（不用卸载）交由买方处置，即完成交货。该术语出自《2010通则》，指卖方在指定的目的地交货，只需做好卸货准备无须卸货即完成交货。术语所指的到达车辆包括船舶，目的地包括港口。卖方应承担将货物运至指定目的地的一切风险和费用（除进口费用外）。本术语适用于任何运输方式，包括多式联运方式及海运。

《2010年国际贸易术语解释通则》删去了《2000年国际贸易术语解释通则》的4个术语：DAF（Delivered at Frontier）边境交货、DES（Delivered Ex Ship）目的港船上交货、DEQ（Delivered Ex Quay）目的港码头交货、DDU（Delivered Duty Unpaid）未完税交货，新增了2个术语：DAT（Delivered at Terminal）在指定目的地或目的港的集散站交货、DAP（Delivered at Place）在指定目的地交货。即用DAP取代了DAF、DES和DDU 3个术语，DAT取代了DEQ，且扩展至适用于一切运输方式。

卖方必须签订运输合同，支付将货物运至指定目的地或指定目的地内的约定地点所发生的运费；在指定目的地将符合合同约定的货物放在已抵达的运输工具上交给买方处置时即完成交货；卖方必须向买方发出所需通知，以便买方采取收取货物通常所需的措施；承担在指定目的地运输工具上交货之前的一切风险和费用；自负风险和费用取得出口所需的许可或其他官方授权，办理货物出口和交货前从他国过境运输所需的一切海关

手续；提供商业发票或相同效力的电子信息。

买方承担在指定目的地运输工具上交货之后的一切风险和费用；自负风险和费用取得进口所需的许可或其他官方授权，办理货物进口所需的一切海关手续；按合同约定收取货物，接受交货凭证，支付价款。运用DAP贸易术语应注意以下问题：

（1）DAP是《2010通则》新增术语，旨在替代《2000年国际贸易术语解释通则》中DAF、DES和DDU术语。也就是说，DAP的交货地点既可以是在两国边境的指定地点，也可以是在目的港的船上或在进口国内陆的某一地点。

（2）卖方在指定目的地交货，但卖方不负责将货物从到达的运输工具上卸下，这一点与《2000年国际贸易术语解释通则》中的DAF、DES和DDU类似。买方负责在指定目的地将货物从到达的运输工具上卸下，但卖方要保证货物可供卸载。卖方在签订运输合同时应注意运输合同与买卖合同相关交货地点的协调，如果卖方按照运输合同在指定目的地发生了卸货费用，除非双方另有约定，卖方无权向买方要求偿付。

（3）由于卖方承担在特定交货地点交货前的风险，买卖双方应尽可能清楚地订明指定目的地的交货地址，最好能具体到指定目的地内特定的点。如果没有约定特定的交货点或该交货点不能确定，卖方可以在指定目的地选择最适合其目的的交货点。

（4）卖方对买方没有订立保险合同的义务，但由于整个运输过程的风险要由卖方承担，卖方通常会通过投保规避货物运输风险。

（5）如果买卖双方希望由卖方办理进口所需的许可或其他官方授权，以及货物进口所需的一切海关手续，包括支付所有进口关税，则应该使用DDP术语。

六、DAT

DAT（Delivered at Terminal），即目的地或目的港的集散站交货，取代了DEQ术语，是指卖方在指定的目的地或目的港的集散站卸货后将货物交给买方处置即完成交货，该术语所指目的地包括港口。卖方应承担将货物运至指定的目的地或目的港的集散站的一切风险和费用（除进口费用外）。本术语适用于任何运输方式，包括多式联运。

七、DDP

DDP英文全称为Delivered Duty Paid（Named Place of Destination），中文名称为完税后交货（指定目的地），是指卖方在指定的目的地，办理完进口清关手续，将在交货运输工具上尚未卸下的货物交与买方，完成交货。卖方必须承担将货物运至指定的目的地的一切风险和费用，包括在需要办理海关手续时在目的地应交纳的任何“税费”（包括办理海关手续的责任和风险，以及手续费、关税、税款和其他费用）。

EXW术语下卖方承担最小责任，而DDP术语下卖方承担最大责任。

若卖方不能直接或间接地取得进口许可证，则不应使用此术语。该术语适用于各种运输方式，但当货物在目的港船上或码头交付时，应使用DAP术语。

在使用DDP贸易术语时应注意以下问题：

（1）在DDP的交货条件下，卖方是在办理了出口结关手续后在指定目的地交货的，这实际上是卖方已将货物运进了进口方的国内市场。如果卖方直接办理进口手续有困难，也可要求买方协助办理。如果卖方不能直接或间接地取得进口许可或办理进口手续，则不应使用DDP术语。

（2）如果双方当事人愿从卖方的义务中排除货物进口时需支付的某些费用，如增值税，则应就此意思加注字句，如“完税后交货，增值税未付（插入指定目的地）”，以使之明确。

（3）买方负责在指定目的地将货物从到达的运输工具上卸下，但卖方要保证货物可供卸载。卖方在签订运输合同时应注意运输合同与买卖合同相关交货地点的协调，如果卖方按照运输合同在指定目的地发生了卸货费用，除非双方另有约定，卖方无权向买方要求偿付。

（4）由于卖方承担在特定交货地点交货前的风险，买卖双方应尽可能清楚地订明指定目的地的交货地址，最好能具体到指定目的地内特定的点。如果没有约定特定的交货点或该交货点不能确定，卖方可以在指定目的地选择最适合其目的的交货点。

（5）卖方对买方没有订立保险合同的义务，但由于整个运输过程的风险要由卖方承担，卖方通常会通过投保规避货物运输风险。

项目小结

贸易术语是国际贸易中表示价格的必不可少的内容。报价中使用贸易术语，明确了双方在货物交接方面各自应承担的责任、费用和风险，说明了商品的价格构成，从而简化了交易磋商的手续，缩短了成交时间。由于规定贸易术语的国际惯例对买卖双方应该承担的义务作了完整而确切的解释，因而避免了对合同条款的理解不一致导致的履约中可能产生的某些争议。

项目训练

一、填空题

1.FOB（Free on Board），也称________，是国际贸易中常用的贸易术语之一。

2.贸易术语一方面表示________，另一方面表示________。

3.买方应注意到，CIF术语只要求卖方投保________的保险险别。

4.《2010通则》于________正式实施，包括________组共________种术语。

5.FOB价格术语的变形，只是表示在________分担上有所不同，风险转移仍以________为界。

6.在________贸易术语下，卖方应特别注意及时发出装船通知。

7.CFR合同的卖方负担的费用，只是在FOB基础上增加了________。

8.CIF术语费用和风险的划分地点是相互分离的。费用的划分________。风险的划分________。

9.CIF术语项下很重要的一条是________，交单和付款是对流条件。

10.就卖方承担的风险、责任以及费用而言，按________术语成交时是最小的，而按________术语成交时却是最大的。

二、判断题

1.CIF Landed New York是指卖方必须将货物交到纽约岸上，才算完成义务。

（　）

2.在FOB条件下，买方办理租船订舱手续。 (　　)

3.CIF价格条件下，卖方凭单据履行交货义务，买方凭单据付款。 (　　)

4.某合同以CIF Liner Terms条件成交，这意味着该合同的货物采用班轮运输。 (　　)

5.按照国际贸易惯例，在CFR条件下如卖方未及时发装船通知而使买方漏保，则卖方应对货物在运输途中的损坏及灭失负赔偿责任。 (　　)

6.在CIF合同中，如无明文规定，卖方只需投保最低责任的险别即可。 (　　)

7.以FOB价格条件出口货物到新加坡，卖方要负责到新加坡交货。 (　　)

8.以FOB价格条件成交，无论采用何种贸易术语，出口手续都由卖方办理。 (　　)

9.在CIF条件下由卖方负责办理货物运输保险，在CFR条件下是由买方投保，因此，运输途中货物灭失和损坏的风险，前者由卖方负责，后者由买方负责。 (　　)

10.按照CIF术语成交时，若卖方提供的单据不正确，不过，只要货物完全符合合同规定，买方就必须支付货款，而不能拒收货物。 (　　)

11."FOB纽约"是"纽约港船上交货"。 (　　)

12.CIF、FOB条件下，均由卖方支付运费。 (　　)

13.FCA条件下，卖方可将货交与签订运输合同的运输代理人。 (　　)

三、单项选择题

1.CIF合同下，用程租船运输，如卖方不承担卸货费用，应在合同中选用（　　）。

A.CIF Liner Terms　　B.CIF ST

C.CIF Ex Ship's Hold　　D.CIF Landed

2.当前国际贸易中使用最多的国际贸易惯例是（　　）。

A.《1990年通则》

B.《1932华沙-牛津规则》

C.《1941年美国对外贸易定义（修订本）》

D.《2010通则》

3.CFR的变形是用来说明由谁负担（　　）。

A.报关费用　　B.装船费用　　C.运输费用　　D.卸货费用

4.我以CIF价格条件与外商达成一笔出口合同，当我按规定制好全套单据提交买方时，获悉货物在海运途中全部灭失。在这种情况下，（　　）。

A.外商因货未到岸，可以不付款

B.应由我方向保险公司索赔

C.外商仍应向我方付款赎单，并向保险公司索赔

D.外商仍应向我方付款赎单，但应由我方向保险公司索赔

5.采用FCA术语时，货物运输契约由（　　）。

A.卖方订立　　B.买方订立　　C.银行订立　　D.保险公司订立

6.FOB术语的变形是为了解决（　　）。

A.装货费用负担问题　　B.卸货费用负担问题

C.交货地点问题　　　　　　　　　D.风险划分问题

7.一般情况下，CIF条件下不需卖方自费负担的是（　　）。

A.办理保险　　　　　　　　　　　B.运输单据

C.提供保险单据　　　　　　　　　D.办理进口报关手续

8.下列各项中，按FOB成交卖方需负责的有（　　）。

A.装船时货物跌落码头　　　　　　B.未能租船订舱

C.装船后至启航前发生损失　　　　D.运输途中发生风险

9.根据《2010通则》的解释，EXW条件下出口通关手续（　　）。

A.卖方办理　　　B.买方办理　　　C.承运人办理　　　D.结算银行办理

10.按《2010通则》的解释，CIF与CFR的主要区别在于（　　）。

A.前者卖方租船订舱，后者买方租船订舱

B.前者卖方办理货运保险，后者买方办理货运保险

C.前者卖方承担装船前的一切风险，后者买方承担装船前的一切风险

D.前者卖方办理出口手续，后者买方办理出口手续

四、问答题

1.比较FOB、CFR和CIF三者的异同。

2.为什么说CIF是象征性交货的术语？

3.从卖方承担费用、风险、手续的责任来看，CIF大于CFR，CFR大于FOB。这种说法对吗？为什么？

五、实务训练题

1.我公司与外商CIF价成交出口一批货物，正当我方备妥单证向银行议付时，对方来电称货物在海上受损（排除不可抗力因素），并要求银行拒付，银行认为单据完备无误，准予议付，事后买方拒绝赎单。请分析买方拒绝赎单是否合理。

2.我出口公司对日商报出大豆实盘，每公吨CIP大阪150美元，发货港口是大连，现日商要求我方改报FOB大连。我出口企业对价格应如何调整？如果最后按FOB条件签订合同，买卖双方在承担的责任、费用和风险方面有什么差别？

项目三

合同主要交易条款

■学习目标

知识目标：

1. 了解合同的主要交易条款。
2. 理解各个交易条款的主要内容。
3. 掌握各个交易条款的订立方法。

能力目标：

1. 能进行交易条款的制定。
2. 能根据商品的特点使用不同的交易条款。
3. 能运用交易条款解决实际问题。

对商品的品质、包装、数量等内容进行明确的规定是商订进出口贸易合同的时候首先需要解决的问题，这个问题解决的方法是在合同主要交易条款中列明。如果商品的品质出现了问题，会直接影响商品的使用，而且还会造成价格上的差异；商品的数量是买卖双方关注的重要内容，对运输、保险等内容有着深远的影响；商品的包装也是一项不能被忽视的内容，它能够保证流通中的货物完好和数量的完整；商品的运输和保险都是需要提前商榷好的条款内容，否则在贸易的进行中极容易产生纷争，从而阻碍贸易的进行，这些交易条件都和买卖双方的利益直接挂钩，所以在合同中必须采用明确的方式列出，明确责任归属。

任务一　订立品质条款

任务描述

商品的品质是国际贸易中买卖双方首先需要确定的交易条件，也是贸易得以进行的基础，本任务研究商品品质的含义、表示方法和品质条款的制定方法。通过学习，能够根据商品的特点为其制定品质条款。

任务实施

一、商品品质的含义

商品的品质（Quality of Goods）是指商品的内在素质和外观形态的综合，商品的内在素质包括商品的性能、成分、特征等自然属性，如物理性能、机械性能、化学成分和生物特征，一般来讲，需要借助仪器、设备进行分析才能获得；商品的外在形态是通过感觉器官可以直接获得的外在特征，包括商品的外形、结构、长度、硬度、款式、色、香、味和透明度等。

二、商品品质的规定方法

1.以实物表示商品的品质

以实物表示商品的品质方法有看货成交和看样成交两种。

看货成交是卖方掌握现货，买方或其代理人亲临现场验看货物后达成交易。看货成交后买方不得再对品质提出异议。

看样成交又称为凭样品买卖（Sale by Sample），是指用样品来表示商品的品质并以此作为交货的依据。样品通常是指从一批商品中抽取出来的或由生产、使用部门设计、加工出来的，足以反映和代表整批商品质量的少量实物。

在国际贸易中，按提供样品者划分，可分为：

（1）卖方样品（Seller's Sample）是指卖方提供的样品。以卖方样品作为交货品质的依据，称为“凭卖方样品买卖”。合同中应订明：“品质以卖方样品为准”（Quality as per Seller's Sample）。在凭卖方样品买卖中，卖方所交付货物的品质必须同样品完全一致，因此，卖方提供的样品要具有代表性，与同类商品相比，既不能太高，也不能太低。同时注意保留“复样”（Duplicate Sample）或“留样”（Keep Sample），以备将来组织生产、交货或处理质量纠纷时核对之用。

（2）买方样品（Buyer's Sample）是指买方提供的样品。以买方样品作为交货品质的依据，称为“凭买方样品买卖”。合同中应订明：“品质以买方样品为准”（Quality as per Buyer's Sample）。卖方所交付货物的品质必须与买方样品相符。

对等样品（Counter Sample），是指卖方根据买方提供的样品，加工复制出一个类似的样品提交买方确认，经买方确认后的样品，称为“对等样品”或“回样”，或称为“确认样品”（Confirming Sample）。当对等样品被买方确认后，卖方所交货物的品质，必须以对等样品为准。

在样品买卖中，有时样品并不能完全代表整批货物，为避免买卖双方在货物品质上发生纠纷，一般按惯例都在合同中规定“品质与样品大致相同”（Quality shall be about equal to the sample）或“品质与样品近似”（Quality nearly same as the sample）。买卖双方为了发展贸易关系，增进对彼此经营商品的了解，往往采用互相寄送样品的做法。这种以介绍商品为目的而寄出的样品，最好标明“仅供参考”（For Reference only）字样，避免与标准样品相混淆。

2.以文字说明表示商品的品质

凡以文字、图表、相片等方式来说明商品品质的，均属凭说明表示商品品质的范畴。其表示方法有：

（1）凭规格买卖。商品的规格（Specification of Goods）是指一些足以反映商品品质的主要指标，如化学成分、含量、纯度、性能、容量、长短、粗细、大小等。用商品的规格表示商品的品质来进行商品买卖，称为“凭规格买卖”（Sale by Specification）。在凭规格买卖时，用来说明商品品质的指标因商品不同而异，即使是同一商品，因用途不同，对规格的要求也往往有差异。例如买卖大豆时，用于榨油者，就要求在合同中列明含油量指标；用于食用者，则不一定列出含油量，但要列明蛋白质的含量。用规格表示商品品质的方法简单易行、明确具体，在国际贸易中被广为运用。

（2）凭等级买卖。商品的等级（Grade of Goods）是指对同一类商品，按其规格上的差异，分为品质优劣不同的若干等级。用商品等级表示商品的品质进行商品的买卖，称为“凭等级买卖”（Sale by Grade）。

每一等级都规定有相对固定的规格，如果对方熟悉每一等级的具体规格，则只列明等级即可。用凭等级表示商品品质的方法，能简化手续和按质论价。

（3）凭标准买卖。商品的标准是统一化了的商品规格和等级。在国际贸易中，人们对有些商品往往习惯于使用某种标准作为说明和评定商品品质的依据。标准可分为国际上通行的标准和各国自己制定的国家标准、部颁标准、行业标准、企业标准等。不同国家甚至同一国家、同一部门在不同时间制定的同种商品的标准也不同。因此，在援引标准时应载明所采用标准的年份和版本，以避免引起争议。凭标准买卖时，尽量采用国际上通行的标准。

另外，对某些品质变化较大又难以标准化的农副产品，国际上常采用“良好平均品质”（Fair Average Quality，FAQ）这一术语来表示其品质。所谓“良好平均品质”，一般是指中等货，其解释和确定办法如下：

①农产品每个生产年度的中等货。采用这种解释时，一般是由生产国在农产品收获后，经过对产品进行广泛油样，从中制定该年度的“良好平均品质”标准和样品，并予以公布，作为该年度“FAQ”的标准。

②某一季度或某一装船月份在装运地发运的同一种商品的“平均品质”。它一般是从各批出运的货物中抽样，然后综合起来，取中等作为良好平均品质的标准。

在我国出口的农副产品中，也有用“FAQ”来说明品质的。但是，我们所说的“FAQ”一般是指大路货，是和“精选货”（Selected Goods）相对而言的，而且在合同中除了标明大路货之外，还订有具体规格作为交货时的商品品质依据。

知识拓展3-1

商品的标准

商品的标准一般由标准化组织、政府机关、行业团体、商品交易所等规定并公布。世界各国都有自己的标准。另外，还有国际标准和国外先进标准。国际标准是指国际标准化组织（ISO）标准、国际电工委员会（IEC）制定的标准以及其他国际组织制定的某些标准。国外先进标准是指发达国家的国家标准，如英国为BS，美国为ANSI，法国为NF，日本为JIS、JAS等。我国有国家标准、行业标准、地方标准和企业标准。我国外贸活动中，除使用国际标准和某些外国的标准外，也会使用我国的国家标准。

（4）凭说明书买卖。有些商品，如机电、仪表、大型成套设备等技术密集型产品，因其结构复杂，对材料和设计的要求非常严格，用以说明其性能的数据很多，很难用一般的规格、等级指标或样品等几个简单的指标来表明其品质的全貌，而且有些产品，即使其名称相同，但由于所使用的材料、设计和制造技术的某些差别，可能导致功能上存在很大的差异。因此，对这类商品的品质，通常是凭说明书并附以图样、照片、设计、图纸、分析表及各种数据来说明其具体性能和结构特点以及安装、使用和维修的操作规程等。采用这种方式进行的交易，称为凭说明书买卖（Sale by Description）。

（5）凭商标或牌号买卖。商标（Trade Mark）是指生产者或商号用来说明其所生产或出售的商品的标志，它可由一个或几个具有特色的单词、字母、数字、图形或图片等组成。

牌号（Brand Name）是指工商企业为其制造或销售的商品所冠的名称，以便与其他企业的同类产品区别开来。一个品牌可用于一种产品，也可用于一个企业的所有产品。

由于商标或牌号本身实际上是一种品质象征，在交易洽商中可以只凭商标或牌号进行买卖，而无须对商品的品质作更多的说明。但是，如果一种牌号的商品有多种不同型号或规格，为了明确起见，就必须在规定牌号的同时，明确规定型号或规格。凭商标或牌号买卖（Sale by Trade Mark or Brand Name），一般只适用于一些品质稳定的工业制成品或经过科学加工的初级产品。

（6）凭产地名称买卖。有些产品，由于其生产地区独特的自然条件、传统加工工艺或其他因素的作用，商品品质明显优于其他产区的产品，并具有的独特风格和特色，对于这类产品，可用产地名称（Name of Origin）来表示其品质，如“天津十八街麻花”等。按此种方式交易，称为“凭产地名称买卖”（Sale by Name of Origin）。

上述各种表示商品品质的方法，既可单独使用，也可几种方式混合使用。但在国际贸易实践中，凡是能用一种方法表示商品品质的，就不要用两种或两种以上的方法，因为只要其中有一种品质要求卖方未达到，就会构成违约。

三、合同中的品质条款

1.品质条款的内容

进出口贸易合同中品质条款的内容包括品名、规格、等级、标准、商标、牌名等。

商品的品质条款是进出口贸易合同中的主要条款之一，是构成商品说明的重要组成部分，是买卖双方交接货物的依据。有关国家货物买卖法把品质条款作为合同的要件（Condition），《联合国国际货物销售合同公约》中也规定，卖方交付货物，必须与合同约定的品质相符，若卖方交货不符合约定的品质，买方有权要求损害赔偿、修理或交付替代货物，甚至拒收货物或撤销合同。

2.品质条款规定时需注意的事项

在品质条款中，一般要写明商品的名称和具体品质。但由于品种不同，表示品质的方法不一，故品质条款的内容及其繁简，应视商品特性而定。规定品质条款，需要注意下列事项：

（1）品质公差（Quality Tolerance）。品质公差是指国际上公认的产品品质的误差。如钟表每天出现误差若干秒，应算行走正常。这种公认的误差，即使合同没有规定，只要卖方交货品质在公差范围内，也不能视作违约。如果某项产品没有国际公认的品质公差，应在合同品质条款中订明一定幅度的公差，如重量允许有“±1%～3%的合理公差”。凡在品质公差范围内的商品，买方不得拒收或要求调整价格。

（2）品质机动幅度。某些初级产品（如农副产品等）的质量不甚稳定，为了交易的顺利进行，在规定其品质指标的同时，可另订一定的品质机动幅度条款，即允许卖方所交商品的品质指标在一定幅度内有灵活性。关于品质机动幅度，有下列几种订法：

①规定范围。对商品品质指标的规定允许有一定的幅度范围。例漂布，幅宽35／36英寸，在此范围内，均为合格。

②规定极限。对商品的品质规格规定上下极限。如最大、最小，最高、最低，最多、最少。例如，天津小站稻米的碎粒最高为25%，水分最高为11%，杂质最高为0.5%。卖方交货只要没有超出上述极限，买方就无权拒收。

③规定上下差异。对商品的品质指标规定的同时，还要规定必要的上下变化幅度。例如，白鸭毛，含绒量21%，上下1%。

为了体现按质论价，在规定品质机动幅度时，往往同时规定品质增减价条款。其规定方法如下：

第一，对机动幅度内的品质差异，可按交货的实际品质，根据规定予以增价或减价。例如，大豆合同规定，水分每±1%，价格调整±1%。

第二，只规定交货品质幅度的下限，对交货品质低于合同规定者给予减价，而高于合同规定者则不予增价。

任务二　订立数量条款

任务描述

在国际货物买卖中，商品的数量是合同中的主要条件之一，数量条款则是双方进行货物交接的重要依据，本任务探讨商品数量的含义、数量条款的内容和制定方法等。通过学习，能够进行数量条款的制定。

任务实施

一、商品数量的含义

商品的数量是指以一定的度量衡单位表示商品的质量、长度、宽度、面积、体积及个数的量。

商品的数量体现了交易规模的大小，是国际货物买卖合同中的主要交易条件之一。《联合国国际货物销售合同公约》规定，按约定的数量交付货物是卖方的一项基本义务。如果卖方交付货物的数量大于约定的数量，买方可以拒收多交的部分，也可以收取多交部分中的全部或一部分，但多收的部分应按合同价格付款。如果卖方少交，卖方应在合同规定的交货期届满前补交，但不能使买方遭受不合理的不便，或承担不合理的开支，即使如此买方也有保留要求损害赔偿的权利。

二、商品数量的计量单位和计量方法

在国际贸易中，由于各国度量衡制度的不同，计量单位有很大的差别，即使同一计量单位所表示的数量也不相同。目前在国际贸易中通常使用的度量衡制有国际单位制（The International System of Units，称 SI）、公制（The Metric System）、英制（The British System）和美制（The U.S. System)。《中华人民共和国计量法》规定："国家采用国际单位制。国际单位制计量单位和国家选定的其他计量单位，为国家法定计量单位。"

1. 计量单位

商品的计量单位是表示商品数量的计量方法，常用的有以下几种：

（1）按重量（Weight）计算。按重量计量是当今国际贸易中广为使用的一种计量方式，常见的计量单位主要有公吨（M/T）、长吨（L/T）、短吨（S/T）、克（G）、千克（KG）、盎司（OZ）、公担（Q）、英担（BWT）、美担（CWT）等。

（2）按数量（Number）计算。计量单位有只（PC）、件（PKG）、双（PR）、台/套/架（ST）、打（DZ）、卷（ROOL or COIL）、令（RM）、罗（GR）、箱（C/S）、辆（UNIT）、听（TIN or CAN）、捆（BALE or BDL）、桶（BARREL or DR）等。

（3）按长度（Length）计算。通常采用的计量单位有米（M）、英尺（FT）、码（YD）等。

（4）按面积（Area）计算。常见的计量单位有平方米（SQ.M）、平方英尺（SQ.FT）、平方码（SQ.YD）等。

（5）按体积（Volume）计算。这方面常见的计量单位有立方米（CU.M）、立方英尺（CU.FT）、立方码（CU.YD）等。

（6）按容积（Capacity）计算。常见的计量单位有公升（L）、加仑（GAL）、蒲式耳（BU）等。

不同度量衡制度下吨和担的换算值，见表3-1。

表3-1　**不同度量衡制度下吨和担的换算值**

度量衡计量单位吨（T）换算值	度量衡计量单位担（Q）换算值
公制 公吨（M/T） 1M/T=1 000kg	公制 市担（M/Q） 1M/Q=50kg
英制 长吨（L/T） 1L/T=1 016.05kg	英制 英担（L/Q） 1L/Q=50.80kg
美制 短吨（S/T） 1S/T=907.2kg	美制 美担（S/Q） 1S/Q=45.36kg

2. 计算重量的方法

（1）毛重（Gross Weight)。毛重是指商品本身的重量加皮重（Tare)，即商品重量加包装物的重量。

（2）净重（Net Weight)。净重是指商品本身的重量，即除去其包装物后的实际重量。按净重计算是国际贸易中最常见的计重方法。但有些价值较低的农产品或其他商品，如饲料、烟胶片等，常常采用“以毛作净”（Gross for Net）的办法计重。例如，中国东北大豆500公吨，单层新麻袋包装，每袋100千克，以毛作净。所谓“以毛作净”，实际上就是以毛重当作净重计价。

净重的计算方法是商品的毛重减去皮重。计算皮重的方法有：

①按实际皮重（Actual Tare or Real Tare）。将整批货物的包装逐一过秤求得重量。

②按平均皮重（Average Tare）。有些货物包装材料和规格比较统一，即按部分货物包装的实际重量求出平均包装重量。近年来用平均皮重计算净重的做法已日益普遍。有人把它称为标准皮重（Standard Weight）。

③按习惯皮重（Customary Tare）。对于比较规范化的包装，按市场公认的包装重量计重，无须过磅称重。

④按约定皮重（Computed Tare）。按买卖双方事先约定的包装重量计算，而不必过秤。

（3）公量（Conditioned Weight）。公量是指用科学方法抽调商品中的水分后，再加上标准含水量所求的重量。这种计算重量的方法适用于吸湿性较强、重量不稳定的商品，如羊毛、生丝等。公量是以商品的标准回潮率计算出来的。所谓标准回潮率，是交易双方约定的货物中水分与干量之比，而商品中的实际水分与干量之比称为实际回潮率。其计算公式为：

公量=实际重量×（1+标准回潮率）/（1+实际回潮率）

（4）理论重量（Theoretical Weight）。对于一些按固定规格生产和买卖的商品，只要其规格一致，每件重量大体是相同的，一般可以根据其件数推算出重量，如钢板、马口铁等。

（5）法定重量（Legal Weight）和实物净重（Net Weight）。按照一些国家海关法的规定，在征收从量税时，商品的重量是以法定重量计算的。所谓法定重量，是商品重量加上直接接触商品的包装物料的重量，如销售包装等。而除去这部分重量所表示出来的纯商品的重量，则称为实物净重。

三、合同中的数量条款

1.数量条款的内容

进出口贸易合同中数量条款的主要内容包括成交商品的数量和使用的计量单位，按重量成交的商品，还要规定计算重量的方法。

2.数量的机动幅度条款

在数量条款中，应对商品成交数量作出明确、具体的规定，避免履行合同时发生争议。但有些商品受包装方式、运输条件、装载技术的限制及自然条件的影响，难以准确地按约定数量交货。为保证顺利履约，买卖双方应事先约定并在合同中订明交货数量的机动幅度。

（1）数量机动幅度。

数量机动幅度是指卖方可以按合同规定的数量，多装或少装一定的百分比。其规定方法如下：

①规定约数，即在合同中的交货数量前加上“约”（About）字，表明卖方交货数

量可以有一定的灵活性，例如“大约1 000 M/TS”（about 1 000 M/TS）。“约量”的含义各国解释不一，易引起争议，一般不宜采用。若采用信用证方式结算，则可考虑使用，因为《跟单信用证统一惯例》（简称《UCP600》）中规定，凡“约”或“大约”应解释为交货数量不超过10%的增减幅度。

②溢短装条款，即在合同中规定卖方交货数量可增减多少的具体幅度，例如“数量：50公吨，1.5%上下”（Quantity：50 M/T，More or Less 1.5%）。

（2）合理规定数量机动幅度应注意的问题。

①数量机动幅度大小的规定要适当。具体规定应视商品特性、行业或贸易习惯和运输方式等因素而定。

②数量机动幅度选择权的规定要合理。其选择权可根据不同情况由卖方行使，也可由买方行使，或由船方行使。在合同中规定有机动幅度的条件下，一般由卖方行使机动幅度的选择权。若租用船只，就得与船方商定。

③溢短装数量的计价方法要公平合理。溢短装数量的计价有两种方法：一种是按合同价格计算；另一种是按装船时的市场价格计算。目前，对机动幅度范围内超出或低于合同数量的多装或少装部分，一般是按合同价格结算。为了防止有权选择多装或少装的一方当事人利用行市的变化，有意多装或少装以获取额外的好处，也可在合同中规定，多装或少装的部分按装船时或货到时的市价计算。如果在合同中未规定溢短装的计价方法，发生纠纷时按惯例通常按合同价格计算。

任务三　订立包装条款

任务描述

包装条款是进出口贸易合同中的主要条款，卖方有义务按照合同约定的包装要求提交货物。本任务对包装含义、包装的种类以及合同中的包装条款进行介绍，通过学习，掌握订立包装条款的方法。

任务实施

一、商品包装的含义

商品包装是指在国际贸易过程中为保护商品、方便储运、促进销售，按一定的技术方法，采用容器、材料及辅助物等将商品包封并予以适当的装潢和标志的总称。商品包装是商品生产的继续，凡需要包装的商品，只有通过包装，才算完成生产过程，商品才能进入流通领域和消费领域，才能实现商品的使用价值。

二、包装的种类

根据商品包装在流通过程中所起作用可分为运输包装和销售包装两种类型。

1.运输包装

运输包装（Transport Packing）又称大包装、外包装（Outer Packing），是指把商品装入特定的容器或以特定方式或成箱的包装。其具有保护商品在运输过程中不被损坏和散失及方便商品的搬运、储存和运输的作用。运输包装又分为单件运输包装和集合运输包装两种。

（1）单件运输包装，是指货物在运输过程中作为一个计件单位的包装。如箱（Case）、捆（Bundle）、包（Bale）、袋（Bag）、桶（Drum）等。

（2）集合运输包装，是指将一定数量的单件运输包装组合成一个大的包装。如集装箱（Container）、集装袋（Flexible Container）、托盘（Pallet）等。

2.销售包装

销售包装（Selling Packing）又称小包装（Small Packing）、内包装（Inner Packing），是指用适当的材料或容器对生产制造出来的产品进行直接包装。销售包装可分为：

（1）挂式包装，设有吊钩、吊带、挂孔等便于悬挂的包装。

（2）易开包装，设有容易开启装置的包装，如易拉罐等。

（3）喷雾包装，带有自动喷出流体装置的包装。

（4）配套包装，将不同种类、不同规格的商品搭配成套的包装。

（5）礼品包装，专门作为礼品的包装。

（6）复用包装，除了用作包装出售的商品外，还可用于存放其他商品或供人们观赏的包装。

（7）堆叠式包装，堆叠稳定性强、便于摆设和陈列的包装，如罐、盒等。

（8）携带式包装，附有提手装置、携带方便的包装。

3.销售包装的装潢和文字说明

商品销售包装上一般都附有图案、色彩装潢和文字说明。装潢设计应美观大方，富有艺术上的吸引力，并突出商品特征，特别是在国际贸易中要符合有关国家的民族习惯和爱好。文字说明应体现商品名称、商标品牌、数量规格、成分构成、产地日期和使用方法等内容，文字必须简明扼要、通俗易懂。同时要符合进口国对商品文字说明的有关规定，如加拿大政府规定，对销往该国的商品必须同时使用英、法两种文字说明。

4.条形码标志

商品包装上的条形码是由一组粗细间隔不等的平行线及其相应的数字所组成的标记，只要将该标记对准光电扫描器，计算机就能自动地识别条形码的信息，即可确定该商品的生产国别或地区、生产厂家、品种规格、生产日期、商品售价等。目前，大多数国家的超级市场都使用条形码技术进行自动扫描结算，如商品包装上没有条形码标志，即使是名优商品，也不准进入超级市场。有些国家不准进口某些包装上无条形码标志的商品。

国际上通用的商品包装条形码主要有两种：一种是由美国、加拿大组织的统一编码委员会（Universal Code Council，UCC）编制的UPC（Universal Product Code）；另一种是由12个国家成立的欧洲物品编码协会（European Article Number Association），后改名为国际物品编码协会（International Article Number Association）编制的EAN（European Article Number）。1991年4月我国正式加入国际物品编码协会，该会分配给我国的国别号为“690”“691”“692”，凡标有“690”“691”“692”条形码的商品，即表示是中国生产的商品。另外，我国书籍国别号代码为978，杂志国别号代码为997。

5.中性包装与定牌

（1）中性包装。中性包装（Neutral Packing）是指在商品本身和商品包装上既不注明生产国别、地名、厂商和名称，也不标明商标或牌号的包装。中性包装包括无牌中性包装和定牌中性包装两种。前者是指包装上既无生产国别、厂商名称，又无商标牌号，俗称“白牌”；后者是指包装上不注明生产国别与厂商名称，仅有买方指定的商标或牌号。采用中性包装是为了打破一些进口国家政治歧视、关税、非关税壁垒和配额等各种限制措施，从而实现扩大出口的目的。我国外贸企业要把生意做活，也可酌情采用这种做法。

（2）定牌。定牌是指卖方按买方要求在其销售的商品或包装上标明买方指定的商标或牌号的做法，也称定牌生产。出口企业接受定牌生产，可利用进口商的经营能力及其商业信誉和牌名声誉，提高其商品售价和扩大销路。

在我国出口业务中，企业接受中性包装和定牌生产时，要注意以下两点：

第一，要认真审查对方提供的图案、文字内容有无不妥之处。

第二，要在合同中注明使用买方指定的商标、牌号后，若在国外市场发生工业产权争议或侵权行为，一切责任由买方承担。

三、包装的标志

商品包装上的标志，按其用途可分为运输标志、指示性标志和警告性标志三种。

1.运输标志

运输标志（Shipping Mark）又称唛头（如图3-1所示），是指在运输包装外部压印、贴印、刷制的简单几何图形、必要字母、数字和简要文字。一般包括：

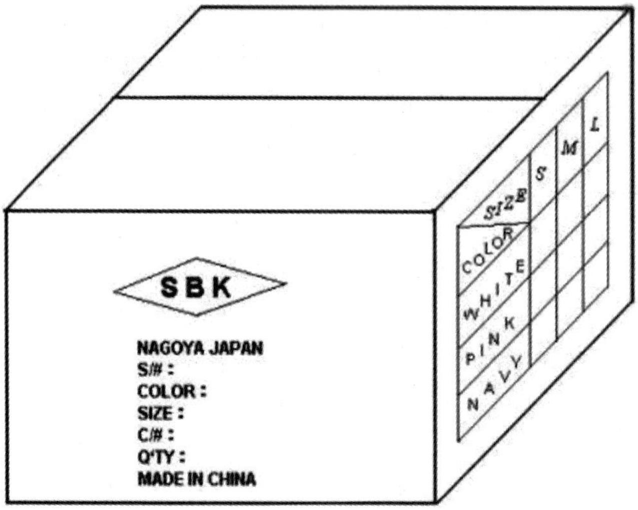

图3-1　运输标志

注：SBK——收货人，NAGOYA JAPAN——目的港或目的地名称（日本，名古屋），S/#——铅封号，COLOR——颜色，SIZE：尺码，C/#——箱号，Q'TY——件数，MADE IN CHINA——中国制造

（1）目的地的名称或代号。

（2）收、发货人的代号。

（3）件号、批号。有的运输标志还包括信用证号、合同号、许可证号、体积与重量等内容。

2. 指示性标志

指示性标志（Indicative Mark），是提示人们在装卸、运输和保管一些易碎、易损、易变质等商品时需要注意的事项，一般都是以简单醒目的图形和简单的文字在包装上标出，如图3-2所示。

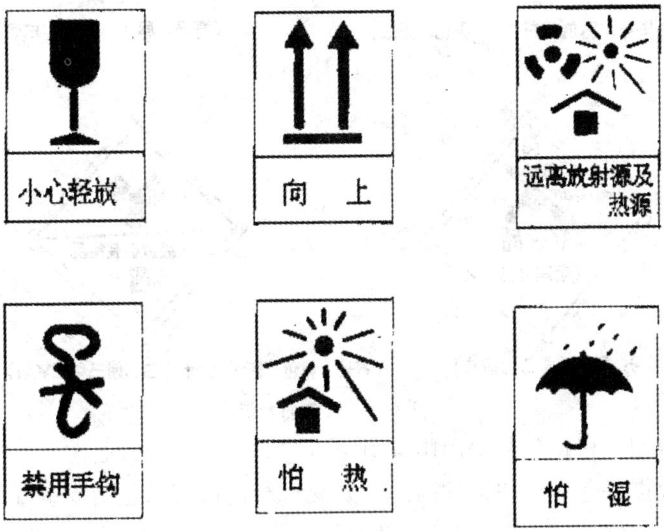

图3-2　指示性标志

3. 警告性标志

警告性标志（Warning Mark）又称危险货物包装标志，是指在爆炸品、易燃品、有毒品、易腐蚀品、氧化剂和放射性物资等危险品的运输包装上，用醒目的图形和文字表示危险品的标志，以示警告。我国国家技术监督局发布的《危险货物包装标志》规定，在运输包装上应标示警告性标志，如图3-3所示。

联合国政府间海事协商组织也规定了一套《国际海运危险货物规则》，现已被许多国家采用。我国出口危险货物的运输包装上，要标注我国和国际海运组织所规定的两套危险品标志。

四、合同中的包装条款

1. 包装条款的内容

包装条款的内容一般包括包装材料、包装方式、包装费用和运输标志等。在国际贸易中，包装条款是合同的主要条款之一，如果卖方提供的商品包装与合同规定不符，买方有权索赔损失甚至拒收货物。

2. 合同中包装条款的规定

（1）包装方式和包装材料。合同条款中对包装方式和材料的规定有两种方法：一种是对其作出具体的规定；另一种是笼统地规定包装方式和材料，如“适宜海运包装”“习惯包装”“卖方惯用包装”等。后一种规定方法比较笼统，内容不明确，容易产生争议，应尽量避免使用。

图3-3 警告性标志

（2）包装费用。根据包装费用由谁负担、包装由谁供应，通常有下列三种做法：

①由出口商提供包装，包装和商品一并交付给进口商，包装成本打在货价里。大多数商品都采用此种做法。

②由出口商提供包装，但交货后，出口商将原包装收回。对于原包装退回给出口商的时间和运费由何方负担，应在合同条款里作具体规定。

③由进口商提供包装或包装材料。采用此种做法时，应明确规定进口方提供包装或包装材料的时间以及未能及时提供而影响发货时，进口商所承担的责任及出口商应享有的权利。

包装费用一般包括在货价之内，不另计收。但也有不包括在货价之内，而规定由进口商另外支付的。究竟由何方负担，双方应在包装条款中订明。

任务四 订立运输条款

任务描述

本任务介绍了几种常用的运输方式，并进行了对比；介绍了运输单据以及合同中的运输条款，通过讲解能够准确地根据货物的特点选择正确的运输方式，并且能够订立相关的条款。

任务实施

一、运输方式

1.海洋运输

海洋运输是指使用船舶通过海上航道在不同国家和地区的港口之间运送货物的一种

方式，具有通过能力大、运输量大、运费低廉、对货物的适应性强、速度较低、风险较大等特点。目前，国际贸易总运量中的三分之二以上，我国进出口货运总量的90%都是利用海洋运输的。当前，海洋运输主要承担大批量货物，特别是集装箱运输以及原料半成品等散货运输。

（1）班轮运输。

①定义。

班轮运输是海洋运输的一种方式，是指在固定的航线上，以既定的港口顺序，按照事先公布的船期表航行的水上运输方式。

②特点。

班轮运输具有“四定一负责”的特点。“四定”为航线、停靠港口、船期、运费率固定。“一负责”是指承运人负责装和卸。

③作用。

班轮运输的作用主要体现在以下几个方面：

a.有利于一般杂货和不足整船的小额贸易货物的运输。班轮只要有舱位，不论数量大小、挂港多少、直运或转运都可接受承运。

b.由于“四定”的特点，时间有保证，运价固定，为贸易双方洽谈价格和装运条件提供了方便，有利于开展国际贸易。

c.班轮长期在固定航线上航行，有固定设备和人员，能够提供专门的、优质的服务。

d.由于事先公布船期、运价费率，有利于贸易双方达成交易，减少磋商内容。

e.手续简单，货主方便。由于承运人负责装卸和理舱，托运人只要把货物交给承运人即可，省心省力。

（2）租船运输。

①定义。

租船运输指根据协议，租船人向船舶所有人租赁船舶用于货物运输，并按商定的运价，向船舶所有人支付运费或租金的运输方式。

②特点。

租船运输以运输货值较低的大宗货物为主，并无固定航线、装卸港口和船期，也没有固定的运价。

③分类。

a.定程租船（Voyage Charter），简称程租，是船舶所有人按双方事先议定的运价与条件向租船人提供船舶全部或部分舱位，在指定的港口之间进行一个或多个航次运输指定货物的租船业务，又可分为：

单程租船，也称单航次租船（Single Voyage Charter），即所租船舶只装运一个航次，航程结束时租船合同即告终止。

来回程租船（Round Trip Charter），是指租船合同规定在完成一个航次任务后接着再装运一个回程货载的运输形式。

连续单程租船（Consecutive Trip Charter），这一运输形式要求在同一去向的航线上连续完成多个单航次运输。它的特点是完成若干个连续的航次，不能中断；船舶必须是一程运货，一程空放，船东不能利用空船揽载其他货物，一般航程较近。

包运合同租船（Contract of Affreightment），船东在约定的期限内，派若干条船，将规定的一批货物，按照同样的租船条件，由甲地包运到乙地，至于航程次数则不作具体规定。

b.定期租船（Time Charter/Period Charter），简称期租船。它由船舶出租人将船舶租给租船人使用一定期限，并在规定的期限内由租船人自行调度和经营管理。租期内的船舶燃料费、港口费用以及拖轮费用等营运费用，都由租船人负担，船东只负责船舶的维修、保险、配备船员、船员的给养和其他固定费用。期租船的租金在租期内不变，支付方法一般按船舶夏季载重线时的载重吨，每吨每月若干货币单位计算，每30天或每半月预付一次。

c.光船租船（Bare-boat Charter），它实际上也是期租船的一种，与一般期租船不同的是，船东不负责提供船员，只是将船交给租方使用，由租方自行配备船员，负责船舶的经营管理和航行各项事宜，但是，把船交给租船人支配，船东往往心存疑虑。而在另一方面，由于雇用和管理船员工作繁重复杂，租船人对这种方式也缺乏兴趣。因此光船租船方式在租船市场上较少采用。

2.国际铁路货物运输

（1）概述。

铁路能提供长距离范围内大宗商品的低成本、低能源运输，且较多地运输至少一整车皮的批量货物，其运输的经济里程一般在200公里以上。

（2）铁路运输的优缺点。

①优点。

a.运行速度快，时速可达80～120公里。

b.运输能力较强，可满足大量货物一次性高效率运输。

c.运输连续性强，由于运输过程受自然条件限制较小，所以可提供全天候的运输。

d.轨道运输的安全性能高，运行较平稳。

e.通用性能好，可以运送各类不同的货物。

f.运输成本和能耗较低。

②缺点。

a.固定成本高，建设周期较长，占地也多。

b.由于设计能力是一定的，当市场运量在某一阶段急增时难以及时得到运输机会。

c.变动成本相对较低，使得近距离的运费较高。

d.在长距离运输情况下，由于需要进行货车配车，其中途停留时间较长。

e.铁路运输由于装卸次数较多，货物错装或损失事故通常也比其他运输方式多。

③适用与作业范围。

铁路运输适合大宗低值货物的中、长距离运输，散装、罐装货物运输。

3.国际公路货物运输

（1）概述。

公路运输能提供更具灵活性和更为多样的服务，多用于价高量小的货物的门对门服务，其经济里程一般在200公里以内。

（2）特点。

公路运输具有运输速度快、机动性强的优点，同时，公路运输的变动成本相对较高，运输能力较小，受容积限制，能耗高。

（3）适用与作业范围。

公路运输适用于近距离的独立运输作业以及补充和衔接其他运输方式。

4.国际航空货物运输

（1）概述。

航空运输常被看作是其他运输方式不能运用时，用于紧急服务的一种极为保险的方式。它快速及时，价格昂贵，但对致力于全球市场的厂商来说，当考虑库存和顾客服务问题时，空运也许是成本最为节约的运输模式。

（2）航空运输的优缺点。

①优点。

a.高速直达性。因为空中较少受自然、地理条件限制，航线一般取两点间的最短距离。

b.安全性能高。当前，飞机不断地进行技术革新，使其安全性能增强，事故率低，保险费率相对较低。

c.包装要求低。因为空中航行的平稳性和自动着陆系统很安全，所以可以降低包装要求，而且在避免货物灭失和损坏方面还有明显优势。

②缺点。

a.受气候条件的限制，在一定程度上影响了运输的准确性和正常性。

b.费用高。设施成本高，维护费用高，人员（飞行员、空勤人员）培训费高。

c.运输能力小，运输能耗高。

（3）适用与作业范围

航空运输一般适用于高附加值、小体积的物品运输。

5.国际集装箱运输

（1）概述。

集装箱是一种有一定强度、可长期反复使用、外形像箱子、可以集装成组货物、专供周转使用并便于机械操作和运输的大型货物容器。集装箱运输就是以集装箱作为运输单位进行货物运输的一种现代化先进的运输方式。国际标准化组织推荐了3个系列13种规格的集装箱，在国际航运上使用的主要有20英尺和40英尺两种，20英尺的集装箱载货重量为17 500千克，有效容积为25立方米；40英尺的集装箱载货重量为24 500千克，有效容积为55立方米。

（2）集装箱运输的优点。

①提高了货运速度，提高了运输工具、资金及货物的周转速度，提升了效率。

②减少货差、货损，提高货运质量。

③节省包装费用。

④简化货物运输手续。

(3) 集装箱货物的交接。

集装箱货物可分为整箱货（FCL）和拼箱货（LCL）。整箱货可直接将集装箱送到集装箱堆场（CY）等待装运，货物到目的港之后，收货人可直接从目的港或目的港的堆场将货提走。如果货量不足一整箱，那么需将货送到集装箱货运站（CFS），承运人将货物按照不同的流向、性质进行拼装，货物到目的港或目的地之后，由承运人拆箱后分发给各收货人。

集装箱交接方式在单据上的表示方式为：

①整装整拆，表示为FCL/FCL或CY/CY。

②整装拼拆，表示为FCL/LCL或CY/CFS。

③拼装整拆，表示为LCL/FCL或CFS/CY。

④拼装拼拆，表示为LCL/LCL或CFS/CFS。

6.国际多式联合运输

国际多式联合运输是在集装箱运输基础上产生并发展起来的，一般以集装箱为媒介，把海上运输、铁路运输、公路运输、航空运输和内河运输等传统的单一运输方式有机地结合起来，构成一个连贯的过程，来完成国际间的货物运输。

7.大陆桥运输

大陆桥运输是指以大陆上的铁路或公路运输系统作为桥梁，以集装箱为媒介，将大陆两端的海洋连接起来，构成海—陆—海的连贯运输。大陆桥的出现，使得海陆运输条件被更为合理有效地利用，缩短了营运时间，提高了营运效率，降低了营运成本。目前，世界上最主要的三条大陆桥为连接大西洋和太平洋的北美洲大陆桥；连接太平洋和大西洋、波罗的海以及黑海的西伯利亚大陆桥；东起我国连云港，途经俄罗斯、哈萨克斯坦、白俄罗斯、波兰、德国到荷兰鹿特丹，连接大西洋和太平洋的大陆桥。

8.管道运输

管道运输是近几十年发展起来的一种新型运输方式。管道运输的运输形式是靠物体在管道内顺着压力方向顺序移动实现的。和其他运输方式的重要区别在于管道设备是静止不动的。目前，全球的管道运输承担着很大比例的能源物质运输任务，包括原油、成品油、天线气、油田伴生气、煤浆等。其完成的运量常常大大高于人们的想象，所以它主要担负单向、定点、量大的流体状货物运输。

9.运输方式的选择

(1) 考虑因素。

在选择运输方式时，除考虑运输成本和运行速度外，还要考虑商品的性质、数量、运输距离、客户的具体要求、风险程度等多方面因素。譬如，鲜活商品要求争取时间，贵重物品体积小但需要保险系数高，在这种情况下，采取航空运输最为适宜；中转环节多的，可利用集装箱以加速中转并避免货物的损坏；样品和宣传品可利用航邮；大宗货物可租赁整条船舶。当然，如果单纯是为客户提供服务，一切应以客户的要求来安排。我国过去在选择运输方式和运输工具方面已积累了一些经验，例如从东欧进口货物，利用陆运较海运既节省时间又节省了运费。

（2）运输方式、运输工具、运价、运速和运量对比见表3-2。

表3-2 **主要运输方式的对比**

运输方式	运输工具	运 价	运 速	运 量
水运	船舶	低	慢	大
陆运	火车	中	较快	大
陆运	汽车	中	中	小
空运	飞机	高	最快	最小

（3）运输方式的选择见表3-3。

表3-3 **运输方式的选择**

商品的性质	数量	运输距离	运输方式
贵重或急需的货物	数量不大	长途	航空
贵重或急需的货物	数量不大	短途	公路运输
容易死亡、变质的活物、鲜货	数量大	长途	铁路专用车
容易死亡、变质的活物、鲜货	数量不大	长途	航空
笨重的货物	数量大	长途	水运或铁路运输

二、运输单据

1.海运提单

（1）定义。

海运提单是指由船长或承运人（或其代理人）签发的，证明收到特定货物，允诺将货物运至特定目的地并交付收货人的书面凭证。

（2）海运提单的性质和作用。

a.货物收据。提单是承运人签发给托运人的收据，确认承运人已收到提单所列货物并已装船，或者承运人已接管了货物，已代装船。

b.运输契约证明。证明托运人与承运人的运输契约。

c.货权凭证。提单是货物所有权的凭证。谁持有提单，谁就有权要求承运人交付货物，并且享有占有和处理货物的权利，提单代表了其所载明的货物。

（3）海运提单的种类。

依据不同的标准，海运提单分为以下几类：

a.依据货物是否已装船：已装船提单、备运提单。

已装船提单是指货物装船后由承运人或其授权代理人根据大副收据签发给托运人的提单。如果承运人签发了已装船提单，就是确认他已将货物装到船上。这种提单除载明一般事项外，通常还必须注明装载货物的船舶名称和装船日期，即提单项下货物的装船日期。

备运提单是承运人在收到托运人交来的货物但还没有装船时，应托运人的要求而签发的提单。签发这种提单时，说明承运人确认货物已交由承运人保管并存放在其所控制的仓库或场地，但还未装船。所以，这种提单未载明所装船名和装船时间，在跟单信用证支付方式下，银行一般都不肯接受这种提单。但当货物装船，承运人在这种提单上加注装运船名和装船日期并签字盖章后，备运提单即成为已装船提单。同样，托运人也可以用备运提单向承运人换取已装船提单。

b.依据提单的抬头不同：记名提单、指示提单、不记名提单。

记名提单又称收货人抬头提单，是指提单上的收货人栏中已具体填写收货人名称的提单。提单所记载的货物只能由提单上特定的收货人提取，或者说承运人在卸货港只能把货物交给提单上指定的收货人。如果承运人将货物交给提单指定人以外的人，即使该人占有提单，承运人也应负责。这种提单失去了代表货物可转让流通的便利，但同时也可以避免在转让过程中可能带来的风险，在国际贸易中使用较少。

指示提单是一种可转让提单。提单的持有人可以通过背书的方式把它转让给第三者，而无须经过承运人认可，所以这种提单为买方所欢迎。而不记名指示提单与记名指示提单不同，它没有经提单指定的人背书才能转让的限制，所以其流通性更大。指示提单在国际海运业务中使用较广泛。

不记名提单不需要任何背书手续即可转让或提取货物，极为简便。承运人应将货物交给提单持有人，谁持有提单，谁就可以提货，承运人交付货物只凭单，不凭人。这种提单如丢失或被窃，风险极大，若转入非善意的第三者手中，极易引起纠纷，故国际上较少使用这种提单。

c.依据提单上有无不良批注：清洁提单、不清洁提单。

在装船时，货物外表状况良好，承运人在签发提单时，未在提单上加注任何有关货物残损、包装不良、件数、重量和体积，或其他妨碍结汇的批注的提单称为清洁提单。

使用清洁提单在国际贸易实践中非常重要，买方要想收到完好无损的货物，首先必须要求卖方在装船时保持货物外观良好，并要求卖方提供清洁提单。

在货物装船时，承运人若发现货物包装不牢、破残、渗漏、玷污、标志不清等现象，大副将在收货单上对此加以批注，并将此批注转移到提单上，这种提单称为不清洁提单。

d.依据运费收取方式：运费预付提单、运费到付提单。

运费预付提单是指以CIF、CFR价格条件成交，按规定货物托运时，必须预付运费。在运费预付情况下出具的提单称为运费预付提单。这种提单正面载明“运费预付”字样，运费付后才能取得提单；付费后，若货物灭失，运费不退。

运费到付提单是以FOB条件成交的货物，不论是买方订舱还是买方委托卖方订舱，运费均为到付（Freight Payable at destination），并在提单上载明“运费到付”字样，这种提单称为运费到付提单。货物运到目的港后，只有付清运费，收货人才能提货。

e.其他：预借提单、倒签提单、过期提单等。

预借提单是指货物尚未装船或尚未装船完毕的情况下，信用证规定的结汇期（即信用证的有效期）即将届满，托运人为了能及时结汇，而要求承运人或其代理人提前签发的已装船清洁提单，即托运人为了能及时结汇而从承运人那里借用的已装船清洁提单。

倒签提单是指承运人或其代理人应托运人的要求，在货物装船完毕后，以早于货物实际装船日期为签发日期的提单。当货物实际装船日期晚于信用证规定的装船日期时，若仍按实际装船日期签发提单，托运人就无法结汇。为了使签发提单的日期与信用证规定的装运日期相符，以利结汇，承运人应托运人的要求，在提单上仍以信用证的装运日期填写签发日期，以免违约。

过期提单有两种含义：一是指出口商在装船后延滞过久才交到银行议付的提单。《跟单信用证统一惯例（1993年修订本）》第500号出版物第四十二条规定："如信用证无特殊规定，银行将拒收在运输单据签发日期后超过21天才提交的单据。在任何情况下，交单不得晚于信用证到期日。"二是指提单晚于货物到达目的港，这种提单也称为过期提单。因此，近洋国家的贸易合同一般都规定有"过期提单也可接受"的条款。

（4）海运提单的内容。

海运提单的内容详见本书项目八之"图8-4"。

2.铁路运单

我国铁路运输分为国际铁路联运和通往港澳的国内铁路运输，分别使用国际铁路货物联运单和承运货物收据。

（1）国际铁路货物联运单。

该运单为发送国铁路机构和发货人之间缔结的运输合同，运单签发，即表示承运人已收到货物并受理托运，装车后加盖承运日戳，即为承运。运单正本随同货物送至终点站交收货人，是铁路机构同收货人交接货物、核收运杂费用的依据。副本加盖日戳后是卖方办理银行结算的凭证之一。

（2）承运货物收据。

内地通过国内铁路运往港澳地区的货物，一般都委托中国对外贸易运输公司承办，货物装车发运后，由外运公司签发一份承运货物收据给托运人，托运人以此作为结汇凭证。承运货物收据既是承运人出具的货物收据，也是承运人与托运人签署的运输契约。

3.航空运单

航空运单是承运人与托运人之间签订的运输契约，也是承运人或其代理人签发的货物收据。航空运单不仅应有承运人或其代理人的签字，还必须有托运人的签字。航空运单与铁路运单一样，不是物权凭证，不能凭以提取货物，必须做成记名抬头，不能背书转让。收货人凭航空公司的到货通知单和有关证明提货。航空运单正本一式三份，分别交托运人、航空公司，随机带交收货人，副本若干份由航空公司按规定分发。

4.多式联运单据

多式联运单据是由承运人或其代理人签发的，其作用与海运提单相似，既是货物收据也是运输契约的证明。在单据做成指示抬头或不记名抬头时，可作为物权凭证，经背书可以转让。

三、装运条款

1.装运条款的内容

买卖合同中的装运条款包括装运期、装运港、目的港、分批装运和转运等。这些内容必须在合同中有清楚的说明，以便划分责任归属。

2.装运条款中的相关概念

（1）装运期的规定。

在国际贸易中，装运期和交单期是两个不同的概念，在时间上并不完全一样。在装运港交货和内陆交货的价格术语中，装运期一般早于交货期。在国际货运复杂多变的情况下，无法保证在选定的某一天将货物装运，所以，对装运期的规定一般不采用某一个具体日期。在实际业务中，最常见的有以下几种：

①规定某月装运。

如：2016年9月装

Shipment during September，2016

②规定跨月装运。

如：2016年8/9/10月装运

Shipment during Aug./Sep./Oct.

③规定在某月月底或某日前装运。

如：2016年5月底装运

Shipment at or before the end of May 2016

不晚于2016年6月底装运

Shipment not later than the end of June 2016

④规定在收到信用证后若干天内装运。

如：收到信用证后30天内装运

Shipment within 30 days after receipt of L/C

（2）装运地和目的地的规定。

①装运港或装运地。

装运港指的是货物起始装运的港口，在进出口贸易中，装运港或装运地一般由卖方提出，经卖方同意后确定。在出口贸易中，装运港的选择要求是靠近产地、费用低廉、基础设施完善且交通便捷的地方。在进口贸易中，装运港或装运地应该是我国政府允许贸易往来的国家或地区的港口或地方，并且具有良好的装载条件。同时，还应注意以下问题：

a.在使用FOB、CIF或CFR贸易术语进行交易时，应选择海轮能够直接进入载运货物的港口为装运港

b.多式运输的情况下，一般应以便于多式运输经营人收货的地方作为装运地点。

c.如果交易数量较大或货物来源分散，集中在一个地点有困难，则可以争取在两个或两个以上的地点装运。

d.谨慎地选择装载条件不理想的地方作为装运港。

e.如以FOB条件成交，对装运港的选择更要仔细，以免造成无法停泊装货的情况。

②目的港或目的地。

目的港或目的地一般由买方提出，经卖方同意后确定，一笔生意通常只有一个目的港或目的地。订立目的港的时候一般要考虑如下问题：

a.所选的目的港或目的地应该符合我国的相关政策。

b.对目的港或目的地的规定应该尽量明确具体。

c.目的港或目的地必须是可以安全停靠的地方，应避免选择战乱地区为目的港或目的地。

d.对内陆国家的出口交易，需要选择目的港的时候，应选择离目的地最近，我方能够安排船舶的港口为目的港。

e.有重名的港口或城市应该标注国家和方位。

（3）分批装运和转船的规定。

根据《跟单信用证统一惯例（2007年修订本）》第600号出版物的规定，信用证如果未规定是否可以分批装运（分期装运）和转运，则该批货物是可以被分批装运（分期装运）和转运的。

①分批装运。

分批装运是指一个合同项下的货物先后分若干期或若干批装运。一个合同能否分批装运，应视合同中的规定而定。在我国的对外贸易实践中，如需要分批装运，一般均应在进出口合同中作明确具体的说明。

在合同中规定分批装运的方法主要有以下两种：

第一，只允许分批装运，但对于具体的时间、批次、数量等不作规定。

第二，规定每批装运的时间和数量。

②转运。

转运是指从装运港或装运地至卸货港或目的地的货物运输过程中进行转装或重装，包括从一运输工具转移到另一同类运输工具，从一种运输方式转为另一种运输方式的行为。一般而言，转运对卖方比较主动，但要增加费用支出。但转运也可能增加货物的消耗和路程上的时间，所以，是否允许转运、在何地转运是合同中的重要内容。

任务五　订立保险条款

任务描述

本任务介绍了海运货物保险的保障范围，并详细介绍了承包的风险、损失、费用，以及货物的保险条款等内容。通过学习，理解货物保险条款，并且能够准确地订立合同中的保险条款。

任务实施

一、海运货物保险的保障范围

1.承保的风险

（1）海上风险。

海上风险是指船舶或货物在海上运输过程中发生的或随附海上运输所发生的风险，分为自然灾害和意外事故。

①自然灾害。

自然灾害是指因自然界变异引起的灾害，是不以人的意志为转移的，如恶劣气候、雷电、海啸、浪击落海、洪水、地震或火山爆发等。

②意外事故。

意外事故是指由于偶然的、无法预料的原因造成的事故。如船舶的搁浅、擦浅、触礁、沉没、碰撞、倾覆、火灾、爆炸等事故。

（2）外来风险。

外来风险是指由于海上风险以外的其他外来原因引起的风险，分为一般外来风险和特殊外来风险。

①一般外来风险。

如偷窃；提货不着；短量；雨淋渗漏；混杂；玷污；渗漏；碰损；破碎；串味；受潮受热；钩损；锈损；船长、船员的不法行为；抛弃等原因引起的风险。

②特殊外来风险。

战争、罢工和交货不到、拒收等原因引起的风险。

2.承保的损失

运输途中被保险货物本身遭受损坏或损失，按其程度可分为全部损失和部分损失。

（1）全部损失。

全部损失是指整批或不可分割的一批被保险货物全部灭失或可视同全部灭失的损害。

①实际全损。

a.保险标的灭失。

b.保险标的完全失去原有的形体、效用，失去商业价值。

c.保险标的不能再归被保险人所有，无法复得。

d.船舶失踪到一定时期仍音讯全无，即可视为全部灭失。

②推定全损。

a.货物受损后，修复费用已超过货物本身的价值。

b.实际全损已经不可避免，或者为避免发生实际全损所需支付的费用与继续将货物运抵目的地的费用之和超过保险价值。

c.货物受损后，整理和续运到目的地的费用超过货物的完好价值或保险价值。

d.被保险人未收回因保险责任范围内的事故而丧失的标的物的所有权，所需的开销将超过收回的标的物的价值。

③委付。

被保险货物发生推定全损时，被保险人可以要求保险人按部分损失赔偿，也可以要求按全部损失赔偿。如果要求按全部损失赔偿，被保险人必须向保险人发出委付通知。

委付是指被保险人表示愿意将保险标的的一切权利和义务转移给保险人，并要求保险人按全部损失赔偿的一种行为。委付需要注意以下内容：

a.以保险标的推定全损为条件。

b.委付通知必须及时发出。

c.委付时必须将被保险货物全部进行委付。

d.委付不能附带任何条件，一经委付不得撤回。

e.委付必须经过保险人的承诺才能生效。

保险人沉默不视为接受；保险人除了享有保险标的的利益外，还必须承担义务。

（2）部分损失。

①共同海损。

它是指在同一海上航程中，船舶、货物和其他财产遭遇共同危险，为了共同安全，有意地、合理地采取措施直接造成的特殊牺牲、支付的特殊费用。

构成共同海损必须要有如下条件：第一，危险必须危及船舶和货物的共同安全，并是真实的和不可避免的。第二，共同海损行为必须是为了解除船舶和货物的共同危险而有意识且合理地采取的。第三，共同海损的牺牲必须是特殊的，费用必须是额外支付的，而且牺牲和费用必须是共同海损行为直接的、合理的后果。第四，共同海损行为必须是最终有效的。

一般而言，共同海损的损失范围包括：第一，抛弃货物的损失；第二，为扑灭船上火灾而造成的损失；第三，割弃残损部分的损失；第四，自愿搁浅所致的损失；第五，机器和锅炉损害的损失；第六，作为燃料烧掉的船用材料和物料；第七，卸货等过程中造成的损失；第八，运费损失，即由于货物的灭失或者损害所造成的运费损失。

②单独海损。

单独海损（Particular Average）是指保险标的物在海上遭受承保范围内的风险所造成的部分灭失或损害，即指除共同海损以外的部分损失。这种损失只能由标的物所有人单独负担。

与共同海损相比较，单独海损不是人为有意造成的部分损失。单独海损是保险标的物本身的损失，单独海损由受损失的被保险人单独承担，但其可根据损失情况从保险人那里获得赔偿。

3.单独海损和共同海损的联系与区别

共同海损与单独海损从性质上看，二者都属部分损失。

共同海损与单独海损的区别见表3-4。

表3-4 **共同海损与单独海损的区别**

	造成海损原因	损失的承担者	损失的内容	涉及的利益方
共同海损	为解除或减轻风险，人为地、有意识地采取合理措施造成的损失	由受益各方根据获救利益的大小按比例分摊	包括损失及由此产生的费用	为船、货各方的共同利益所受的损失
单独海损	由所承保的风险直接导致的船、货的损失	由受损者自己承担	损失本身	损失方个人的利益

4.承保的费用

（1）施救费用。

施救费用又称营救费用，是指被保险货物在遭遇承保的灾害事故时，被保险人或其代理人、雇用人为避免、减少损失采取各种抢救、防护措施时所支付的合理费用。保险人对施救费用予以补偿，并以保险金额为限。施救行为没有效果也应赔付。

（2）救助费用。

被保险货物遭受承保范围内的灾害事故时，由保险人和被保险人以外的第三者采取救助措施并获得成功，由被救方付给救助方的一种报酬。救助报酬最高不能超过获救财产价值。同时，被救的船舶或货物必须处于不能自救的情况。救助人是没有救助义务的第三方。救助行为必须有实际效果。

知识拓展3-2

承保费用中的特别费用

运输工具遭受海难后在避难港卸货所引起的损失，以及由于卸货、存仓、运送货物所产生的费用，均为特别费用，属保险人赔付范围。特别费用的支出必须是合理的。

二、海运货物保险条款

在我国，在进出口贸易中最常用的保险条款是“中国保险条款”（Chinese Insurance Clause，CIC）。

1.我国海运货物保险条款及基本险别

《海洋运输货物保险条款》是中国人民保险公司《货物运输保险条款》1981年1月1日的修订版中的一部分，根据其规定，海洋运输货物保险的基本险分为平安险、水渍险和一切险三种。

（1）平安险（F.P.A.）。

其英文原义为单独海损不负赔偿责任，平安险的主要赔偿范围为：

①被保险货物在运输途中由于自然灾害造成的整批货物的全部损失。

②由于运输工具遭受搁浅、触礁、沉没、互撞、与流冰或其他物体碰撞以及失火、爆炸等意外事故所造成的货物全部或部分损失。

③在运输工具已经发生搁浅、触礁、沉没、焚毁等意外事故的情况下，货物在此前后又在海上遭受恶劣气候、雷电、海啸等自然灾害造成的部分损失。

④在装卸或转船时，由于一件或数件甚至整批货物落海所造成的全部或部分损失。

⑤被保险人对遭受承保责任内危险的货物采取抢救，防止或减少货损的措施所支付的合理费用，但以不超过该批被毁货物的保险金额为限。

⑥运输工具遭遇海难后，在避难港由于卸货引起的损失以及在中途港或避难港由于卸货、存仓和运送货物所产生的特殊费用。

⑦共同海损的牺牲、分摊和救助费用。

⑧运输契约订有“船舶互撞责任”条款，则根据该条款规定应由货方偿还船方的损失。

（2）水渍险（W.A/W.P.A）。

其英文原义为负单独海损责任。它除了包含平安险的各项责任外，还对被保险货物遭受如恶劣气候、雷电、闪电等自然灾害所造成的部分损失负赔偿责任。

（3）一切险（All Risks）。

除了包含平安险和水渍险的内容之外，还包括货物在运输过程中因各种外来原因所造成的被保险货物的全损或部分损失。

需要注意的是，海运货物保险基本条款中，规定了以下的除外责任：第一，被保险人的故意行为或过失所造成的损失。第二，属于发货人责任引起的损失。第三，在保险责任开始前，被保险货物已存在的品质不良或数量短差所造成的损失。第四，被保险货物的自然损耗、本质缺陷、特性以及市价跌落、运输延迟所引起的损失和费用。第五，属于战争险和罢工险条款所规定的责任范围和除外责任。

2.海运货物保险的附加险

附加险是对基本险的补充和扩大，只有在投保了基本险之后，才能够投保附加险。

（1）一般附加险。

针对一般外来风险所引起的损失的险别，包括偷窃提货不着险；淡水雨淋险；短量险；混杂、玷污险；渗漏险；碰损险、破碎险；串味险；受热、受潮险；钩损险；包装破裂险；锈损险等11种险别。

（2）特殊附加险。

承包由于特殊外来风险所造成的全部或部分损失，包括海运战争险；罢工险；交货不到险；进口关税险；舱面险；拒收险；黄曲霉素险；货物出口到中国香港或中国澳门存仓火险责任扩展条款等8种险别。

3.保险责任的起讫

我国《海洋运输货物保险条款》规定的保险责任起讫期限，是“仓至仓”条款（W / W Clause），是指保险公司的保险责任自被保险货物运离保险单所载明的起运地仓库或储存处所开始运输时生效，直至该项货物到达保险单所载明目的地收货人的最后仓库或储存处所或被保险人用作分配、分派或非正常运输的其他储存处所为止。在正常运输情况下的责任终止时间为被保险货物在最后卸载港全部卸离海轮后起满60天。如果发生了非正常运输的情况，被保险货物如果继续运往原定目的地，则与正常运输一样。如果转运至其他目的地，则自转运时终止。

三、英国伦敦保险协会海运货物保险条款

在国际海运保险业务中，世界上大多数国家直接采用英国伦敦保险协会制定的“协会货物条款”（Institute Cargo Clause，I.C.C.）。

“协会货物条款”最早制定于1912年，后来经过多次修改，最近一次的修改是在1981年完成的，从1983年4月1日起实施。伦敦保险协会新修订的保险条款一共有6种：

（1）协会货物条款（A）（Institute Cargo Clause A，I.C.C.（A））。

（2）协会货物条款（B）（Institute Cargo Clause B，I.C.C.（B））。

（3）协会货物条款（C）（Institute Cargo Clause C，I.C.C.（C））。

（4）协会战争险条款（货物）（Institute War Clause-Cargo）。

（5）协会罢工险条款（货物）（Institute Strikes Clause-Cargo）。

（6）恶意损坏条款（Malicious Damage Clause）。

以上6种保险条款中，前3种即协会货物条款（A）、（B）、（C）是主险或基本险，后3种则为附加险。

保险期限（Period of Insurance）亦称保险有效期，是指保险人承担保险责任的起止期限。英国伦敦保险协会海运货物保险条款（I.C.C.（A）、（B）、（C））与我国海运货物保险期限的规定大体相同，也是“仓至仓”，但比我国条款规定得更为详细。在我国进出口业务中，特别是以CIF条件出口时，有些国外商人如要求我出口公司按伦敦保险协会海运货物保险条款投保，我出口企业和中国人民保险公司也可通融接受。

四、合同中的保险条款

1.保险条款的内容

保险条款所涉及的内容，一般包括保险金额、投保险别、保险费、保险单证和保险适用条款等方面。

（1）买方自行投保的情况。

如果买方自行投保，比如在FOB、FCA、CFR、CPT等贸易术语条件下，合同中只要明确保险责任就可以了。

如：保险由买方负责办理。

Insurance is to be covered by the buyers.

如果买方委托卖方代为投保，在合同中要订明：

如：保险由买方委托卖方按发票金额的××%代为投保××险，保险费由买方负担。

Insurance is to be effected by the Sellers on behalf of the Buyers for ××% of total invoice value against ×× Risks，Premium to be for Buyers’ account.

（2）由卖方进行投保的情况。

比如以CIF或CIP贸易条件签订的买卖合同，途中运输风险损失由买方承担，但由卖方负责办理货运保险和支付保险费，此时保险涉及了双方的利益问题，保险条款必须定得具体明确。

如：保险由卖方按发票金额的××%投保××险和××险，按1981年1月1日中国人民保险公司海洋运输货物保险条款办理。

Insurance is to be covered by Sellers for ××% of total invoice Value against ××Risk and ××Risk as per Ocean Marine Cargo Clause of The People's Insurance Company of China，dated January 1，1981.

2.保险条款中需注意的问题

（1）一定要明确按照什么保险条款进行的投保。不同的保险条款保险内容不一样，容易产生争议。

（2）明确投保的险别，如果有附加险也应该一并写明。

（3）保险单据的签单日期不能迟于装运日，避免货物在无保险的情况下起运。

项目小结

本项目对进出口贸易合同中有关品质、数量、包装、装运、保险等条款内容进行了阐述，主要介绍了这些条款的内容以及确定方法，还有在进出口贸易中对待有关条款时需要注意的内容。

项目训练

一、填空题

1.以介绍商品为目的而寄出的样品，最好标明________字样，避免与标准样品相混淆。

2.可以按“平均良好品质”进行买卖的商品是________。

3.对一些品质稳定的工业制成品或经过科学加工的初级产品，一般采用________。

4.凡标有“690”“691”“692”条形码的商品，即表示是中国生产的商品。另外，我国书籍国别号代码为________。

5.凡以文字、图表、相片等方式来说明商品品质的，均属________。

6.商品销售包装上一般都附有图案、色彩装潢和________。

7.出口生丝、羊毛，计算重量的方法一般采用________。

8.________又称唛头，是指在运输包装外部压印、贴印、印制的简单几何图形、必要字母、数字和简要文字。

9.与共同海损相比较，单独海损不是________造成的部分损失。

10.根据《UCP600》的规定，信用证如果未规定是否可以分批装运（分期装运）和转运，则该批货物是________被分批装运（分期装运）和转运的。

二、判断题

1.用凭等级表示商品品质的方法，能简化手续和统一价格。 (　　)

2.凭标准买卖时，尽量采用我国通行的标准。 (　　)

3.《中华人民共和国计量法》规定：我国采用国际单位制。 (　　)

4.在出口贸易中，表示品质的方法多种多样，为了明确责任，不能采用既凭样品又凭规格买卖的做法。 (　　)

5.凭样品买卖中，凡是样品都能作为卖方交货的品质依据。 (　　)

6.国际条约是公约、协定、议定书等各种协议的总称。 (　　)

7.大多数商品包装成本都采用打在货价里的做法。 (　　)

8.“小心轻放”属于警告性标志。 (　　)

9.救助费用的产生只需要有救助行为即可，救助行为是否有实际效果无所谓。 (　　)

10.自然灾害指由自然界变异引起的灾害，是不以人的意志为转移的。 (　　)

三、单项选择题

1.以下（　　）不是品质机动幅度的制定方法。

A.规定范围　　B.规定极限　　C.规定品质　　D.规定上下差异

2.国际货物买卖合同中的包装条款主要包括包装材料、包装方式、（　　）。

A.包装性能　　B.包装过程　　C.包装费用　　D.运输标志

3.商品品质的内在素质不包括（　　）。

A.机械性能　　B.化学成分　　C.透明度　　D.生物特征

4.卖方根据买方提供的样品加工复制出一个类似的样品供买方确认，经确认的样品叫（　　）

A.复样　　B.回样　　C.参考样品　　D.卖主样品

5.目前在国际贸易中通常使用的度量衡制有国际单位制、公制、英制、（　　）。

A.市制　　B.美制　　C.德制　　D.法制

6.我方在接到国外来样后，提供“对等样品”供买方确认。这样，就把来样成交转变为（　　）。

A.凭买方样品成交　　B.凭卖方样品成交

C.凭对等样品成交　　D.看货买卖

7.直接接触商品并随商品进入零售网点与消费者见面的包装是（　　）。

A.运输包装　　B.销售包装　　C.中性包装　　D.定牌

8.依据提单上有无不良批注，提单可分为（　　）。

A.清洁提单和不清洁提单　　B.记名提单和不记名提单

C.记名提单和指示提单　　D.直运提单和转运提单

9.航空运输的优势不包含（　　）。

A.高速直达性　　B.费用低

C.包装要求低　　D.安全性能高

10.运输标志中没有包含的内容是（　　）。

A.买卖双方的名称和地址　　B.目的地的名称或代号

C.收、发货人的代号　　D.件号、批号

四、问答题

1.订立目的港的时候需要考虑哪些问题？

2.什么样的商品适合凭说明书买卖？为什么？

3.为什么要采用中性包装？

4.班轮运输的特点有哪些？

五、实务训练题

买方向卖方订购50公吨货物，合同规定A、B、C、D、E五种规格按同等数量搭配。卖方按照合同开立发票，买方凭发票和其他单据付了款。货到后发现所有50公吨货物均为A规格，买方只同意接受其中的1/5，拒收其余的4/5，并要求退回4/5的货款。卖方辩说，不同规格搭配不符合合同，只能给予适当经济赔偿，不能拒收，更不能退款，于是诉诸法院。

你认为法官该如何判决？理由何在？

项目四

商检基本知识与争议、索赔和仲裁

■学习目标

知识目标：

1. 了解商品检验的内容。
2. 掌握和理解争议及索赔条款。
3. 掌握不可抗力和仲裁条款。

能力目标：

1. 能解释商品检验条款。
2. 能讲述争议、违约和索赔的内容。
3. 能解释不可抗力事件和仲裁条款。

在国际贸易业务中，合同里的标的物（包括商品的品名与品质、数量与包装）、贸易术语、进出口商品价格、国际货物运输保险等交易条款是最主要的内容。除了上述交易条款，在合同中还设有保障条款。本项目主要介绍一些商检的基本知识以及争议与索赔、不可抗力和仲裁等保障条款。

任务一　了解商检的基本知识

任务描述

了解和掌握进出口商品检验的含义、目的和内容，检验权的规定、进出口商品检验的机构、进出口商品检验的程序、进出口商品检验的时间和地点以及合同中订立进出口商品检验条款需要注意的事项。

任务实施

商品检验是国际贸易发展的产物，是国际货物买卖中不可缺少的一个重要环节。

《中华人民共和国进出口商品检验法》规定：国家商检部门、商检机构或商检机构指定的检验机构，依法对进出口商品实施检验。凡未经检验的进口商品，不准销售、使用；凡未经检验合格的出口商品，不准出口。《联合国国际货物销售合同公约》规定：买方必须按照实际情况，在可行的最短时间内检验货物或由他人检验货物；还规定，如果合同涉及货物的运输，检验可推迟到货物到达目的地后进行。英国《1893年货物买卖法案》规定：当货物交付买方时，除另有协议外，买方有权要求有合理的机会检验货物，以便确定它们是否与合同的规定相符。

一、进出口商品检验概述

1.进出口商品检验的含义

商品检验（Commodity Inspection，简称“商检”）是指商品的生产方、买方或者第三方在一定条件下，借助于某种手段和方法，按照合同、标准或国内外有关法律、法规、惯例，对商品的质量、规格、重量、数量、包装、安全及卫生等方面进行检查，并做出合格与否或通过验收与否的判定，或者为了维护买卖双方的合法权益，避免各种风险损失和责任划分的争议，便于商品交货结算而出具各种有关证书的业务活动。

进出口商品检验是指由国家设立的检验机构或向政府注册的独立机构，对进出口货物的质量、规格、卫生、安全、数量等进行检验、鉴定，并出具证书的工作；其目的是经过第三者的证明，保障对外贸易各方的合法权益。大多数国家规定，重要的进出口商品未经检验的，不准输入或输出，必须对进出口商品的品质、规格、重量、数量、包装、安全性能、卫生等方面的指标及装运技术和装运条件等实施检验和鉴定，以确定其是否与贸易合同、有关标准规定一致，是否符合进出口国有关法律和行政法规的规定。

2.进出口商品检验的目的

（1）对进出口商品的品质、数量、包装进行检验，以便确定买卖的标的物是否符合合同或信用证的规定。

（2）对装运技术条件、货物的残损或短缺进行鉴定，以便明确事故的起因、责任的归属。

（3）按照有关国家的相关法律、法规进行法定检验、检疫。

3.我国进出口商品检验的内容

我国进出口商品检验的内容包括：出口商品品质检验、出口商品包装检验、进口商品品质检验、进口商品残损检验、出口动物产品检疫、进出口食品卫生检疫、进出口商品重量鉴定、运输工具检验以及其他国家或商品用户要求实施的检验、检疫。

检验的法律法规依据主要是“四法三条例”。“四法”包括：《中华人民共和国进出口商品检验法》《中华人民共和国进出境动植物检疫法》《中华人民共和国国境卫生检疫法》《中华人民共和国食品安全法》。“三条例”包括：《中华人民共和国进出口商品检验法实施条例》《中华人民共和国进出境动植物检疫法实施条例》《中华人民共和国国境卫生检疫法实施细则》。另外，还有现行《商检机构实施检验的进出口商品种类表》（简称《种类表》，它是由中华人民共和国进出口商品检验局每隔一段时间进行调整、发布的）规定的商品。

4.检验权的规定

检验权是指依照合同的约定，买方或卖方所享有的对进出口商品进行最终检验鉴定的权利。这里需要注意的事项如下：

（1）买方对进口货物享有检验权。

（2）买方的检验权并不是强制性的，不能成为买方接受货物的前提条件。如果买方没有利用合理的机会检验货物，就等于自动放弃了检验权。

（3）如果合同的检验条款规定以卖方的检验为准，就是排除了买方的检验权。

二、进出口检验机构

1.官方检验机构

官方检验机构是指由国家或地方政府投资，按照国家有关法律法令对出入境商品实施检验、鉴定和监督管理的机构。例如，我国的国家质量监督检验检疫总局、美国的美国食品药品监督管理局（FDA）、美国动植物检疫局等。

中华人民共和国国家质量监督检验检疫总局（简称“国家质检总局”）主管我国的出入境卫生检验、动植物检疫、商品检验鉴定、办理检验鉴定等业务。国家质检总局设在各省、自治区、直辖市以及进出口商品的口岸、集散地的出入境检验检疫局及其分支机构（简称“出入境检验检疫机构”），管理所负责地区的进出口商品检验工作。

经国家质检总局和有关主管部门审核批准，获取许可，并依法办理工商登记的检验机构，方可接受委托办理进出口商品检验鉴定业务。比如，中国进出口商品检验总公司（CCIC）是经中国政府批准，按照中国的法律注册登记的，以从事进出口商品检验为主业的综合性检验公司，成立于1980年。公司总部设在北京，在全国多个省、直辖市、自治区及厦门、深圳、宁波、秦皇岛等地设有多家分（子）公司；而且，在美国、德国、荷兰、法国、英国、西班牙、日本、泰国、新加坡、菲律宾、澳大利亚、新西兰、俄罗斯、巴西等地设立了海外公司或代表处。目前，CCIC是中国国内唯一的、全国性的进出口商品检验公司。

国家质检总局和出入境检验检疫机构依法对经许可的检验机构的进出口商品检验鉴定业务活动进行监督，并可对其检验的商品抽查检验。

2.半官方检验机构

半官方检验机构是指一些由国家政府授权，代表某国政府行使某项商品检验或某一方面的检验管理工作，有一定权威的民间机构。比如，美国保险人实验室（UL），根据美国政府的规定，凡进口与防盗信号、化学危险品以及与电器、供暖防水等有关产品的案例检验和鉴定，必须经美国保险人实验室认证合格后，方可进入美国市场。

3.非官方检验机构

非官方检验机构主要是指由私人创办的，具有专业检验、鉴定技术能力的公证行或检验公司，如英国劳埃氏公证行、瑞士SGS集团等。

知识拓展4-1

SGS通标标准技术服务有限公司

瑞士SGS集团（也叫“瑞士日内瓦通用公证行”）在世界各地共有85 000多名员

工，分布在1 800多个分支机构和实验室，构成了全球性的服务网络，其所作出的鉴定和认证是世界上公认的质量和诚信的基准。

SGS通标标准技术服务有限公司（简称“SGS通标”）是全球领先的检验、鉴定、测试和认证机构，它是瑞士SGS集团和隶属于原国家质量技术监督局的中国标准技术开发公司于1991年成立的合资公司。这家公司设有50多个分支机构和实验室，服务覆盖工业建筑、汽车、矿产石化、农产食品、纺织品服装鞋类、电子电气、轻工家居、玩具婴幼儿用品、生命科学、化妆品、个人护理产品、医疗器械等领域。

三、进出口商品检验的时间和地点及其他知识

（一）检验时间和地点

确定检验的时间和地点，实际上就是确定由买卖双方的哪一方行使对货物的检验权，也是确定检验结果以哪一方提供的检验证书为准。具体分为如下几种：

（1）在出口国的检验。在出口国检验又分为产地或工厂检验、装船前或装船时在装运港检验两种：

①产地或工厂检验。由产品制造工厂或买方的验收人员在产品出厂前进行检验或验收。在这种情况下，卖方只承担产品在离厂前的责任，至于运输途中的品质、数量变化的风险，都由买方负担。在采用这种做法时，有的还允许买方代表在产地或发货地监造或监装，这是国际贸易中普遍采用的习惯做法，已被我国《商检法》所肯定和采纳。

②装船前或装船时在装运港检验。出口货物在装运港装船前，以双方约定的商检机构检验货物后，出具的品质、重量、数量和包装等检验证明，作为决定商品品质和重量的最后依据。这叫作以离岸品质和离岸重量为准（Shipping Quality、Weight or Quantity as Final）买方在货物到达目的港后，可以进行复验，但无权再对货物的品质、重（数）量提出异议。这一规定显然对卖方有利。

（2）在进口国的检验。在进口国检验是指货物到目的港后由双方约定的目的港商检机构检验货物，并出具商检证书作为最后依据。对于不便在卸货港口检验的货物，可以延伸至进口国的买方营业处所或最终用户所在地检验。这一规定显然对买方有利。

（3）出口国装运港检验、进口国目的港复验。主要方式包括在出口国装运港检验重量、在进口国检验品质或者在出口国装运前预检、在进口国最终检验。

（二）进出口商品检验的原则

我国实施进出口商品检验的标准如下：

（1）按法律规定的强制性标准检验。

（2）未规定强制性标准的，按买卖合同或信用证规定办理；凭样成交的，按样品检验。

（3）合同未规定或规定不明确时，应首先采用生产国标准；没有生产国标准的，采用国际标准；以上两标准都没有的，采用进口国标准；无标准的，可参照同类商品的标准或由国内生产部门与商检部门商定的标准进行。

（三）进出口商品检验证书

1.检验证书的主要类型

（1）质量检验证书（Inspection Certificate of Quality）。

（2）数量检验证书（Inspection Certificate of Quantity）。

（3）重量检验证书（Inspection Certificate of Weight）。

（4）原产地检验证书（Inspection Certificate of Origin）。

（5）卫生检验证书（Sanitary Inspection Certificate）。

2.检验证书的作用

（1）作为货物是否符合合同或信用证规定的凭证。

（2）作为报关的单据。

（3）作为议付的单据。

（4）作为索赔和理赔的依据。

四、合同中订立进出口商品检验条款需要注意的事项

（1）品质条款应约定得明确、具体，不能含糊其辞、模棱两可，致使检验工作失去确切依据而无法进行或只能按照不利于出口方的最严格的质量标准检验。

（2）凡是以地名、品牌名、商标表示品质时，卖方所交的检验货物既要符合质量要求，又要有确切的质量指标说明，从而为检验提供依据。

（3）出口商品的抽样、检验一般按照我国的有关标准和商检部门统一规定的方法来办理，如进口方要求使用其指定的抽样、检验方法时，应在合同中具体注明。

（4）对于一些规格复杂商品（如机械设备等）的进口合同，应根据商品的不同特点，在合同条款中加列一些特殊条款，如要求提供详细具体的检验标准及测试方法、产品所使用的材料及其质量标准、样品及技术说明书等，以便货到后对照检验与验收。凡样品成交的进口货，合同中应约定买方复验权条款。

（5）进出口商品的包装应与商品的性质和运输方式的要求相适应，还要详列包装容器所使用的材料、结构及包装方法等，防止采用诸如“合理包装”“习惯包装”等模糊、不明确的提法。

五、我国进出口商品的检验程序

在我国，进出口商品的检验程序主要有四个环节：接受报验、抽样、检验和签发证书。

（1）接受报验。报验是指对外贸易关系人向商检机构报请检验。报验时，需填写“报验申请单”，填明申请检验、鉴定工作项目和要求，同时提交对外所签订的买卖合同、成交小样及其他必要的资料。

（2）抽样。商检机构接受报验之后，及时派员赴货物堆存地点进行现场检验、鉴定。抽样时，要按照规定的方法和一定的比例，在货物的不同部位抽取一定数量的、能代表全批货物质量的样品（标本）供检验之用。

（3）检验。商检机构接受报验之后，认真研究申报的检验项目，确定检验内容，仔细审核合同中对品质、规格、包装的规定。弄清检验的依据，确定检验的标准、方法，如抽样检验、仪器分析检验、物理检验、感官检验、微生物检验等。

(4) 签发证书。在出口方面，凡列入《种类表》内的出口商品，经商检合格后签发放行单（或在“出口货物报关单”上加盖放行章，以代替放行单）。凡合同、信用证规定由商检部门检验出证的，或国外客商要求出具检验证书的，根据规定签发所需相关证书；不用向国外提供证书的，只发放行单。《种类表》以外的出口商品，应由商检机构检验的，经检验合格发给证书或放行单后，方可出运。在进口方面，进口商品经检验后，商检机构分别签发“检验情况通知单”或相关“检验证书”，供对外结算或索赔用。对于验收合格的，收货、用货单位应在索赔有效期内把相关检验单证送商检机构销案。

任务二　了解国际贸易中的争议、索赔和仲裁

任务描述

通过学习，了解并掌握国际贸易中的争议与索赔条款，不可抗力的含义、分类与认定，仲裁的特点、仲裁制度、仲裁的程序、仲裁条款等基本知识。

任务实施

一、争议与索赔

争议（Disputes）是指交易的一方认为另一方未能全部或部分履行合同规定的责任而引起的业务纠纷。争议的内容主要是关于合同是否成立、是否构成违约、违约的责任与后果等。在国际贸易业务中，这种纠纷屡见不鲜，究其原因主要是：

(1) 卖方不交货，或未按合同规定的时间、品质、数量、包装条款交货，或单证不符等。

(2) 买方不开或缓开信用证，不付款或不按时付款赎单，无理拒收货物，在FOB条件下不按时派船接货等。

(3) 合同条款的规定欠明确，买卖双方国家的法律或对国际贸易惯例的解释不一致，甚至对合同是否成立有不同的看法。

(4) 在履行合同过程中遇到了买卖双方不能预见或无法控制的情况，双方有不一致的解释等。

由上述原因引起的争议，如果双方对违约的事实有分歧，对违约的责任及其后果的认识相悖，应本着友好协商、互谅互让的精神，妥善解决。

索赔是指受损方向违约方提出损害赔偿的要求；另外，还有一个概念叫作理赔，是指违约方对受害方所提赔偿要求的受理和处理。索赔和理赔是一个问题的两个方面。索赔通常发生在交货的质量、数量、交货期与合同不符及拒收或拒付等问题上。一方当事人提出索赔时，必须在索赔期限内提出充分的索赔依据。凡属于承保范围内的货物损失，向保险公司索赔；凡属于承运人的责任所造成的货物损失，向承运人索赔；凡属于合同当事人的责任所造成的损失，则向责任方提出索赔。

在索赔条款中，一般都规定守约方向违约方索赔的时限，如超过约定时限索赔，违约方可不予受理。在约定索赔时限时，对该时限的起算时间，也应一并作出具体规定，

常见的起算方法有下列几种：

（1）货到目的地后多少天起算。

（2）货到目的地卸离运输工具后多少天起算。

（3）货到买方营业处所或用户所在地后多少天起算。

（4）货到检验后多少天起算。

此外，凡有质量保证期的商品，合同中应约定质量保证期限，若在质量保证期内出现质量问题，买方有权凭相关证明向卖方提出索赔。索赔期限的长短应结合不同商品的特性而定，对于易变质的商品，索赔的期限应规定得短一些；一般商品的索赔期限可规定得长一些，大约30～45天；成套设备的索赔期限则可规定得更长一些，按照全套设备安装、调试所需时间而定。索赔期限一经约定，索赔就需在期限内提出，逾期则索赔无效。

二、不可抗力

不可抗力是指买卖合同签订后，不是由于合同当事人的过失或疏忽，而是由于发生了合同当事人无法预见、无法预防、无法避免和无法控制的事件，以致不能履行或不能如期履行合同，发生意外事件的一方可以免除履行合同的责任或者推迟履行合同。

引起不可抗力的原因有两种：一是自然原因，如水灾、火灾、冰灾、雪灾、地震、干旱、暴风雨等人类无法控制的大自然力量所引起的灾害事故；二是社会原因，如战争、罢工、政府禁止令等原因引起。在实践中，对不可抗力的认定是很严格的，对于商品价格波动、汇率变化等正常的贸易风险，按照国际惯例，都不属于不可抗力。

在订立买卖合同时，一般都订有不可抗力条款，其内容包括：不可抗力内容；遭到不可抗力事故的一方，向另一方提出事故报告和证明文件的期限和方式；遭遇不可抗力事故一方的责任范围。如因不可抗力使合同无法履行，则应解除合同。如不可抗力只是暂时阻碍合同履行，则一般采取延期履行合同的方式。凡发生不可抗力事故，当事方已尽力采取补救措施但仍未能避免损失的情况下，可不负赔偿责任。

1.不可抗力的特点

（1）不可抗力是当事人不能预见的事件。

（2）不可抗力是当事人不能控制的事件。

（3）不可抗力是独立于当事人意志和行为以外的事件。

（4）不可抗力是阻碍合同履行的客观事件。

2.不可抗力的认定

前面我们说过，不可抗力是指不能预见、不能避免并不能克服的客观情况。某一情况是否属不可抗力，应从以下几个方面综合加以认定：

（1）不可预见性。法律要求构成不可抗力的事件必须是有关当事人在订立合同时，对这个事件是否会发生是不可能预见到的。

（2）不可避免性。合同生效后，当事人对可能出现的意外情况尽管采取了及时合理的措施，但客观上并不能阻止这一意外情况的发生，这就是不可避免性。如果一个事件的发生完全可以通过当事人及时合理的处理而避免，则该事件就不能认为是不可抗力。

（3）不可克服性。不可克服性是指合同的当事人对于意外发生的某一个事件所造成的损失不能克服。如果某一事件造成的后果可以通过当事人的努力而得到克服，那么这个事件就不是不可抗力事件。

（4）履行期间性。对某一个具体合同而言，构成不可抗力的事件必须是在合同签订之后、终止以前，即合同的履行期间内发生的。如果一项事件发生在合同订立之前或履行之后，或在一方履行迟延而又经对方当事人同意时，则不能构成这个合同的不可抗力事件。

构成一项合同的不可抗力事件，必须同时具备上述四个要件，缺一不可。

3.不可抗力条款的规定方法

当事人订立不可抗力条款的方法一般有三种：

第一种是概括式。即在合同中只概括地规定不可抗力事件的含义，不具体罗列可能发生的事件。对不可抗力事件作笼统的提示，如“由于不可抗力的原因，而不能履行合同或延迟履行合同的一方可不负有违约责任。但应立即以电传或传真通知对方，并在××天内以航空挂号信向对方提供中国国际贸易促进委员会出具的证明书”。

第二种是列举式。即在合同中把属于不可抗力的事件一一罗列出来，凡是发生了所罗列的事件即构成不可抗力，凡是发生了合同中未列举的事件，即不构成不可抗力事件；如“由于战争、地震、水灾、火灾、暴风雪的原因而不能履行合同或延迟履行合同的一方不负有违约责任……”。

第三种是综合式，即在合同中既概括不可抗力的具体含义，又列举属于不可抗力范围的事件，将概括式和列举式合并在一起；如“由于战争、地震、水灾、火灾、暴风雪或其他不可抗力原因而不能履行合同的一方不负有违约责任……”。综合式是最为常用的一种方式。

买卖双方签订合同后，有时会出现一些意外事故而影响合同的履行，为避免产生不必要的矛盾，双方当事人应在合同中订立不可抗力条款。《合同法》第一百一十七条规定：“因不可抗力不能履行合同的，根据不可抗力的影响，部分或全部免除责任，但法律另有规定的除外。当事人延迟履行后发生不可抗力事件的，不能免除责任。”

知识拓展4-2

有关不可抗力的法律规定

《中华人民共和国民法通则》规定：“因不可抗力不能履行合同或者造成他人损害的，不承担民事责任”。

《中华人民共和国合同法》规定：“因不可抗力不能履行合同的，根据不可抗力的影响，部分或者全部免除责任，但法律另有规定的除外。”

英美法系（详见本书项目七之“知识拓展7-1”）中有“合同落空”原则的规定，其意思是指合同签订后，不是由于当事人过失，而是发生意想不到的事件，致使订约目的受到挫折，发生事故的一方可以免责。

大陆法系（详见本书项目七之“知识拓展7-1”）有“情势变迁”原则的规定，其意思是与“合同落空”基本一致。不过，法院对援引此原则免责的要求是很严格的。

4.不可抗力的处理

发生不可抗力事故后，应按约定的处理原则及时进行处理。不可抗力的后果有两种：一种是解除合同，一种是延期履行合同。究竟如何处理，应视事故的原因、性质、规模及其对履行合同所产生的实际影响程度而定。

如果由于不可抗力事件的发生而导致合同无法再履行，如一场大火把厂房、机器全部烧毁，致使合同中规定的特定产品不能生产，无法交货，也不可能从其他途径获取货源等，那就只能解除合同；如果不可抗力事件导致合同不能全部履行，比如，暴风雨将合同中一部分商品损坏，并不可能在交货期前补齐，那就只能变更合同，减少合同的交货数量；如果不可抗力事件导致合同不能按期履行，如泥石流冲毁铁路，使货物无法按期运出等，那就只能改变合同的交货时间，待铁路修复后继续履约。

关于不可抗力的出证机构，在中国，一般由中国国际贸易促进委员会（中国国际商会）出具；如由对方提供时，则大多数由当地的商会或登记注册的公证机构出具。另一方当事人收到不可抗力的通知及证明文件后，无论同意与否，都应及时回复。

案例4-1

我国某企业与外商签订合同，按国际通用规格进口某化工原料。合同签订后不久，该化工原料市场价格明显上涨。临近交货前，该外商通知我方，其生产该化工原料的工厂因工人操作失误而失火被毁，外商以该厂火灾属不可抗力为由要求解除其交货义务。该火灾是否属于不可抗力事件，为什么？外商要求解除其交货义务，合理吗？我方应如何处理？

案例解析：

该火灾不属于不可抗力事件，火灾是由当事人疏忽或过失等主观因素造成的，所以不构成不可抗力事件。外商要求解除其交货义务不合理，我方可以拒绝对方解除交货义务的要求，可以要求对方延迟交货。

三、仲裁

仲裁（Arbitration）在这里特指国际经济贸易仲裁，它是指由双方当事人协议将争议提交具有公认地位的第三者，由该第三者对争议的是非曲直进行评判并作出裁决的一种解决争议的方法。仲裁异于诉讼和审判，仲裁需要双方自愿，也异于强制调解，是一种特殊调解，是自愿型公断，区别于诉讼等强制型公断。

仲裁一般是当事人根据他们之间订立的仲裁协议，自愿将其争议提交由非司法机构的仲裁员组成的仲裁庭进行裁判，并受该裁判约束的一种制度。仲裁活动和法院的审判活动一样，关乎当事人的实体权益，是解决民事争议的方式之一。

1.仲裁的特点

（1）自愿性。当事人的自愿性是仲裁最突出的特点。仲裁以双方当事人的自愿为前提，即当事人之间的纠纷是否提交仲裁，交与谁仲裁，仲裁庭如何组成，由谁组成以及仲裁的审理方式、开庭形式等都是建立在双方当事人自愿的基础上，由双方当事人协商确定的。因此，仲裁是最能充分体现当事人意思的、体现自愿原则的争议解决方式。

（2）专业性。商事纠纷往往涉及特殊的知识领域，会遇到许多复杂的法律、经济贸易和有关的技术性问题，故专家裁判更能体现专业权威性。因此，由具有一定专业水平和能力的专家担任仲裁员对当事人之间的纠纷进行裁决是仲裁公正性的重要保障。根据我国《仲裁法》的规定，仲裁机构都备有分专业的、由专家组成的仲裁员名册供当事人进行选择，专家仲裁由此成为商事仲裁的重要特点之一。

（3）灵活性。由于仲裁充分体现了当事人的意思表示，仲裁中的诸多具体程序都是由当事人协商确定与选择的，因此，与诉讼相比，仲裁程序更加灵活、更具有弹性。

（4）保密性。仲裁以不公开审理为原则，有关的仲裁法律和仲裁规则也同时规定了仲裁员及仲裁秘书人员的保密义务。因此，当事人的商业秘密和贸易活动不会因仲裁活动而泄露，仲裁表现出极强的保密性。

（5）快捷性。仲裁实行一裁终局制，仲裁裁决一经仲裁庭作出即发生法律效力。这使得当事人之间的纠纷能够迅速得以解决。

（6）经济性。仲裁的经济性主要表现在：时间上的快捷性使得仲裁所需费用相对较少；仲裁无须多审级收费，使得仲裁费往往低于诉讼费；仲裁的自愿性、保密性使当事人之间通常没有激烈的对抗且商业秘密不必公之于世，对当事人之间今后的商业合作影响较小。

（7）独立性。仲裁机构独立于行政机构，仲裁机构之间也无隶属关系。在仲裁过程中，仲裁庭独立进行仲裁，不受任何机关、社会团体和个人的干涉，亦不受仲裁机构的干涉，显示出最大的独立性。

（8）国际性。随着现代经济的国际化，当事人进行跨国仲裁已屡见不鲜，国际性因素越来越多。

2. 仲裁制度

确立什么样的仲裁制度，直接关系到仲裁的生存和发展，也直接关系到能否公正、及时、有效地解决当事人之间的争议。仲裁法在总结中国仲裁的经验，借鉴国外经验的基础上，提出了三项基本制度，即协议仲裁制度、或裁或审制度、一裁终局制度。

（1）协议仲裁制度。协议仲裁是仲裁中当事人自愿原则的最根本体现，也是自愿原则在仲裁过程中得以实现的最基本保证。我国《仲裁法》规定，仲裁必须要有书面的仲裁协议，仲裁协议可以是合同中写明的仲裁条款，也可以是单独书写的仲裁协议书（包括可以确认的其他书面方式）。仲裁协议的内容应当包括请求仲裁的意思表示、约定的仲裁事项以及选定的仲裁委员会。

（2）或裁或审制度。或裁或审是尊重当事人选择解决争议途径的制度。其含义是，当事人达成书面仲裁协议的，应当向仲裁机构申请仲裁，不能向法院起诉。人民法院也不受理有仲裁协议的起诉。如果一方当事人出于自身的利益或者其他原因，没有信守仲裁协议或者有意回避仲裁而将争议起诉到法院，那么被诉方当事人可以依据仲裁协议向法院提出管辖权异议，要求法院驳回起诉，法院按照仲裁法的规定，将对具有有效仲裁协议的起诉予以驳回，并让当事人将争议交付仲裁。

（3）一裁终局制度。我国《仲裁法》规定，仲裁实行一裁终局的制度，裁决作出后，当事人就同一纠纷再申请仲裁或者向人民法院起诉的，仲裁委员会不予受理。一裁终局的基本含义在于，裁决作出后，即产生法律效力，即使当事人对裁决不服，也不能就同一案件向法院提出起诉。

3.仲裁程序

（1）受理。仲裁程序是以当事人向仲裁机构申请仲裁为起始的。仲裁委员会收到当事人提交的仲裁申请书后，认为符合受理条件的，在收到仲裁申请书之日起五日内向申请人发出受理通知书，同时向被申请人发出仲裁通知书及附件。

（2）组庭。双方当事人应当在规定的期限内约定仲裁庭的组成方式和选定仲裁员。若当事人在规定的期限内未能约定仲裁庭的组成方式或者选定仲裁员，由仲裁委员会主任指定。仲裁庭组成后，仲裁委员会向双方当事人发出组庭通知书。

（3）开庭审理。仲裁委员会应当在仲裁规则规定的期限内将开庭日期通知双方当事人。当事人在收到开庭通知书后，应当注意以下几个问题：当事人申请仲裁后，有自行和解的权利。达成和解协议的，可以请求仲裁庭根据和解协议作出裁决书，也可撤回仲裁申请。在庭审过程中，若双方当事人自愿调解的，可在仲裁庭主持下先行调解。调解成功的，仲裁庭依据已达成的调解协议书制作调解书，当事人可以要求仲裁庭根据调解协议制作裁决书。调解不成的，则由仲裁庭及时作出裁决。

（4）裁决。仲裁庭在将争议事实调查清楚、宣布闭庭后，应进行仲裁庭评议，并按照评议中的多数仲裁员的意见作出裁决。若仲裁庭不能形成多数意见时，则按照首席仲裁员的意见作出裁决。

4.仲裁条款

国际货物买卖合同中，仲裁条款一般应包括仲裁地点、仲裁机构、仲裁规则、仲裁裁决的效力及仲裁费用的负担等内容。

（1）仲裁地点。仲裁地点乃是仲裁条款的核心所在。一般而言，在哪个国家仲裁，就适用哪个国家的法律和仲裁法规。由此可见，仲裁地点不同，所适用的法律可能不同，对双方当事人的权利、义务的解释也会有差异，仲裁结果也就可能不同。因此，买卖双方当事人在协商仲裁地点时，都会力争在自己国家或比较了解和信任的地方仲裁。一般采用下述三种规定之一：

①力争规定在中国仲裁。

②可以规定在被告所在国仲裁。

③规定在双方认同的第三者国仲裁。

（2）仲裁机构。仲裁机构和法院不同。法院行使国家所赋予的审判权，向法院起诉不需要双方当事人在诉讼前达成协议，只要一方当事人向有审判管辖权的法院起诉，经法院受理后，另一方必须应诉。仲裁机构通常是民间团体的性质，其受理案件的管辖权来自双方协议，没有协议就无权受理。

国际贸易中的仲裁机构有两类，即常设仲裁机构和临时仲裁机构。中国的常设涉外商事仲裁机构是中国国际经济贸易仲裁委员会，该委员会隶属于中国国际贸易促进委员会，总会设在北京，在深圳和上海设有分会。此外，在一些省市还相继设立了一些地区性的仲裁机构。国际中的仲裁，可由双方当事人在仲裁协议中规定在常设的仲裁机构进行，也可以由双方当事人共同指定仲裁员组成临时仲裁庭进行仲裁。当事人双方选用哪个国家（地区）的仲裁机构审理争议，应在合同中做出具体说明。

（3）仲裁规则。仲裁规则即进行仲裁的手续、步骤和做法。各仲裁机构都有自己的仲裁规则。按国际仲裁的一般做法，原则上采用仲裁所在地的仲裁规则，但也允许按双方当事人的约定，并经仲裁机构同意，采用仲裁地点以外的其他仲裁机构的仲裁规则进行仲裁。

（4）仲裁裁决的效力。一般而言，仲裁裁决是终局性的，对争议双方都有约束力，任何一方都不允许向法院起诉要求变更。

（5）仲裁费用的负担。合同中应明确规定仲裁费用的负担问题，一般规定由败诉方承担，也有的规定为由仲裁庭酌情决定。

案例4-2

我国某公司向外商出口货物一批，合同明确规定一旦在履约过程中发生争议，如友好协商不能解决，即将争议提交中国国际经济贸易仲裁委员会，在北京进行仲裁。后来，双方就商品的质量发生争议，对方在其所在地法院起诉我国某公司，法院也发来了传票，传唤我国某公司出庭应诉。对此，我国某公司应如何处理？

案例解析：

我国某公司不应该出庭应诉。因为合同中规定，如果履约过程中产生争议，友好协商不能解决，应该在我国仲裁，表明双方达成仲裁协议，同时在我国仲裁则适用我国法律。我国《仲裁法》规定，双方已达成仲裁协议后，将使仲裁机构取得争议案件的管辖权，同时排除法院对本案件的管辖权。绝大多数国家法律都规定法院不受理双方已经达成仲裁协议的争议案件。

项目小结

商检工作是使国际贸易活动能够顺利进行的重要环节，即商品检验是进出口货物交接过程中不可缺少的一个重要环节。它是一个国家为保障国家安全，维护国民健康，保护动物、植物和环境而采取的技术法规和行政措施。索赔、不可抗力和仲裁是国际贸易业务中重要的交易条款，是保证和实现国际贸易业务得以实现的基本保障，是国际贸易活动中争议解决和纠纷处理的重要依据，在进出口买卖合同中应明确予以约定。

项目训练

一、填空题

1.我国进出口商品的检验工作，主要有四个环节：________、________、________、________。

2.争议的内容主要是________、________、________。

3.引起不可抗力的原因有两种：________，________。

4.不可抗力的特点包括：________、________、________。

5.关于不可抗力的范围，国际上并无统一的解释，当事人在合同订立时可自行商定。一般有________、________、________三种规定方法。

二、判断题

1.我国商检机构和国家商检部门应对进出口商品实施检验；凡未经检验的进口商

品，不准销售、使用；凡未经检验合格的商品不准出口。（　）

2.在进出口业务中，进口人收货后如发现货物与合同规定不符时，在任何时候都可以向供货方索赔。（　）

3.仲裁法规定仲裁必须要有书面的仲裁协议。（　）

4.仲裁裁决一经做出，即具有法律效力。（　）

5.我方与外商签订一笔进口合同，不久该商品价格猛涨，外商引用不可抗力条款，电传要求解除合同，我方只好同意。（　）

6.一旦发生不可抗力事故，遭遇事故方只有征得对方同意才能不执行合同。（　）

7.某公司的进口设备到货后，发现与合同规定不符，但卖方及时并自费对设备进行了修理，使设备达到了原定标准，在此情况下，买方就不能提出任何损害赔偿要求。

（　）

8.索赔是指受损方向违约方提出损害赔偿的要求。理赔是指违约方对受害方所提赔偿要求的受理和处理。索赔和理赔是一个问题的两个方面。（　）

三、单项选择题

1.我公司按CIF条件出口货物一批共1 000箱，允许卖方有5%的溢短装，我方实际装货1 000箱，提单也载明1 000箱，货到目的港后，买方来电提出仅收到948箱，并已取得船公司签发的短量证明，向我索赔。我方正确答复是（　）。

A.同意补装52箱　　B.同意2箱货款

C.请与船公司或保险公司联系　　D.无法确定

2.不可抗力条款适用于（　）。

A.买方　　B.卖方　　C.买卖双方　　D.第三方

3.在我国的进出口合同中，关于仲裁地点的规定，我们应力争（　）。

A.在中国仲裁　　B.在被告国仲裁

C.在双方同意的第三国仲裁　　D.在对卖方有利的国家仲裁

4.在同外商商议买卖合同的仲裁条款时，关于仲裁地点有下列各种不同的规定。在其他各种交易条件不变的情况下，对我方最有利的一种是（　）。

A.在双方同意的第三国仲裁　　B.在被告国仲裁

C.在我国仲裁　　D.在对方国家仲裁

5.仲裁费用一般规定由（　）。

A.胜诉方负担　　B.败诉方负担　　C.双方各半负担　　D.无须负担

6.在国际货物买卖中，较常采用的不可抗力事故条款的规定方法是（　）。

A.概括规定　　B.不规定　　C.具体规定　　D.综合规定

四、问答题

1.何谓不可抗力?

2.不可抗力的特点有哪些?

3.何谓或裁或审制度?

五、实务训练题

1.某国公司以CIF鹿特丹价格条件出口食品1 000箱，即期信用证付款。货物装运后，凭已装船清洁提单和已投保一切险及战争险的保险单，向银行收妥货款。货到目的港后经进口人复验发现下列情况：（1）该批货物共有10个批号，每个批号抽查12箱，发现其中2个批号涉及70箱内含沙门氏细菌超过进口国的标准。（2）收货人只实收998箱，短少2箱。（3）有15箱货物外表情况良好，但箱内货物共短少60公斤。试分析以上情况，进口人应分别向谁索赔，并说明理由是什么？

2. 我某出口企业以CIF纽约价格条件与美国某公司订立了200套家具的出口合同。合同规定1996年12月我方向美方交货。当年11月底，该企业商品仓库发生雷击火灾，致使一半左右的出口家具烧毁。我方以发生不可抗力事故为由，要求免除交货责任，美方不同意，坚持要求按时交货。我方经努力，于1997年1月初交货，美方要求索赔。试问：①我方提出免除交货责任的要求是否合理？为什么？②美方的索赔要求是否合理？为什么？

3.A公司委托B公司进口机器1台，合同规定索赔期限为货到目的港后60天。货到目的港卸船后，B公司立即将货物转给A公司，因A公司厂房尚未建好，机器无法安装试车。半年后厂房完工，机器安装完毕并进行试车，A公司发现机器不能正常运转。经过商检机构检验证明，该机器是旧货，于是A公司要求B公司对外索赔。但外商拒绝赔偿，A公司遭受巨大的经济损失，请问我们从中应该吸取什么教训？

项目五

核算进出口商品价格

■学习目标

知识目标：

1.了解进出口贸易过程中盈亏的核算方式。

2.掌握运费、保险费和佣金的计算方法。

3.掌握价格换算的方法。

4.掌握报价核算的方法。

能力目标：

1.能根据实际业务核算贸易活动的盈亏。

2.能准确计算运费、保险费以及佣金。

3.能够准确进行价格换算。

4.能对进出口商品进行报价。

在国际贸易中，商品的价格通常是指商品的单价，即商品的每一计量单位以某种货币表示的价格。而我国进出口商品的作价原则是：在贯彻平等互利原则的基础上，根据国际市场的普遍价格水平，结合国别（地区）政策，尽可能按照我们的经营意图确定适当的价格。由于价格构成的因素不同，影响价格变化的因素也是多种多样的。因此，在确定进出口商品价格时，必须充分考虑影响价格的种种因素，加强成本和盈亏核算，并注意同一商品在不同情况下应有的合理差价。确定进出口商品价格除遵循上述原则外，还应考虑下列因素：

（1）交货地点和交货条件。在国际贸易中，由于交货地点和交货条件不同，买卖双方承担的责任、费用和风险也不同，在确定进出口商品价格时，必须首先考虑这一因素。例如，在同一距离内成交的同一商品，按CIF条件成交与按FOB条件成交，其价格应当不同。

（2）运输距离。国际商品买卖一般都要经过长途运输，运输距离的远近关系到运费和保险费的开支，从而影响到商品的价格。因此，在确定商品价格时，必须核算运输成本，做好比价工作。

（3）商品的品质和档次。在国际市场上，一般都是按质论价，即优质高价、劣质低价。商品品质的优劣，包装装潢的好坏，款式的好坏和新旧，商标、品牌的知名度，都会影响到商品的价格。

（4）季节因素。在国际市场上，某些节令性商品，如赶在节令前到货，抢行应市，就能卖上好价。过了节令的商品往往售价很低，甚至以低于成本的“跳楼价”出售。因此，应充分利用节令因素，争取按照有利的价格成交。

（5）成交量。按国际贸易的习惯做法，成交量的大小直接会影响到价格。成交量大，在价格上应给予适当优惠或采用数量折扣的办法；反之，成交量小，可适当地提价。

（6）支付条件和汇率变动的风险。支付条件是否有利以及汇率变动风险的大小，都会影响到商品的价格。例如，在其他条件相同的情况下，采取预付货款与采取凭信用证方式付款，其价格应有所区别。同时，确定商品价格时，一般应采用对自身有利的货币成交；如采用对自身不利的货币成交时，应把汇率风险考虑到商品价格中去，即适当提高出口价格降低进口价格。

任务一　盈亏核算

任务描述

在贸易活动中，收入与成本是核算盈亏的直接因素。普遍而言，收入与成本的表现形式是不同的，在不同币种的条件下进行利润的计算是国际贸易活动中的必备技能。本任务主要分析进出口商品价格的成本和费用构成，结合国际贸易的特殊情况，引入汇率因素，探讨在进出口贸易中如何核算盈亏。

任务实施

一、进出口商品价格的成本和费用

明确进出口商品价格的成本和费用构成，对于正确地掌握价格的内涵有着极大的参考作用，这也是决定成交价格的基础。

1.出口价格的成本费用构成

（1）进货成本费（或出厂价格）。

（2）国内运费。

（3）商品包装费。

（4）仓储费用（包括火险费和挑选、整理加工费）。

（5）商品检验费。

（6）出口税金。

（7）出口关税及出口报关手续费。

（8）货运保险费。

（9）办理托运、结汇及签发所需单证手续费及其他各种杂费（码头费、衡量费、装卸费、业务通信费等）。

（10）毛利润。

（11）支付给中间商的佣金。

2.进口价格的成本费用构成

（1）成本费（出口国FOB价格）。

（2）从装运港至目的港的海运运费。

（3）从装运港至目的港的保险费。

（4）支付给中间商的佣金。

（5）目的港装卸费用（包括卸货费、理货费、驳船费、港务费、码头包租费等）。

（6）进口关税（其中还包括海关代征税）。

（7）银行费用（包括开证费、结汇手续费等）。

（8）进口商品的检验费和其他公证费。

（9）提货费（包括码头开箱费）。

（10）国内运输费。

（11）外贸公司代理进口费以及其他费用。

3.成本核算的三个指标

在价格的掌握上，加强成本核算有利于提高经济效益、防止不考虑成本而去单纯地追求成交量。尤其在出口方面，加强成本核算，要从出口总成本、出口销售外汇（美元）净收入和出口销售人民币净收入这三个指标入手。

（1）出口总成本。出口总成本是指出口商品的进货成本加上出口前的一切费用和税金。

（2）出口销售外汇（美元）净收入。

出口销售外汇（美元）净收入是指出口商品按照FOB价格出售所得的外汇净收入。由于在进出口贸易中买方（外国的进口商）从我国买入，因此外汇收入多为外币，例如美元、英镑。

（3）出口销售人民币净收入。

出口销售人民币净收入是指出口商品的FOB价格按照当时外汇牌价折成人民币的金额。

二、盈亏的核算

外贸企业应加强出口商品的成本核算，这是衡量企业盈亏及其经营水平的主要指标。在成本核算的三个指标基础上，采用出口商品换汇成本、出口商品盈亏率和出口创汇率三个方面来体现。

1.出口商品换汇成本

出口商品换汇成本（又称“换汇率”）是指以某种商品的出口商品总成本与出口销售外汇净收入之比，得出用多少人民币可以换回1个单位的外汇。

出口商品换汇成本高于外汇牌价，则说明出口亏损；反之，则说明出口盈利。

出口商品换汇成本的计算公式为：

$$出口商品换汇成本=\frac{出口商品总成本（人民币）}{出口销售外汇净收入（美元）}$$

其中：出口销售外汇净收入是指扣除运费和保险费后的FOB价格。

出口商品总成本（退税后）=出口商品购进价（含增值税）+费用-出口退税收入

退税收入=出口商品购进价（含增值税）+（1+增值税率）×退税率

案例5-1

我国某公司出口尼龙袜，每打尼龙袜的出口总成本为人民币8.3元，出口为每打1.8美元CIFC3新加坡。设每打运费0.35美元，每打保险费0.02美元，则计算商品的换汇成本。

案例解析：

出口商品换汇成本=出口商品总成本/出口销售外汇净收入

=8.3/（1.80-0.35-0.02）

=5.8（元人民币/美元）

2.出口商品盈亏率

出口商品盈亏率是指出口商品盈亏额（人民币）与出口总成本（人民币）的比率。

其中：出口商品盈亏额=出口商品人民币净收入-出口商品总成本（退税后）

出口商品人民币净收入=FOB出口外汇净收入×银行外汇买入价

出口商品盈亏率的计算公式为：

$$出口商品盈亏率=\frac{出口商品人民币净收入-出口商品总成本（退税后）}{出口总成本（人民币）}\times 100\%$$

3.出口创汇率

出口创汇率（又称“外汇增值率”）是指以成品出口所得的外汇净收入减去原材料所支出的外汇成本，算出成品出口外汇增值的数额，即创汇额；再将其与原材料外汇成本相比，计算出百分率。如果原材料为国产，其外汇成本可按原材料的FOB价格计算；如果原材料是进口的，则按该原材料的CIF价格计算。出口创汇率计算公式为：

$$出口创汇率=\frac{（成品出口外汇净收入-原材料外汇成本）}{原材料外汇成本}\times 100\%$$

小提示5-1

通过成品出口外汇增值的数额与原材料外汇成本对比，可以反映进口原材料经国内加工为成品后出口的创汇效果。特别是在进料加工的情况下，核算出口创汇率这项指标更为重要。

任务二　运费、保险费、佣金的计算

任务描述

在国际贸易中，长距离的大宗贸易比较常见，这使得运费成为一笔可观的费用。同时，与国内贸易相比，国际贸易在运输过程中遭遇各种风险的可能性也比较高。因此，对于运费、保险费的精细核算非常重要。另外，连接中间商与贸易双方的佣金也是核算价格的重要部分。本任务将详细分析进出口商品价格中的运费、保险费以及佣金的构成和计算公式，从而进一步深化对国际贸易产品价格的掌握。

任务实施

一、海洋运输的运费

通过以前的学习，我们知道，在国际货物贸易中，90%的货物通过海洋运输方式进行转移。主要包括班轮运输和租船运输两种。

1.班轮运费

（1）班轮运费的概念。班轮运费是按照班轮运价表的规定计算的，为垄断性价格。不同的班轮公司或不同的轮船公司有不同的运价表，但它都是按照各种商品的不同积载系数、不同的性质和不同的价值结合不同的航线加以确定的。班轮运费是由基本费率和附加费（如果有规定的话）两个部分构成的。所以，一些港口只查到基本费率，还不一定是实际计算运费的完整单价。

（2）基本费率。基本费率是指每一个计费单位（如一个运费吨）货物收取的基本运费。即航线内基本港之间对每种货物规定的必须收取的费率，也是其他一些附加费的计算基础。基本费率有等级费率、货种费率、从价费率、特殊费率和均一费率之分。

（3）附加费（Surcharges）。附加费是指为了保持在一定时期内基本费率的稳定，又能正确反映出各港的各种货物的航运成本，班轮公司在基本费率之外，为弥补损失又规定了各种额外加收的费用。主要有：

①燃油附加费：在燃油价格突然上涨时加收。

②货币贬值附加费：在货币贬值时，船公司为实际收入不致减少，按基本运价的一定百分比加收的附加费。

③转船附加费：凡运往非基本港的货物，需转船运往目的港，船公司收取的附加费其中包括转船费和二程运费。

④直航附加费：当运往非基本港的货物达到一定的货运量，船公司可安排直航该港而不转船时所加收的附加费。

⑤超重附加费：当一件货物的毛重、长度或体积，超过或达到运价本身规定的数值时加收的附加费。

⑥港口附加费：有些港口由于设备条件差或装卸效率低以及其他原因，船公司加收的附加费。

⑦港口拥挤附加费：有些港口由于拥挤，船舶停泊时间增加而加收的附加费。

⑧选港附加费：货方托运时尚不能确定具体卸港，要求在预先提出的两个或两个以上港口中选择一个目的港卸货，船公司加收的附加费。

⑨变更卸货港附加费：货主要求改变货物原来规定的卸货港，在有关当局（如海关）准许、船公司又同意的情况下所加收的附加费。

⑩绕航附加费：由于正常航道受阻不能通行，船舶必须绕道才能将货物运至目的港

时，船公司所加收的附加费。

（4）班轮运费的计算公式。

总运费=基本运费+附加费。总运费的构成，如图5-1所示：

- 总运费
  - 基本运费
    - （1）确定的计收标准，见表5-1。
    - （2）计算公式：根据计收标准选定合适公式。
    - ①基本运费=每重量吨运价×货物重量。
    - ②基本运费=每尺码吨运价×货物体积。
    - ③从价运费=货物FOB价 ×从价费率。
  - 附加费
    - 燃油附加费
    - 货币贬值附加费
    - 转船附加费
    - 直航附加费
    - 超重附加费
    - 港口附加费
    - 港口拥挤附加费
    - 选港附加费
    - 变更卸货港附加费
    - 绕航附加费

图5-1　总运费的构成

（5）班轮运费的计收标准。

在班轮运费当中，基本运费是指货物在预定航线的各基本港口之间进行运输所应缴纳的费用，它是构成全程运费的主要部分。基本运费通常按商品类型的不同分为多种计算办法，想要正确计算班轮运费必须首先关注运费计收标准。班轮基本运费的计收标准，见表5-1。

表5-1　**班轮基本运费的计收标准**

序号	符号	含义
1	W	按货物的毛重计收运费，也称重量吨，一般以每公吨作为计费单位
2	M	按货物的尺码或体积计收运费，也称尺码吨，一般以每立方米作为计费单位
3	W/M	分别按其毛重和体积计收运费，取其高者计收运费
4	Ad.Val	按商品的价格（FOB总值）以一定百分比计收运费，也称从价运费
5	W/M plus A.V.	按货物的毛重或体积取其高者，再加上从价运费，计收运费
6	W/M or A.V.	按货物的重量、体积或价值三者中，取其最高者计收运费

注：重量吨与尺码吨统称为运费吨。

案例5-2

上海A公司运往肯尼亚B港口门锁一批总计100箱，每箱体积为20cm×30cm×40cm，毛重为25公斤，采取班轮运输方式。门锁属于小五金类，计收标准是W/M，基本运费为每运费吨443港元，当时燃油附加费费率为40%，B港口的港口拥挤附加费率为10%，试算应付的班轮运费。

案例解析：

因为计收标准为W/M，那么计算其运费时应首先计算W标准和M标准下的运费吨分别为多少，取其高者作为计费标准进行计算，另外还需计算燃油附加费以及港口拥挤附加费用。解题步骤如下：

（1）W标准下的运费吨（重量吨）为：25/1 000×100=2.5（吨）

M标准下的运费吨（尺码吨）为：

（20厘米×30厘米×40厘米）×100=（0.2米×0.3米×0.4米）×100=2.4（立方米）

由于本题M标准下的运费吨（2.4立方米）小于W标准下的运费吨（2.5吨），故以应该选择W标准。

（2）基本运费=443×2.5=1 107.5（港元）。

（3）附加费=燃油附加费+港口拥挤附加费=1 107.5×（40%+10%）=553.75（港元）。

（4）应付运费=基本运费+附加费=1 107.5+553.75=1 661.25（港元）。

2.租船运输的运费表现形式

（1）按运费率计算运价，即按所载货物的每单位重量或每单位体积所表现的金额计算。

（2）整船包价。整船包价是定一笔整船运费，船东保证船舶能提供的载货重量和容积，不管租方实际装货多少，一律按照整船包价付费。整船包价适用于轻泡货物。

知识拓展5-1

集装箱运输的费用

集装箱运输的费用包括内陆运输费、拼箱服务费、堆场服务费、设备使用费、海运运费等。

目前，集装箱货物海上运价基本上分为两个大类：对于拼箱货物，使用件杂货运费计算方法，即以每运费吨为单位；对于整箱货物则以每个集装箱为计费单位，按照包装费率来计算。

1.件杂货基本费率加附加费

（1）基本费率：参照传统件杂货运价，以运费吨为计算单位，多数航线上采用等级费率。

（2）附加费：除传统杂货所收的常规附加费外，还要加收一些与集装箱货物运输有关的附加费。

2.包箱费率（Commodity Box Rates，简称CBR）

这种费率以每个集装箱为计费单位，常用于集装箱交货的情况，即CFS/CY或CY/CY条款，常见的包箱费率有以下三种表现形式：

（1）FAK包箱费率（Freight for All Kinds）：对每一集装箱不细分箱内货类，不计货量，统一收取的运价。

（2）FCS包箱费率（Freight For Class）：按不同货物等级制定的包箱费率，集装箱普通货物的等级划分与杂货运输一样，仍是1～20级，但是集装箱货物的费率差级大大小于杂货费率级差，一般低价货物集装箱收费高于传统运输，高价货物集装箱运费低于传统运输；同一等级的货物，重货集装箱运价高于体积货运价。在这种费率下，拼箱货运费计算与传统运输一样，根据货物名称查得等级，计算标准，然后去套用相应的费率，乘以运费吨，即得运费。

（3）FCB包箱费率（Freight for Class或basis）：按不同货物等级或货类以及计算标准制定的费率。

二、保险费的相关知识

1.保险金额（Insured Amount）

保险金额即上保险的基数，按照国际贸易中保险市场的习惯做法，出口货物的保险金额一般按照CIF货值加成10%计算，这增加的10%叫作保险加成率，也就是买方进行这笔交易所付的费用和预期利润。

保险金额的计算公式为：

$$保险金额=CIF货值\times（1+保险加成率）\times 100\%$$

或 $$保险金额=\frac{CFR价格}{1-保险费率（1-保险加成率）}\times 100\%$$

2.保险费（Premium）

保险费率（Premium Rate）是由保险公司根据一定时期、不同种类的货物的赔付率，按不同险别和目的地来确定的。保险费可根据保险费率表，按照保险金额计算得到，公式如下：

$$保险费=保险金额\times保险费率\times 100\%$$

三、佣金的相关知识

1.佣金的定义

佣金（Commission）是代理人或经纪人（中间商）为委托人进行交易而收取的报酬。通常表现为出口商给付销售代理人、进口商给付购买代理人的酬金。佣金又可分为明佣和暗佣两种。明佣是指佣金在价格术语中表明或在附注中明确表示出佣金率。暗佣是指双方在洽谈交易时，对佣金已经达成协议，但却约定不在合同中表示出来；在这种情况下的价格条款中，佣金由一方当事人按约定另付。

2.佣金的表示方法

在国际贸易中常用的佣金表示方法有三种，见表5-2。

3.佣金的计算

按国际贸易的习惯，佣金一般是按交易额（即FOB发票金额）为基础进行计算。如果以其他贸易术语报价，则应该换算为FOB价格，因为佣金金额中不应包括运费和保险费作为基数。例如，CFR中的运费和CIF中的保险费、运费，分别应由轮船公司和保险公司来获得，而非卖方利益。但也有以交易额为依据计算佣金的，这时，计佣基数应改在合同中专项约定。计算佣金的公式为：

表5-2 **国际贸易中常用的佣金表示方法**

佣金表示方法	实际例子
以文字表达	中文：每公吨200美元CIF纽约，包含3%佣金 英文：USD 200 per metric ton CIF New York including 3% commission
以“价格术语+佣金百分比”表达	中文：每公吨200美元CIFC3%纽约 英文：USD 200 per metric ton CIFC3% New York
以绝对数表达	中文：每公吨佣金25美元 英文：Each metric ton commission USD 25

佣金额=含佣价×佣金率

净价=含佣价-佣金额

上述公式也可写为：

净价=含佣价×（1-佣金率）

或 含佣价=净价/（1-佣金率）

案例5-3

我方对美国客商出口一批商品，报价为每公斤100元人民币CFR纽约，美国客商要求改报CIFC5美元价，投保一切险，加一成（10%）投保，保费率为4%，当时人民币对美元比价为1：8.3。试确定在不影响收汇额的前提下，准确地计算CIFC5价。

案例解析：

CFR价=100/8.3=12.05（美元）

CIF价=12.05/［1-（1+10%）×4%］=12.6（美元）

CIFC5价=12.6元/（1-5%）=13.26（美元）

四、折扣

1.折扣的定义

折扣是卖方按照原价给予买方的、一定价格上的减让。

2.折扣的表示方法

有折扣时，一般要用文字说明。例如，用英文表示为：USD 300 per metric ton FOB Shanghai less 2% discount.

五、关于佣金和折扣的一些说明

（1）在业务实践中，除非事先另有约定，如果在有关价格条款中对佣金或折扣未作表示，通常理解为不含佣金或不给含折扣的价格（即净价）。

（2）如以净价成交，可在价格条款中明确表明“净价”字样。例如，用英文表示为：USD300 per metric ton FOB Shanghai net.

任务三 价格换算

任务描述

在国际贸易中，不同的贸易术语表示的价格构成因素不同，也就是说，这些因素包括不同的从属费用。例如，FOB术语中不包括从装运港至目的港的运费和保险费；CFR术语中则包括从装运港至目的港的运费，但不包括保险费；而CIF术语中除了FOB价格以外还包括从装运港至目的港的运费以及保险费。一旦对方与己方使用贸易术语不同，那么价格计算方式和数量上都会产生变化。因此，我们要学会在对外报价时，在各种贸易术语之间进行价格换算的方法。

任务实施

一、FOB、CFR、CIF之间的换算

1.以FOB为基础换算其他价

CFR价=FOB价+运费

CIF价=FOB价+运费+保险费

=（FOB价+运费）/（1-投保加成×保险费率）

2.以CFR为基础换算其他价

FOB价=CFR-运费

CIF价=CFR价/（1-投保加成×保险费率）

3.以CIF为基础换算其他价

FOB价=CIF价×（1-投保加成×保险费率）-运费

CFR价=CIF价×（1-投保加成×保险费率）

二、FCA、CPT、CIP之间的换算

1.以FCA为基础换算其他价

CPT价=FCA价+运费

CIP价=（FCA价格+运费）/（1-投保加成×保险费率）

2.以CPT为基础换算其他价

FCA价=CPT价-运费

CIP价=CPT价/（1-投保加成×保险费率）

3.以CIP为基础换算其他价

FCA价=CIP价×（1-投保加成×保险费率）-运费

CPT价=CIP价×（1-投保加成×保险费率）

任务四　报价核算

任务描述

完成本项目的前三个任务之后，我们对于进出口贸易中的价格构成有了一个初步完整的认识。在此基础上，我们再来进行出口报价核算。所谓出口报价，是指出口商向国外客户出售相关商品报出的价格，在计算价格时需要明确价格构成，需要清楚了解各组成部分的计算方法，也就是出口成本、各项费用以及利润的计算依据，最后将各部分加以合理汇总即可。在本任务中，将探讨最常用的三种贸易术语下的价格核算，分别是FOB价格核算、CFR价格核算和CIF价格核算。

任务实施

一、三种贸易术语下的价格核算

1.FOB价格的核算

FOB价=出口成本+预期利润额

=实际购货成本+单位产品国内总费用+预期利润额

或

FOB价=实际购货成本+单位产品国内总费用+佣金+预期利润额

2.CFR价格的核算

CFR价=单位产品出口成本+单位产品出口运费+预期利润额

=实际购货成本+单位产品国内总费用+单位产品出口运费+佣金+预期利润额

或

FOB价=实际购货成本+单位产品国内总费用+佣金+预期利润额

3.CIF价格的核算

CIF价=单位产品出口成本+单位产品出口运费+单位产品运输保险费+预期利润额

或

FOB价=实际购货成本+单位产品国内总费用+单位产品出口运费+单位产品运输保险费+佣金+预期利润额

案例5-4

我某进出口公司出口货物一批，报价为每公吨2 000美元CFR纽约，现客户要求改报CIF价，加成20%投保一切险和战争险。经查，一切险和战争险费率分别为1%和0.03%。请计算在不影响我外汇净收入的前提下的CIF价。

案例解析：

CIF价=CFR价/（1−保险加成率×保险费率）

=2 000/［1−（1+20%）×（1%+0.03%）］

=2 025（美元）

二、国际贸易中的价格条款

1.价格条款的内容

在进出口贸易合同中，价格条款内容一般包括“单价”和“总值”两个部分。

（1）单价。单价一般有四个组成部分，即单价金额、计价货币、计价单位和价格术语。

比如：1 000　USD　per M/T　FOB Shanghai

（2）总值。总值又称总价，是单价金额和数量的乘积，是一笔交易的货款总金额。总值所使用的货币应与单价所使用的的货币一致，金额用数字书写，再加文字表述，防止出现差错。

比如：中文——　总金额 ：60 000美元

英文——　Total amount：USD 60 000（Say dollars sixty thousand only）

2.约定价格条款时，需要注意的事项

（1）合理地确定商品的单价，防止定价偏高或者偏低。

（2）根据船源、货源等实际情况，选择适当的贸易术语。

（3）正确选择有利的计价货币，必要时可增加保值条款。

（4）灵活运用各种不同的作价方法，尽可能避免承担价格变动的风险。

（5）参照国际贸易的习惯做法，注意佣金和折扣的合理运用。

（6）如果交货品质、交货数量、包装等有特殊的要求，需要另行计价，应专门约定好计价的具体方式、方法。

（7）单价中的计价货币和装运地或卸货地的名称，必须书写清楚，以利于合同的准确履行。

项目小结

交易价格是国际贸易中必不可少的重要指标，国际贸易商品的价格直接影响到一个国家的外汇收支能否平衡。深入地了解价格的构成要素以及成本核算方式，有利于买卖双方进行合理的报价，形成彼此的价格优势，进而促成交易、获得“双赢”，促进贸易活动的健康发展。

项目训练

一、填空题

1.我国进出口商品的作价原则是：在贯彻________原则的基础上，尽可能按照我们的意图确定适当的价格。

2.在出口方面，加强成本核算，要从________、________和________这三个指标入手。

3.出口销售外汇净收入是指出口商品按照________价格出售所得的外汇净收入。

4.出口商品换汇成本又称________。

5.出口换汇成本高于外汇牌价，则说明出口________；反之，则说明出口________。

6.________又叫作外汇增值率。

7.对于国际贸易而言，通常是________距离的________宗贸易。

8.重量吨与尺码吨统称为________。

9.出口货物的保险金额一般按照CIF货值加成________计算，这增加的________叫作________。

二、判断题

1.在国际贸易中，商品的价格通常是指商品的总价。（　　）

2.按CIF条件成交与按FOB条件成交，其价格应当不同。（　　）

3.出口商品换汇成本高于外汇牌价，则出口亏损。（　　）

4.出口货物的保险金额一般按照CIF货值加成20%计算。（　　）

5.佣金是一种报酬。（　　）

6.折扣是卖方按照原价给予买方的、一定价格上的减让。（　　）

7.价格条款中的总值是指单价金额和数量的乘积，是一笔交易的货款总金额。（　　）

三、单项选择题

1.在一笔出口业务中我方以CIF条件成交，若合同中没有规定投保加几成，按照国际惯例，投保金额通常在CIF总值的基础上（　　）。

A.加成10%　　B.加成20%　　C.加成30%　　D.加成40%

2.确定进出口商品价格时，不考虑下列（　　）因素。

A.交货地点　　B.运输距离　　C.季节　　D.卖方投资项目

3.出口价格的成本费用构成不包括（　　）。

A.进货成本费　　B.国内运费　　C.商品包装费　　D.进口关税

4.按国际贸易的习惯做法，成交量的大小直接影响价格，成交量（　　），在价格上应（　　）。

A.小，极高　　B.大，高　　C.大，低　　D.小，普通

5.基本运费计算方法包括（　　）。

A.W　　B.H　　C.N　　D.P

6.佣金一般是按（　　）为基础进行计算。

A.CFR　　B.CIF　　C.FOB　　D.CPT

7.在进出口贸易合同中，价格条款内容一般包括（　　）和（　　）两部分。

A.术语，单位　　B.单价，总值　　C.术语，总价　　D.单位，总值

四、问答题

1.请对FOB、CFR、CIF进行价格换算。

2.简述价格条款的内容有哪些？

五、实务训练题

1.我公司出口某一商品，国内总成本为每箱1 200元人民币。外商向我发盘，价格为每箱140美元CIF纽约。当日中国银行外汇牌价为100美元兑换691元人民币。请问：我公司可否接受？若我方发盘，价格应该是多少？（海运费为每箱10美元，保险费率为0.5%，保留一位小数）。

2.我公司按CFR价格出口洗衣粉100箱，该商品内包装为塑料袋，每袋0.5千克，外包装为纸箱，每箱100袋，箱的尺寸为：长47cm，宽30cm，高20cm，基本运费为每尺码吨HK$367，另加收燃油附加费33%，港口附加费5%，转船附加费15%，计费标准为"M"，试计算该批商品的运费是多少？

3.某外贸公司出口某一商品，采购成本7 000元/公吨，国内流通费用总和2 000元/公吨，成交价CIFC3价1 200美元/公吨（其中运费42.37美元/公吨，保险费8.58美元/公吨，佣金36美元/公吨）。假设出口200公吨，求该批商品出口盈亏率和换汇成本（当日美元与人民币的比价为1∶6.9）。

项目六

支付款项的结算

■学习目标

知识目标：

1. 了解支付款项的支付工具和支付方式的种类。
2. 掌握支付工具的使用。
3. 理解托收和信用证两种支付方式的内容。

能力目标：

1. 能根据实际进行支付工具的选择。
2. 能根据实际进行支付方式的选择。
3. 能综合地使用各种支付方式。

国际贸易间货款的结算远比国内货款结算复杂，除了货币种类不一样之外，还涉及不同国家的法律、国际惯例等内容。支付款项的结算主要包括支付工具和支付方式。

支付工具主要是货币和票据，选择何种支付工具对买卖双方而言利益关系重大，所以必须要在了解各种支付工具的前提下进行选择。不同的支付方式要求在合同中订立不同的支付条款。在对外货款支付的问题上，既要考虑加速资金周转和降低成本的因素，还要及时地掌握国际市场的动态、客户的资信及经营作风，恰当地选择并灵活地运用支付方式。

任务一　选择支付工具

任务描述

票据是一种基本的支付工具，广泛地应用于进出口贸易中，本任务介绍了国际贸易支付中最常使用的三种工具——汇票、本票和支票。通过学习，以达到能够准确地选择和使用支付工具完成支付。

任务实施

目前，在国际货款的结算中，很少使用现金，基本上都采用票据作为支付工具。在票据的使用中大多为汇票、本票和支票等，其中以汇票使用居多。

一、汇票

1.汇票的概念及内容

汇票（Bill of Exchange或Draft）是一个人签发给另一个人的、要求对方立即或定期或在将来可以确定的某一时间，对某人或其指定的人或持票人支付一定金额的无条件的书面支付命令。汇票往往是出口人索取货款时向进口人开出的要求付款的凭证。汇票样式如图6-1所示。

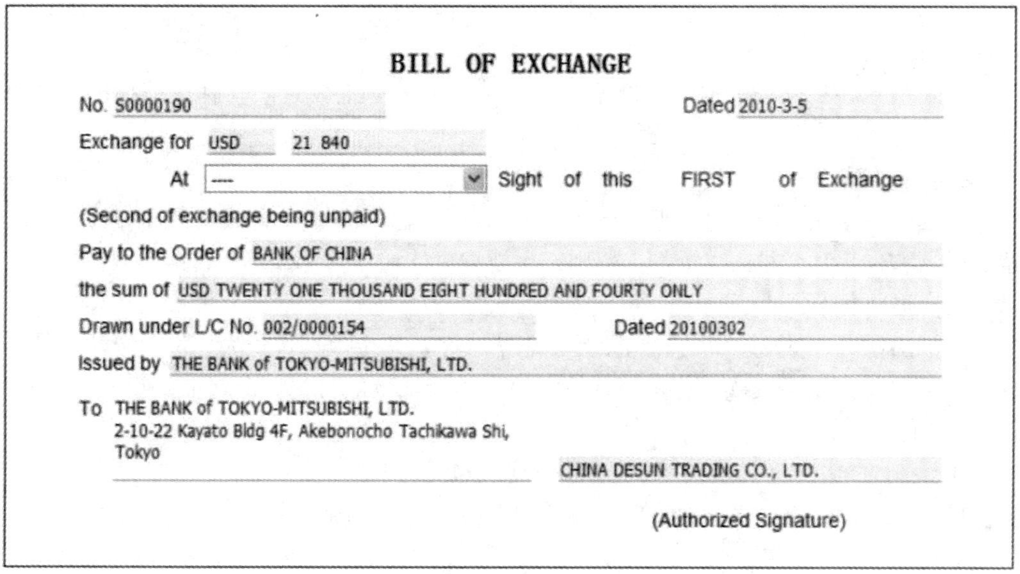
BILL OF EXCHANGE

No. S0000190 Dated 2010-3-5

Exchange for USD 21 840

At ---- Sight of this FIRST of Exchange

(Second of exchange being unpaid)

Pay to the Order of BANK OF CHINA

the sum of USD TWENTY ONE THOUSAND EIGHT HUNDRED AND FOURTY ONLY

Drawn under L/C No. 002/0000154 Dated 20100302

Issued by THE BANK of TOKYO-MITSUBISHI, LTD.

To THE BANK of TOKYO-MITSUBISHI, LTD.
2-10-22 Kayato Bldg 4F, Akebonocho Tachikawa Shi,
Tokyo

CHINA DESUN TRADING CO., LTD.

(Authorized Signature)

图6-1 汇票样式

汇票的基本内容如下：

（1）汇票本身的编码并写有“汇票”字样。

（2）无条件支付的付款命令。

（3）出票人（Drawer）：签发汇票的人。

（4）受票人（Drawee）即付款人（Payer）：汇票的付款人。

（5）受款人（Payee）：受领汇票金额的人。

（6）汇票金额，其中的货币金额要有大小写。

（7）出票日期和地点。

（8）付款的名称、地点和期限。

汇票按其内容和特征可以分为以下几种类型：

（1）按出票时有无附属单据分为光票和跟单汇票。光票（Clean Bill）是指出具的汇票不随附任何货运单据；反之，如出具的汇票随附货运单据，则称为跟单汇票（Documentary Bill）。国际贸易中使用的大多是跟单汇票。

（2）按付款时间的不同分为即期汇票和远期汇票。凡汇票上规定付款人见票后应立即付款的称为即期汇票（Sight Bill）。凡汇票上规定付款人在未来的特定日期付款的称为远期汇票（Time Bill）。远期汇票的规定办法有三种：①付款人见票后若干天付款（At ×××days after sight），如见票后30天、60天、90天付款等；②出票后若干天付款（At ××× days after date）；③提单签发日后若干天付款（At ××× days after B/L）。

（3）按出票人的不同分为银行汇票和商业汇票。银行汇票（Banker′s Bill）是指汇票的出票人是银行，受票人也是银行；如果汇票的出票人是外贸公司、外商投资企业或个人，则称为商业汇票（Commercial Bill）。

（4）按承兑人不同分为商业承兑汇票和银行承兑汇票。以工商企业为付款人的远期汇票，经付款人承兑后，称为商业承兑汇票（Commercial Acceptance Bill）；若工商企业出票而以银行为付款人的远期汇票，经付款银行承兑后，为银行承兑汇票（Banker′s Acceptance Bill）。

一张汇票往往可以同时具备几个特征，如一张商业汇票可以同时又是远期的跟单汇票。

2.汇票的使用程序

汇票的使用程序因其是即期汇票还是远期汇票而有所不同。即期汇票一般需经过出票、提示和付款几个程序。远期汇票则还需要承兑，如需转让，还要经过背书；如遭拒付，则有追索环节。

（1）出票（Draw或Issue）。出票是指出票人在汇票上填写付款人、付款金额、付款日期、付款地点以及受款人等项目，签字后交给受款人的行为。汇票上受款人的填写，通常有3种写法：

①限制性抬头。例如："仅付XX公司"（Pay ××Co.Only），"付XX公司不准转让"（Pay ××Co.Not Transferable）。这种抬头的汇票不能流通转让。

②指示性抬头。例如："付 X公司或其指定人"（Pay ×× Co.Or order或Pay to the order Of ×× Co.）。这样的汇票抬头经过背书，可以转让给第三者。

③持票人或来人抬头。例如："付给来人"（Pay Bearer）。这种抬头的汇票无须持票人背书，仅凭交付即可转让。

（2）提示（Presentation）。提示是指持票人（Holder）将汇票提交给付款人，要求承兑和付款的行为。付款人看到汇票叫作"见票"。如果是即期汇票，付款人见票后立即付款；若是远期汇票，付款人见票后办理承兑手续，到期才付款。

（3）承兑（Acceptance）。承兑是指付款人对远期汇票表示承担到期付款责任的行为。承兑手续一般由承兑人（付款人）在汇票正面写上"承兑"（Accepted）字样，注明承兑日期并签名。汇票一经承兑，就不可撤销。承兑后汇票交还持票人留存，到期提示付款。有时也由承兑人保管，在承兑当日发出承兑通知书给正当持票人。

知识拓展6-1

有关承兑的几条法规

我国《票据法》第41条规定，汇票付款人应当自收到提示承兑的汇票之日起3日内承兑或者拒绝承兑。我国《票据法》第42条规定，未写明承兑日期的以付款人自收到提示承兑的汇票之日起的第三天为承兑日期。我国《票据法》第43条规定，付款人承兑汇票，不能附有条件，承兑附有条件的，视为拒绝承兑。我国《票据法》第44条规定，付款人承兑汇票后，应当承担到期付款的责任。

（4）付款（Payment）。付款是指付款人或承兑人向持票人清偿汇票金额。持票人要求付款时也要提示汇票。当付款人付清款额后，持票人在汇票上要记载“收讫”字样并签名交出汇票，汇票上的一切债务责任即告结束。

（5）背书（Endorsement）。背书是转让汇票权利的一种手续。在国际金融市场上，汇票又是一种流通工具，经过背书可以不断地转让下去，在转让之间构成了“前手”和“后手”之分。所有的转让人都要承担法律责任。

（6）拒付（Dishonor）。拒付也称退票，是指汇票在提示付款或提示承兑时遭到拒绝。值得注意的是，汇票的拒付行为不局限于付款人正式表示不付款或不承兑，在付款人或承兑人拒不见票、死亡、宣告破产或因违法被责令停止业务活动等情况下，使得付款在事实上已不可能，也构成拒付。当付款人拒付时，出票人应根据原契约与之进行交涉。

汇票被拒付，持票人除可向承兑人追索外，还有权向所有“前手”（包括出票人）追索。持票人行使追索权时，应将拒付事实书面通知“前手”。一般应请求拒付地的法定公证人或其他有权做拒付证书的机构做出拒付证书（Letter of Protest）。汇票的出票人或背书人为避免承担被追索的责任，可在背书时加注“不受追索”（Without Recourse）字样，但带有这种批注的汇票在市场上很难流通转让。

二、本票

1.本票的概念

本票是出票人对受款人承诺无条件支付一定金额的票据。

2.本票的种类

本票可分为商业本票和银行本票。由工商企业或个人签发的称为商业本票或一般本票。由银行签发的称为银行本票。商业本票有即期和远期之分。银行本票则都是即期的。在国际贸易结算中使用的本票大都是银行本票。

3.本票的内容

（1）写有“本票”字样。

（2）无条件支付承诺。

（3）收款人。

（4）出票人签字。

（5）出票日期的地点。

（6）付款期限（未载明付款期限的，则该本票应视为见票即付）。

（7）本票金额。

（8）付款地点（未载明付款地点的，则出票地视为付款地）。

三、支票

1.支票的概念

支票是指由发票人签发的，委托银行等金融机构于见票时支付一定金额给收款人或其他指定人的一种票据。

2. 支票的种类

（1）记名支票（Cheque Payable to Order）是指在支票的收款人一栏，写明收款人的姓名，如“限付某甲”（Pay A Only）或“指定人”（Pay A Order），取款时须由收款人签章，方可支取。

（2）不记名支票（Cheque Payable to Bearer）又称空白支票，是指在支票上不记载收款人姓名，只写“付来人”（Pay Bearer）。取款时持票人无须在支票背后签章，即可支取。此种支票仅凭交付而转让。

（3）划线支票（Crossed Cheque）是指在支票正面划两道平行线的支票。划线支票与一般支票不同，划线支票非由银行不得领取票款，故只能委托银行代收票款入账。使用划线支票的目的是为了在支票遗失或被人冒领时，还有可能通过银行代收的线索追回票款。

（4）保付支票（Certified Cheque）是指为了避免出票人开出空头支票，保证支票提示时付款，支票的收款人或持票人可要求银行对支票“保付”。保付是由付款银行在支票上加盖“保付”戳记，以表明在支票提示时一定付款。支票一经保付，付款责任即由银行承担，出票人、背书人都可免于追索。付款银行对支票保付后，即将票款从出票人的账户转入一个专户，以备付款，所以保付支票提示时，不会退票。

（5）银行支票（Banker's Check）是指由银行签发，并由银行付款的支票，也是银行即期汇票。银行代顾客办理票汇汇款时，可以开立银行支票。

（6）旅行支票（Traveler's Cheque）是银行或旅行社为旅游者发行的一种固定金额的支付工具，是旅游者从出票机构用现金购买的一种支付手段。

3. 支票的特点

（1）使用方便，手续简便、灵活。

（2）支票的提示付款期限自出票日起10天内。

（3）支票可以背书转让，但用于自取现金的支票不得背书转让。

任务二　选择支付方式

任务描述

国际贸易中货款支付的方式有汇付、托收和信用证三种，本任务只对上述三种支付方式进行介绍。通过学习，理解汇付、托收和信用证支付的流程，以便能够准确地使用。

任务实施

一、汇付

1. 汇付的概念

汇付（Remittance）又称汇款，是指买方按照合同中规定的时间和条件，主动将货款通过银行或其他途径汇交卖方的结算方式。在实际业务中，汇付通常涉及四个当事人：

（1）汇款人（Remitter）是汇出款项的人。在国际贸易中，汇款人通常是进口方。

（2）收款人（Payee）是收取款项的人。在国际贸易中，收款人通常是出口方。

（3）汇出行（Remitting Bank）是接受汇款人的委托或申请，汇出款项的银行，通常是进口方所在地的银行。

（4）汇入行（Receiving Bank）是受委托解付汇款的银行，因此又称解付行，在国际贸易中通常是出口地的银行。

2.汇付的种类

汇款根据汇出行向汇入行转移资金发出指示的方式，可分为三种方式：

（1）电汇（Telegraphic Transfer，简称T/T）。

电汇是指进口方银行（汇出行）受汇款人的委托，利用电讯方式（如电传、电报等）通知其在出口地的分行或代理行（汇入行）将款项解付给收款人的汇付方式。电汇方式的特点是结算速度快，有利于出口商尽早收汇，但是费用也高。目前国际贸易中采用电汇方式的比较多。

（2）信汇（Mail Transfer，简称M/T）。

信汇是指汇款人将货款交给汇出行后，由汇出行开出一张“信汇申请书”寄给汇入行，授权汇入行解付一定金额的款项给收款人的汇付方式。信汇方式的特点是费用比较低，但是由于采用信件邮寄“信汇申请书”的方式结算时间长，收款人收到款项的时间也会比较迟。

电汇和信汇的一般流程，如图6-2所示。

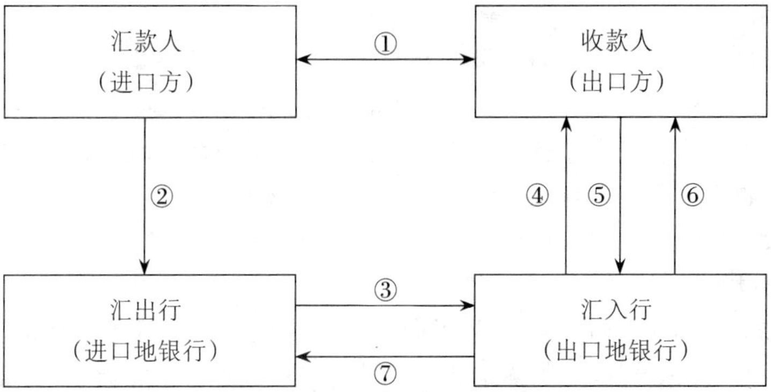

图6-2　电汇/信汇的一般流程

说明：①表示进出口双方在签订的买卖合同中规定使用电汇/信汇方式支付货款。

②表示汇款人（进口方）向汇出行（进口地银行）递交电汇/信汇申请书，递交货款，并向汇出行支付汇款手续费。

③表示汇出行受理汇款人的汇款，通知汇入行（汇出行在出口地的分行或代理行）解付货款给出口方。

④表示汇入行接到汇出行的电汇/信汇解付通知后，立即通知收款人（出口方）。

⑤表示收款人向汇入行递交收款收据。

⑥表示汇入行向收款人解付货款。

⑦表示汇入行向汇出行发出付讫借记通知书。

（3）票汇（Remittance by Banker's Demand Draft，简称D/D）。

票汇是指汇出行应汇款人的申请，代汇款人开立以其分行或代理行为解付行的银行即期汇票，交汇款人自行寄送给收款人的一种汇付方式。票汇方式的特点是汇票由汇款人自行寄送给收款人，由收款人向汇入行收款，汇票经收款人背书，还可以在市场上流通。票汇的一般流程，如图6-3所示。

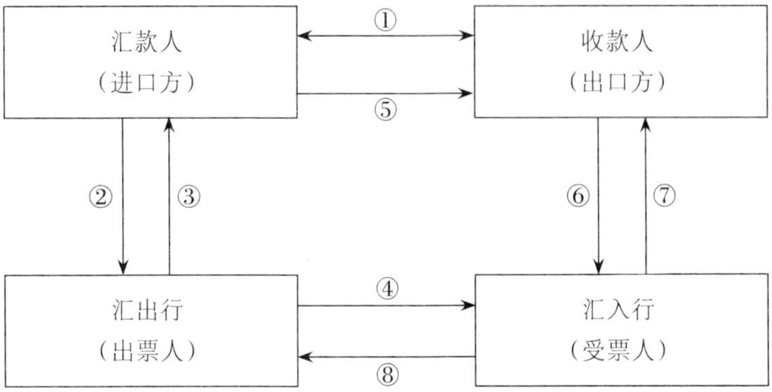

图6-3　票汇的一般流程

说明：①表示进出口双方在签订的买卖合同中规定使用票汇方式支付货款。

②表示汇款人（进口方）向汇出行（出票人）递交票汇申请书，递交货款，并向汇出行支付汇款手续费。

③表示汇出行开立即期汇票交给汇款人，汇票的受票人为汇入行（即出口地银行）、收款人为出口方。

④表示汇出行向汇入行发票汇通知书，附所开汇票的副本。

⑤表示汇款人自行将汇票正本寄交给收款人（出口方）。

⑥表示收款人将汇票背书后交给汇入行。

⑦表示汇入行审核汇票无误后，将货款支付给收款人。

⑧表示汇入行向汇出行发出付讫借记通知书。

票汇与电汇、信汇的不同之处在于，票汇的汇入行无须通知收款人取款，而由收款人持票登门取款。这种汇票除有限制流通的规定外，经收款人背书，可以转让流通，而电汇、信汇的收款人则不能将收款权转让。

二、托收

1.托收的概念

托收（Collection）是指出口商为了向进口商收取货款或劳务价款，委托银行向进口人收款的一种方法。托收是国际结算中常见的一种方式。在实际业务中，托收通常涉及五个当事人：

（1）委托人（Principal），是指委托银行办理托收业务的客户，通常是出口人。

（2）托收行（Remitting Bank），是指接受委托人的委托，办理托收业务的银行，也就是委托人的代理人，通常为出口地银行。

（3）代收行（Collecting Bank），是指接受托收行的委托向付款人收取票款的进口地银行。代收银行通常是托收银行的国外分行或代理行。

（4）提示行（Presenting Bank），是指向付款人做出提示汇票和单据的银行，一般情况下，代收行就是提示行。

（5）付款人（Payer），是指买卖合同中的买方，是汇票的受票人。

托收的一般流程，如图6-4所示。

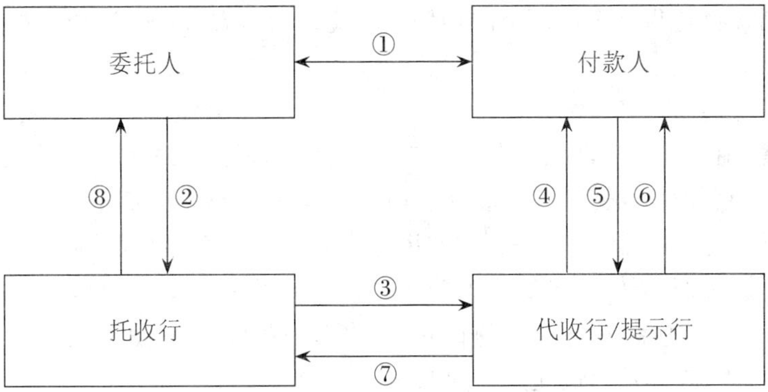

图6-4　托收的一般流程

①表示进出口双方在签订的买卖合同中规定使用托收方式支付货款。

②表示委托人（出口方）向托收行（出口地银行）递交委托申请书，委托出口行办理托收业务。

③表示托收行在收到委托人的汇票、单据后转交给代收行/提示行（进口人所在地银行）。

④表示代收行/提示行向付款人（进口人）进行提示付款或者承兑。

⑤表示付款人在收到提示后进行承兑，或者将货款付给代收行（进口人所在地银行）。

⑥表示代收行（进口人所在地银行）根据付款人的付款情况，将对付款人进行承诺交单或将单据交给付款人。

⑦表示代收行将货款拨付给托收行。

⑧表示托收行将货款转交给委托人。

2.托收的种类

按托收时开立的汇票是否要求随附货运单据，托收可分为光票托收和跟单托收，国际贸易中货款的收取大多采用跟单托收方式。在跟单托收的情况下，根据交单条件的不同，又可分为付款交单和承兑交单两种。

（1）付款交单（Documents against Payment，简称D/P），是指出口人的交单是以进口人的付款为条件的。出口人将汇票连同货运单据交给银行托收时，指示银行只有在进口人付清货款的时候才能交出货运单据。按付款时间的不同，付款交单又可分为即期付款交单和远期付款交单两种。

①即期付款交单（Documents against Payment at sight，简称D/P at sight），是指由出口人发货后开具即期汇票连同货运单据，通过银行向进口人提示，进口人见票后立即付款，进口人在付清货款后向银行领取货运单据。

②远期付款交单（Documents against Payment after sight，简称D/P after sight），是指出口人发货后开具远期汇票连同货运单据，通过银行向进口人提示，进口人审核无误后即在汇票上进行承兑，于汇票到期日付清货款后再领取货运单据。

（2）承兑交单（Documents against Acceptance，简写D/A），是指出口人的交单以进口人在汇票上承兑为条件。即出口人在装运货物后开具远期汇票，连同货运单据，通过银行向进口人提示，进口人承兑汇票后，代收银行即将货运单据交给进口人，在汇票到期时，方履行付款义务。承兑交单方式只适用于远期汇票的托收。由于承兑交单是进口人只要在汇票上承兑之后，即可取得货运单据，凭以提取货物。也就是说，出口人在交出了物权凭证之后，其收款的保障将依赖于进口人的信用，一旦进口人到期不付款，出口人便会遭到货物与货款全部落空的损失。因此，出口人对接受这种方式，一般都采取很慎重的态度。

3.托收的性质和利弊

托收是建立在商业信用基础上的支付方式。银行办理托收业务时，只是按照委托人的指示办事，并无代替付款人必然付款的义务。所以，跟单托收对出口商有一定的风险，而对进口商却很有利。进口商可免去申请开立信用证的手续，不必预付银行押金，减少了费用支出，有利于资金融通和周转。许多出口商在实际业务中采用托收的支付方式，作为推销库存商品和加强对外竞销的手段，去调动进口商采购货物的积极性，促进成交和扩大出口。

4.托收的国际惯例及应该注意的问题

（1）国际商会（The International Chamber of Commerce，ICC）为统一托收业务的规范做法，减少托收业务各有关当事人可能产生的矛盾和纠纷，制定并修订了“托收的统一规则”。目前执行的是1996年1月1日起实施的《托收统一规则》国际商会第522号出版物（Uniform Rules for Collection Publication No.522，简称“URC522”）。

（2）使用托收方式应注意的问题。

①要切实了解进口人的资信情况和经营作风。

②了解进口国家的贸易管制和外汇管制条例。

③了解进口国家的商业惯例。

④出口合同应争取CIF条件成交。

⑤对托收方式的交易，要建立健全管理制度。

三、信用证

1.信用证的含义

信用证L/C（Letter of Credit）是开证银行根据开证申请人的请求和指示，向受益人开立的在一定金额和一定期限内凭规定的单据承诺付款的凭证。简言之，信用证就是银行开立的一种有条件的承诺付款的书面文件。这里的条件是指受益人必须提交符合信用证规定的各种单据。

2.信用证的当事人

（1）开证申请人（Applicant）又称开证人（Opener）。

（2）开证银行（Issuing Bank）。

（3）通知银行（Advising Bank）。

（4）受益人（Beneficiary）。

（5）议付银行（Negotiating Bank）。

（6）付款银行（Paying Bank）。

3.信用证支付的一般程序

（1）申请开立信用证。进口人按合同规定向当地银行提出申请，并交付押金或提供其他担保，要求银行（开证行）向出口人开出信用证。

（2）开立信用证。开证行接受进口人的开证申请后，开出信用证，将信用证正本寄给出口人所在地的分行或代理行（通知行）。

（3）通知或转递信用证。通知行将信用证转给出口人（受益人）。

（4）议付。出口人接到信用证后，认真核对是否符合合同要求，如发现不符点，可以要求进口人通过开证行修改，或拒收信用证。如信用证无误，出口人即据此进行装货及准备齐全的单据。出口人将单据和信用证交往来银行议付或交开证银行指定的代付、议付或保兑银行要求付款。代付、议付或保兑银行在审查单据符合信用证后，即预垫款项或付款，如发现单证不符，则可拒收。

（5）代付、议付或保兑行接受单据后，应在信用证背面注销所付金额（即背批），并将单据寄送开证银行或其指定的收件人，同时向开证银行或其指定的代偿付银行索偿。单据通常分正副本两批先后寄发，以免中途遗失。

（6）开证行收到单据时，要核对是否符合信用证里的规定条款。如无错误，即对出口人或代付、议付或保兑行等付款，同时通知进口人付款赎单。

4.信用证的主要内容

（1）对信用证本身的说明。信用证的种类、编号、金额、有效期、到期地点，信用证有关当事人的名称、地址等。

（2）对货物的记载。货物名称、规格、牌号、数量、包装、单价、唛头等。

（3）装运条款。包括运输方式、装运港（地）、目的港（地）、装运日期、是否分批装运或转船等。

（4）对单据的要求。规定应附哪些单据及对有关单据的具体要求和应出具的份数。

（5）特殊条款。一般书写在背面，规定交单日期或者要求某一特殊单据。

（6）责任文句。开证行对受益人即汇票持有人保证付款的责任文句。

一份标准信用证的内容，详见表6-1。

表6-1 **一份标准信用证的内容**

DOCUMENT CREDIT 信用证		
BASIC HEADER 基本报头		F 01 BKCHCNBJA940 0588 550628
APPLICATION HEADER 申请报头		DESUN GOLBAL BANK DESUN全球银行
SEQUENCE OF TOTAL 报文页次	27：	1 / 1
FORM OF DOC. CREDIT 信用证种类	40A：	IRREVOCABLE 不可撤销
DOC. CREDIT NUMBER 信用证号码	20：	RL04002
DATE OF ISSUE 开证日期	31C：	150419 2015年4月19日
DATE/PLACE EXP. 到期日和地点	31D：	150525 CHINA 2015年5月25日 中国
APPLICANT 开证申请人	50：	FASHION FORCE CO.，LTD P.O.BOX 8935 NEW TERMINAL，ALTA. VISTA OTTAWA，CANADA
BENEFICIARY 受益人	59：	NANJING DESUN TRADING CO.，LTD. ROOM 2901，HUARONG MANSION，GUANJIAQ-IAO 85#，NANJING 210005，P.R.CHINA

AMOUNT 信用证金额	32B：	USD8 937.6 8 937.6美元
AVAILABLE WITH/BY 议付条款	41D：	ANY BANK BY NEGOTIATION 任何银行均可议付
DRAFTS AT… 汇票性质	42C：	AT SIGHT OR 100PCT OF INVOICE 发票金额100%的即期汇票
DRAWEE 汇票付款人	42A：	ISSUE BANK 开证银行
PARTIAL SHIPMTS 分批运输	43P：	Not Allowed 不允许
TRANSSHIPMENT 转运	43T：	Not Allowed 不允许
LOADING ON BRD 起运港	44 A：	SHANGHAI PORT 上海港
FOR TRANSPORTATION TO… 目的港	44B：	MONTREAL PORT 蒙特利尔港
LATEST SHIPMENT 最迟装运日期	44C：	150510 2015年5月10日
GOODS DESCRIPT 货物描述	45A：	BEAR WITH 3 COLOR ASST 5DOZ PER CARTON 12PCS QUANTITY： 9 120PCS UNIT PRICE： USD0.98 三色戴帽熊 每箱5打，每打12个 一共有9 120个 单价：USD0.98
APPLICANT 开证申请人	50：	FASHION FORCE CO.，LTD P.O.BOX 8935 NEW TERMINAL，ALTA. VISTA OTTAWA，CANADA
DOCS REQUIRED 文件要求	46A：	+ COMMERCIAL INVOICES IN 3 COPIES SIGNED BY BENEFICIARY'S REPRESENTATIVE + FULL SET OF ORIGINAL MARINE BILLS OF LADING CLEAN ON BOARD PLUS 2 NON NEGOTIABLE COPIES MADE OUT OR ENDORSED TO THE ORDER OF DESUN GLOBAL BANK MARKED FREIGHT PREPAID AND NOTIFY APPLICANT'S FULL NAME AND ADDRESS. + PACKING LIST IN 3 COPIES INDICATING QUANTITY，GROSS AND WEIGHT OF EACH PACKAGE. + COPY OF CERTIFICATE OF ORIGIN FORM A. + INSURANCE POLICY OR CERTIFICATE IN 1 ORIGINAL AND 1 COPY + 3份由受益人代表签署的商业发票复印件 +全套清洁已装船海运提单原件和2份不可议付的提单副本，要求空白背书，收货人根据DESUN全球银行的指示来确定，标注运费预付，通知人一栏填写开证申请人的全称和地址 +装箱单一式3份，内容要包括每个箱子的数量、毛重、净重 +普惠制产地证的副本 +保险单据或保险凭证需要1个正本1个副本

DD. CONDITIONS 附加条件	47A:	+ IF DOCUMENTS PRESENTED ARE FOUND BY US NOT TO BE UN FULL COMPLIANCE WITH CREDIT TERMS. WE WILL ASSESS A CHARGE OF USD 55 PER SET OF DOCUMENTS. + ALL CERTIFICATES/LETTERS/STATEMENTS MUST BE SIGNED AND DATED. +如果我们发现上交的文件没有完全符合信用证要求，我们将会在每套单据中扣除55美元 +所有的证书/信件/声明必须经过签字以及标注日期
CONFIRMAT INSTR 保兑指示	49:	WITHOUT 不要求

知识拓展6-2

《跟单信用证统一惯例》

国际商会为明确信用证有关当事人的权利、责任、付款的定义和术语，减少因解释不同而引起各有关当事人之间的争议和纠纷，调和各有关当事人之间的矛盾，于1930年拟订一套《商业跟单信用证统一惯例》（Uniform Customs and Practice for Commercial Documentary Credits），并于1933年正式公布。随着国际贸易变化国际商会分别在1951年、1962年、1974年、1978年、1983年、1993年进行了多次修订，称为《跟单信用证统一惯例》（Uniform Customs and Practice for Documentary Credits），被各国银行和贸易界所广泛采用，已成为信用证业务的国际惯例，但其本身不是一个国际性的法律规章。《跟单信用证统一惯例（1993年修订本）》第500号出版物使用十余年后，从2007年7月起，《跟单信用证统一惯例（2007年修订本）》第600号出版物开始执行，简称为《UCP600》。现行的是2007年版本。

5.信用证的特点

根据《跟单信用证统一惯例》的规定，信用证主要有以下几个特点：

（1）信用证是一种银行信用。信用证支付方式是以银行信用作为保证的。因此，开证行应承担第一性的付款责任。按照《跟单信用证统一惯例》的规定，在信用证业务中，开证行对受益人的付款责任是首要的、独立的。即使开证人事后丧失偿付能力，只要出口人提交的单据符合信用证条款，开证行也必须承担付款责任。

（2）信用证是一项自足的文件。信用证是依据买卖合同开立的，但一经开立，即成为独立于买卖合同之外的契约。信用证各当事人的权利和责任完全以信用证条款为依据，不受买卖合同的约束。

（3）信用证是一种单据的买卖。信用证业务是“单据业务”。银行处理信用证业务只凭单据，不问货物的真实状况如何。银行以受益人提交的单据是否与信用证条款相符为依据，决定是否付款。如开证行拒付，也必须以单据上的不符点为由。这种“相符”必须是“严格符合”，不仅要单证一致，而且还要求单单一致。

案例6-1

我国某公司向外国某客商进口一批钢材，货物分两批装运，支付方式为不可撤销即期信用证，每批分别由中国银行开立一份信用证。第一批货物装运后，卖方在有效期内向银行交单议付，议付行审单后该行议付货款，中国银行也对议付行作了偿付。我方在收到第一批货物后，发现货物品质不符合合同规定，要求开证行对第二份信用证项下的单据拒绝付款，但遭到开证行拒绝。

案例解析：

本案货物买卖的支付方式为不可撤销即期信用证。根据《跟单信用证统一惯例》规定，信用证一经开出，在有效期内不经受益人或有关当事人同意，开证行不得单方加以修改或撤销信用证，银行见票即付。因为信用证开出以后就成了独立于买卖合同的另一个交易关系，银行只对信用证负责，只要卖方提交符合信用证规定的单据，在单单一致、单证一致的条件下，银行承担无条件付款的义务。为此，开证行拒绝我某公司提出"对第二份信用证项下的交易拒绝付款"的要求是合法、合理的，因为开证行只依照信用证，而不看重双方买卖合同的规定。

案例6-2

国外一家贸易公司与我国某进出口公司订立合同，购买小麦500吨。合同规定，2016年1月20日前开出信用证，2月5日前装船。1月28日买方开来信用证，有效期至2016年2月10日。由于卖方按期装船发生困难，故电请买方将装船期延至2月17日并将信用证有效期延长至2月20日，买方回电表示同意，但未通知开证银行。2月17日货物装船后，卖方到银行议付时，遭到拒绝。

案例解析：

根据《跟单信用证统一惯例》的规定，信用证虽是根据买卖合同开出的，但一经开出就成为独立于买卖合同的法律关系。银行只受原信用证条款约束，而不受买卖双方之间合同的约束。合同条款改变，信用证条款未改变，银行就只按原信用证条款办事。买卖双方达成修改信用证的协议未通知银行并得到银行同意，银行可以拒付。作为卖方，当银行拒付时，可依修改后的合同条款，直接要求买方履行付款义务。

6.信用证的种类

（1）根据是否有货运单据，分为跟单信用证和光票信用证。跟单信用证（Documentary Credit）是凭跟单汇票或仅凭单据付款的信用证。单据是指代表货物所有权或证明货物已交运的单据。光票信用证（Clean Credit）是指凭不附单据的汇票付款的信用证。国际贸易中通常使用的都是跟单信用证。

（2）根据开证行所负责任的不同，分为可撤销信用证和不可撤销信用证。可撤销信用证（Revocable Letter of Credit）是指开证银行可以不经受益人同意，也不必事先通知受益人，在议付银行议付之前有权随时撤销或修改的信用证。这种信用证对受益人缺乏保障，所以在实际业务中不常采用。不可撤销信用证（Irrevocable Letter of Credit）是指信用证一经开出，在其有效期内，若未经受益人及有关当事人的同意，开证行不得片面修改或撤销的信用证。只要受益人提供的单据符合信用证的规定，开证行就必须履行付款义务。这种信用证上都明确注有“不可撤销”字样。由于这种信用证的银行信用程度高，受益人的权利较有保障，故在实际进出口业务中多被采用。

（3）根据信用证有无其他银行保兑，分为保兑信用证和不保兑信用证。保兑信用证（Confirmed L / C）是指出口人为了保证安全收汇，要求开证银行开出的信用证必须经另一家银行保证兑付。对信用证加以保兑的银行叫作保兑行。保兑行一经保兑，就承担和开证银行同样的付款责任。保兑行通常是通知行，有时也可以是出口地的其他银行或第三国银行。未经另一家银行加具保兑的信用证就是不保兑信用证（Unconfirmed L / C）。

（4）根据付款时间的不同，可分为即期信用证和远期信用证。即期信用证（Sight L / C）是单到付款的信用证，开证行或付款行收到符合信用证条款的跟单汇票和装运单据后，立即付款，这是在国际货款结算时普遍使用的一种信用证。远期信用证（Unasked L / C）是指开证行在收到符合信用证条款规定的汇票和单据后，不立即付款，而是办理承兑手续，待远期汇票到期后再付款。

（5）根据运用方式的不同，分为可转让信用证、不可转让信用证和循环信用证。可转让信用证（Transferable L / C）指开证行开立的写明“可转让”字样、受益人可以全部或部分转让给第二受益人的信用证。可转让信用证只能转让一次，转让费由第一受益人负责，但可同时转让给一个或一个以上的第二受益人。

凡信用证上未注明“可转让”字样，即受益人不能将信用证的权利转让给他人的信用证，都是不可转让信用证（Non-transferable L / C），实际业务中多数是这种信用证。

循环信用证（Revolving L / C）是指当受益人全部或部分用完信用证内的金额后，其金额能恢复到原金额，而再次被受益人使用，甚至可以多次使用，直至达到规定次数或累计总金额为止。循环信用证与一般信用证的不同之处就在于前者可多次循环使用，而后者则在一次使用后即告失效。循环信用证是一种适用于分批均匀交货的长期供货合同的支付方式。

知识拓展6-3

SWIFT

SWIFT是“Society for Worldwide Interbank Financial Telecommunications”（全球银行间金融电讯协会）的简称。该组织于1973年在比利时成立，协会已有209个国家的9 000多家银行、证券机构和企业客户参加，通过自动化国际金融电讯网办理成员银行间资金调拨，汇款结算，开立信用证，办理信用证项下的汇票和托收等业务。

项目小结

本项目介绍了国际贸易中的三种支付工具以及三种支付方式。对于支付款项的结算方式一定要清楚明确，以贯彻我国对外贸易的方针，提高经济效益。做到在出口贸易中，既能扩大创汇又能安全收汇；在进口业务中，既可安全进口，又能完成收货。

项目训练

一、填空题

1.汇票的使用程序有________、________、________。

2.信用证的当事人有开证银行（付款行）、议付行（通知行）、________、________。

3.委托银行办理托收业务的客户，通常是________。

4.本票可分为________。

5.根据________，信用证可分为可撤销信用证和不可撤销信用证。

6.取款时持票人无须在支票背后签章，即可支取的支票是________。

7.________是一个人签发给另一个人的、要求对方立即或定期或在将来可以确定的某一时间，对某人或其指定的人或持票人支付一定金额的无条件的书面支付命令。

8.托收业务中的委托人通常是________。

9.即期汇票一般需经过出票、提示和付款几个程序，远期汇票则还需要________。

10.信用证是依据________开立的。

二、判断题

1.目前，在国际货款的结算中，大都使用现金结算。（　）

2.汇票按出票时有无附属单据分为光票和跟单汇票。（　）

3.汇票按付款时间的不同分为即期汇票和远期汇票。（　）

4.本票是出票人对收款人承诺有条件支付一定金额的票据。（　）

5.信用证是一种银行信用，银行承担第一性的付款责任。（　）

6.根据运用方式的不同，信用证可以分为可转让信用证、不可转让信用证和循环信用证。（　）

7.托收业务是通过银行完成的，所以托收是银行信用。（　）

8.汇付（Remittance）又称汇款，是指买方按照合同中规定的时间和条件，主动将货款通过银行或其他途径汇交卖方的结算方式。（　）

9.信汇方式的优点在于速度快，收款人可以迅速收到货款。（　）

10.电汇的优点是费用较低廉，但收款人收到汇款的时间较迟。（　）

三、单项选择题

1.信用证的内容不包括（　）。

A.对合同的说明　　B.对货物的记载

C.装运条款　　D.对单据的要求

2.在下面（　）情况下，并不能构成拒付。

A.付款人或承兑人拒不见汇票

B.付款人或承兑人承诺一段时间后付款

C.付款人或承兑人宣告破产或因违法被责令停止业务活动等

D.付款人或承兑人死亡

3.下列属于托收方式当事人的是（　）。

A.委托人　　B.通知行　　C.开证申请人　　D.受益人

4.信用证的特点不包含（　　）。

A.信用证是一项自足的文件　　B.信用证是一种单据的买卖

C.信用证是一种有价证券　　D.信用证是一种银行信用

5.常用的支付工具有（　　）。

A.汇票　　B.托收　　C.信用证　　D.钞票

6.下列不属于信用证当事人的是（　　）。

A.开证申请人　　B.开证银行　　C.委托人　　D.议付行

7.本票可分为（　　）。

A.商业本票和银行本票　　B.承兑本票和即期本票

C.进口方本票和出口方本票　　D.可撤销本票和不可撤销本票

8.支票的特点不包含（　　）。

A.使用方便，手续简便、灵活

B.支票的提示付款期限自出票日起10天内

C.支票可以背书转让，但用于自取现金的支票不得背书转让

D.由于支票是资金单据，所以不能够转让

9.以下支付方式所涉及的银行中，和出口方在一个地方的有（　　）。

A.托收业务中的提示行　　B.汇付业务中的汇出行

C.信用证业务中的议付行　　D.信用证业务中的开证行

10.汇票的使用程序不包括（　　）。

A.出票　　B.承兑　　C.议付　　D.提示

四、问答题

1.什么是汇票?

2.如何体现信用证是一项自足文件?

3.信用证有几个特点?分别是什么?

五、实务训练题

1.我国某公司以CIF价格向美国出口一批货物，合同的签订日期为6月2日。到6月28日由日本东京银行开来了不可撤销的即期L/C，金额为××万日元，证中规定装船期为7月份，偿付行为美国的花旗银行。我方中国银行收证后于7月2日通知出口公司。7月10日我方获悉国外进口商因资金问题濒临破产倒闭。在此情况下，我方应该如何处理?

2.我某外贸公司与澳大利亚某公司达成一项皮手套出口合同，价格条款为CIF悉尼，支付方式为不可撤销的即期信用证，投保中国保险条款一切险。生产厂家在生产的最后一道工序时，降低了湿度标准，使得产品的湿度增大，然后将产品装入集装箱。货物到港后，检验结果表明，产品全部霉变，损失达8万美元。调查后发现，该货物出口地不异常热，进口地不异常冷，运输途中无异常，属于正常运输。请问进口商是否该支付货款?为什么?

3.我国某进出口公司收到国外信用证一份，规定：最后装船日2015年6月15日，

信用证有效期2015年6月30日，交单期为提单日期后15天但必须在信用证的有效期之内。后因为货源充足，该公司将货物提前出运，开船日期为2015年5月29日。6月18日，该公司将准备好的全套单证送银行议付时，遭到银行的拒绝。请问：（1）银行为什么拒付？（2）对我方而言会产生哪些影响？

项目七

买卖合同的订立

■学习目标

知识目标：

1. 了解交易磋商的形式和内容。
2. 掌握交易磋商的一般程序、发盘和接受的相关内容。
3. 了解签订书面合同的意义，掌握书面合同的格式。

能力目标：

1. 能正确地选择交易磋商的形式。
2. 能掌握交易磋商的程序。
3. 能熟练制定合同条款。

交易磋商和合同签订是开展进出口交易的必经阶段。交易磋商是针对合同条款进行的磋商，合同条款涉及品质、数量、包装、价格、交货、支付、检验、索赔、不可抗力、仲裁等各个方面。对合同条款进行充分的磋商，就为交易的顺利开展奠定了良好的基础。合同签订是合同成立并发生法律约束力的前提，缺少这一行为，当事人之间的权利和义务关系就不能发生，因此买卖双方就交易达成一致意见后，应着手合同签订事宜。

任务一　交易磋商

任务描述

交易磋商是进出口交易的必经环节，学习交易磋商对国际贸易的顺利进行具有重要的作用。本任务主要讲解国际贸易中交易磋商的具体程序，以及一些特殊情况的处理，通过学习，能够达到熟练进行交易磋商。

任务实施

一、交易磋商的形式和内容

1.交易磋商的形式

交易磋商的形式可分为口头和书面两种。

口头磋商是指买卖双方面对面或通过电话直接进行业务协商，具体如参加交易会、洽谈会、邀请客户来访及电话进行的交易。

书面磋商是指买卖双方通过信函、电报或电传等通信方式进行业务洽商。现代通信技术的发展，使书面磋商具有简便易行、费用低廉的特点，因而逐渐成为国际贸易中经常使用的一种最主要的磋商方式，书面磋商与合同达成有着密切的关系。

2.交易磋商的内容

交易磋商的具体内容就是合同中应包含的内容，它一般包括两部分：一部分是带有变动性的主要交易条件，如货物的品名、品质、数量、包装、价格、装运、支付方式，这些交易条件会因每笔交易的不同而不同。另一部分是相对固定的交易条件，称为一般交易条件，如保险、商检、索赔、仲裁、不可抗力等。由于许多老客户之间，事先已就一般交易条件达成协议或形成了一些习惯做法，或者已签订长期的贸易协议等原因，每笔交易就不一定需要对各项条款都一一重新协商。

二、交易磋商的程序

1.交易磋商的一般程序

交易磋商的程序（如图7-1所示），一般可划分为：询盘（Inquiry）、发盘（Offer）、还盘（Counter offer）和接受（Acceptance）四个环节。其中发盘和接受是达成交易、合同成立的基本环节和必经的法律步骤。

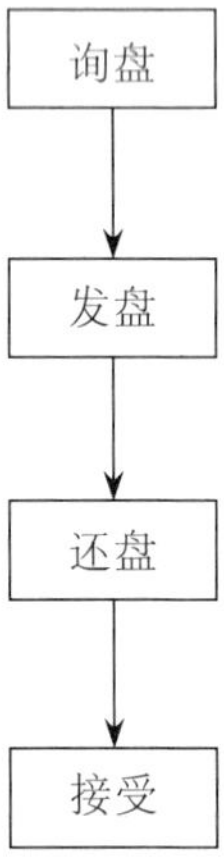

图7-1　交易磋商的程序

（1）询盘。

询盘又称询价，是指交易的一方为购买或销售而向另一方提出的有关交易条件的询问。

询盘分为买方询盘和卖方询盘。买方询盘由买方发出，也称邀请发盘（Invitation to Make an Offer）；

卖方询盘由卖方发出，又称为邀请递盘（Invitation to Make a Bid）。在实际业务中多为买方主动询盘。询盘的内容可详可略。

询盘的内容可以涉及某种商品的品质、规格、数量、包装、价格和装运等成交条件，也可以索取样品，其中多数是询问成交价格，因此在实际业务中，也有人把询盘称作询价。如果发出询盘的一方，只是想探询价格，并希望对方开出估价单，则对方根据询价要求所开出的估价单，只是参考价格，它并不是正式的报价，因而也不具备发盘的条件。

在国际贸易业务中，发出询盘的目的，除了探询价格或有关交易条件外，有时还表达了与对方进行交易的愿望，希望对方接到询盘后及时作出发盘，以便考虑接受与否。这种询盘实际上属于邀请发盘，邀请发盘是当事人订立合同的准备行为，其目的在于使对方发盘，询盘本身并不构成发盘。

询盘不是每笔交易必经的程序，如交易双方彼此都了解情况，不需要向对方探询成交条建或交易的可能性，则不必使用询盘，可直接向对方作出发盘。

（2）发盘。

发盘又称发价，在法律上称为要约，是指交易的一方向另一方提出一定交易条件，并愿意按照提出的交易条件达成交易并签订合同的一种行为。发盘既是商业行为，又是法律行为。

发盘应向一个或一个以上特定的人提出。向特定的人提出，即是向有名有姓的公司或个人提出。提出此项要求的目的在于，把发盘同普通商业广告及向广大公众散发的商品价目单等行为区别开来。对广大公众发出的商业广告是否构成发盘的问题，各国法律规定不一。大陆法规定，发盘需向一个或一个以上特定的人提出，凡向公众发出的商业广告，不得视为发盘。北欧各国则认为，向广大公众发出的商业广告，原则上不能作为发盘，而只是邀请看到广告的公众向登广告的人提出发盘。英美法的规定则与此相反，英国的判例认为，向公众作出的商业广告，只要内容确定，在某些场合下也可视为发盘。《联合国国际货物销售合同公约》（以下简称《公约》）对此问题持折中态度，该公约第14条第二款规定："非向一个或一个以上特定的人提出的建议，仅应视为邀请发盘，除非提出意见的人明确地表示相反的意向。"根据此项规定，商业广告本身并不是一项发盘，通常只能视为邀请对方提出发盘。但是，假如商业广告的内容符合发盘的条件，而且登此广告的人明确表示它是作为一项发盘提出来的，如在广告中注明"本广告构成发盘"或"广告的商品将售给最先支付货款或最先开来信用证的人"等，则此类广告也可作为一项发盘。

鉴于《公约》对发盘的上述规定既原则又具体，具有一定的灵活性，加之世界各国对发盘又有不同的理解，因此，在国际贸易实际应用时要特别小心。我方对外做广告宣传和寄发商品价目单，不要使对方理解我方有"一经接受，即受约束"的含义。在寄发商品价目单时，最好在其中注明"可随时调整，恕不通知"或"须经我方最后确认"等字样。

知识拓展7-1

当今世界两大主要法律体系：大陆法系和英美法系

1.大陆法系

大陆法系一般是指以罗马法为基础而形成和发展起来的一个完整的法律体系的总

称。大陆法系名称的由来就是由于该法系首先是在欧洲大陆出现和形成的，它具有法典的特征，因此，大陆法系又称为法典法系（Code Family）。大陆法系还有一个重要的名称，即民法法系（Civil law Family）。法国在十九世纪初编纂的《法国民法典》和德国十九世纪末编纂的《德国民法典》，对大陆法系的发展都具有强大的推动作用，以至于把大陆法系又直接称之为民法法系。其是与英美法系并列的当今世界两大重要法系之一，覆盖了当今世界的广大区域，德国、法国、日本、中国大陆等均为大陆法系地区。

大陆法系的特点：首先，大陆法系强调成文法的作用，它在结构上强调法律的系统化、归类化、法典化和逻辑性；其次，使用大陆法的各国把全部法律区分为公法和私法两大部分；再次，使用大陆法的各国都进行大规模的法典编纂工作。1804年的《法国民法典》是十九世纪大陆法系法典的一个典型。除民法典之外，还有商法典、刑法典、刑诉法典等。此外，在大陆法系司法过程中，法官的判决只是起着加强对法律的解释作用。最后，大陆法系上述特征，都是全面地、直接地受到罗马法影响的结果；或者说，大陆法全面地继承了罗马法的主要内容才形成了其上述特征。

2.英美法系

英美法系（又称普通法法系或海洋法系），是指英国中世纪以来的法律，是以英国普通法为基础的、与以罗马法为基础的民法法系相比较而存在的一种法律制度。

英美法系是资本主义经济关系的产物，经历了不同历史阶段的影响与发展，存在样式上和运行方式上都形成了自己独有的特点：

第一，法律渊源上：英美法系的法律渊源包括各种制定法也包括判例，其中判例所构成的判例法在整个法律体系中占主导地位。从十九世纪到现在，其制定法也不断增加，但是制定法仍然受判例法解释的制约。判例法一般是指高级法院的判决中所确立的法律原则或规则。这种原则或规则对以后的判决具有约束力和影响力，由于这些规则是法官在审理案件时创立的，因此，又称为法官法。除了判例法之外，英美法系国家还有一定数量的制定法，同时，还有一些法典，如美国的《统一商法典》、美国宪法等。但和大陆法系比较起来，它的制定法和法典还是很少的，而且对法律制度的影响远没有判例法大。

第二，法律结构和内容：英美法系在法律结构上是以单行法和判例法为主干而发展起来的。其习惯用单行法的形式对某一类问题做专门的规定，因此很少制定法典。在内容上英美法系的基本结构是在普通法和衡平法的分类基础上建立的。从历史上看，普通法代表立法机关的法律，衡平法主要代表审判机关的法律，衡平法是对普通法规则的补充。

第三，法官权限上：英美法系中法官的地位很高，法官既可以援用成文法也可以援用已拥有的判例来审判案件，还可以在一定的条件下运用法律解释和法律推理的技术创造新的判例。从而，法官不仅可以使用法律也可以在一定的范围内创造法律。

第四，诉讼程序：英美法系的诉讼程序以原告、被告以及其辩护人和代理人为重心，法官只是双方争论的仲裁人而不能参与争论。与这种对抗式程序同时存在的是陪审团制度，陪审团代表人民参加案件审理，但主要做出事实上的结论和法律上的基本结论(如有罪或无罪)。法官负责作出法律上的具体结论，即判决。

第五，从职业教育传统来看：英美法系的职业教育注重处理案件的实际能力，比如律师的职业教育主要通过协会进行，被称为“师徒关系”式的教育。

综上，英美法系在调整社会关系、制定社会制度方面发挥着重要的作用。英美法系的传统是强调根据具体的经验解决具体的问题，因而具有很强的针对性和灵活性。但是，其法律的庞杂、混乱和难以被专业人士了解的缺点也很突出。

资料来源 论卫星. 国际商法［M］. 杭州：浙江大学出版社，2004.

(3) 还盘。

还盘又称还价，是受盘人对发盘内容不同意或不能完全同意而作出相应的修改或变更的意思表示。还盘在法律上被称为反要约，法律后果是对发盘的拒绝和受盘人向对方作新的发盘。因此，一经还盘，原发盘即失效，新发盘取代它成为交易谈判的基础。如果另一方对还盘内容不同意，还可以进行反还盘（或称再还盘）。还盘可以在双方之间反复进行，还盘的内容通常仅陈述需变更或增添的条件，对双方同意的交易条件无须重复。在国际贸易中，往往经过多次的还盘、反还盘，才最终达成协议。受盘人在接到发盘后，不能完全同意发盘的内容，为了进一步磋商交易，对发盘提出修改意见，用口头或书面形式表示出来，就构成还盘。

还盘的注意事项：

A.要识别还盘的形式，有的明确使用“还盘”字样，有的则使不用。

B.接到还盘后，要与原盘进行核对，找出原盘中提出的新内容，然后结合市场变化情况和销售意图，认真予以对待。

C.还盘是对发盘的拒绝，原发盘人可以就此停止磋商。

D.在表示还盘时，一般只针对原发盘提出不同意内容或需修改的部分，已同意的内容可以在还盘中省略。

(4) 接受。

接受在法律上称为承诺，是受盘人在发盘的有效期内，无条件地同意发盘中提出的各项交易条件，并以声明或行为表示愿意按照这些交易条件与对方成交、签订合同的一种表示。接受跟发盘一样，既是商业行为，又是法律行为。

知识拓展7-2

交易磋商流程范文（主要部分的中英文对照）

1.Inquiry（询盘）

Dear Sirs,

I need your quotation for 425g canned mushroom pieces & stems including packaging/delivery time/price term is CIF/port of destination： Danmark.Thanks in advance.

Best regards.

我方需要你方的425克罐装蘑菇片和茎，含包装、交货时间、报价，贸易术语是CIF/目的港丹麦。提前感谢！

最好的问候。

2.Offer（发盘）

Dear Sirs.

We well received your inquiry in canned mushroom pieces & stems dated on xx.As per your requirement，we quote the price as below：

Name of item： canned mushroom

Pieces & stems specification： 24 tinned/ctn G.W.： 425g N.W.： 227g

Packaging： normal export brown carton box with buyer's brand

Quantity： 1 700 ctn/container

Price： USD7.8 CIF Danmark

Payment terms： L/C at sight

Delivery date： no later than 30/12/2015

Term of validity： 27/10/2015

If any query，please feel free to let me know.

Best regards.

上个月20号我方已收到了你方的询盘。按您的要求，我们的价格如下：

项目名称：蘑菇罐头。

片和茎规格：24tinned/ctn净重：425克 毛重：227克。

包装：正常的出口与采购商的品牌棕色纸箱。

数量：1 700箱/集装箱。

价格：每箱7.8美元，CIF丹麦。

付款条件：即期信用证。

交货日期：不迟于30/12/2015。

有效期：27/10/2015。

如有任何疑问，请随时让我知道。

最好的问候。

3.Counter Offer（还盘）

Dear Sirs，

Thank you so much for your offer，but after we carefully studied，we found your price is too high.We know your goods are in high quality，compared with the items which are produced in Europe.Your price is higher than your competitor 5%～10%.So，we do hope you kindly reduce the price approximately 5%，say USD7.40/ctn.I think this concession should be acceptable by you.

Best regards.

谢谢你方提供的发盘，但经过我方仔细研究，发现你方价格太高，我方知道你方商品质量高，但是与欧洲国家同类型产品价格相比，你方价格高出5%～10%。因此，我们希望你方能降低价格约5%到每箱7.4美元。我们认为这项优惠你方应该会接受。

最好的问候。

我方还盘如下：

Dear Sirs,

Thank you for your comment.We learnt that our samples meet your request, and our quality is acceptable by you.But we regret that you thought our price is higher than which of the same products in other countries.We do hope to co-operate and expand business with your company.We are really sorry that we can not accept your counter offer.Please trust us, this is our firm offer.Actually we received many orders from other companies with such competitive price.If you accept our price, please do not hesitate to inform us.Considering the prices of raw materials rise constantly, we hope you can make your final decision a.s.a.p..Thanks.

We are looking forward to your positive news!

Best regards.

感谢你方的意见，我们了解到，我们的样品是满足你方要求的，我方产品的质量是你方可以接受的。遗憾的是，你方认为我方的价格比同类其他国家的高。我方非常希望携手合作和与你方扩大业务来往。但抱歉的是我方不能接受你方的还盘。请信任我们，这是我方的实盘，我们已收到很多公司的价格发盘，如果你方能接受我方的价格，请不要犹豫，通知我们。考虑到原材料价格上涨，我方希望你方能尽快做出最后决定。

期待你方的好消息！

最好的问候。

4.Reception（接受）

Dear Sirs,

We received your letter dated on 10/10/2009 with many thanks.After our careful consideration, we decided to accept the following offer.Please note: we will send fehling “rose” logo to you by DHL a.s.a.p..Please prepare the logo accordingly.Besides please scan the logo for our final confirmation before packaging.

Please send your S/C to us.We hope that we have a good start and do long-term business in the near future.

Best regards.

非常感谢，我方收到你方2009年10月10日的还盘。经仔细考虑后，我方决定接受报盘。请注意，我们将尽快委托DHL发送“玫瑰”标志给你们，请准备好商标。此外，检查商标最后确定的时间在包装之前。

请把你的合同发送给我们，希望我们有一个良好的开端，在不久的将来有长远的合作。

最好的问候。

2.发盘与接受的具体内容

（1）发盘。

①构成发盘的条件。

A.发盘要有特定的受盘人（有名有姓的公司或者个人）。

B.发盘内容必须十分确定。所谓十分确定，指在提出的订约建议中，至少应包括下列三项基本要素：a.标明货物的名称。b.明示或默示地规定货物的价格，或规定确定货物的价格的方法。c.明示或默示地规定货物的数量，或规定确定数量的方法。凡包括上述三项基本要素的订约建议，即可构成一项发盘。如该发盘被对方接受，买卖合同即告成立。

在实际业务中，发盘人发盘时，如能明确表明要出售或要购买的货物的价格和数量，当然是最好的处理办法。但是，合同项下货物的数量，有时只能由当事人酌情处理或只能在交货时具体确定。例如，某公司向购买方提出，在一年内向购买方提供生产的某项产品，可以认为在数量上是十分确定的。同样，确定价格也是如此。例如，在远期交货的情况下，交易双方为了避免承担价格波动的风险，可采取较为灵活的作价办法，即不规定具体价格，只规定一个确定价格的办法，如规定按交货时某个市场的价格水平来确定该货物的价格。

在这里需要特别指出的是，订约中关于交货时间、地点及付款时间、地点等内容虽然没有提到，并不妨碍它作为一项发盘，因而也不妨碍合同的成立。因为，发盘中没有提到的其他条件，在合同成立以后，可采用双方当事人建立的习惯做法及采用的惯例予以补充。

构成一项发盘应包括的内容，各国的法律规定不尽相同。有些国家的法律要求对合同的主要条件，如品名、品质、数量、包装、价格、交货时间与地点以及支付办法等，须有完整、“明确肯定”的规定，不得附有任何保留条件，以便受盘人一旦接受即可签订一项对买卖双方均有约束力的合同。《公约》关于发盘内容的规定，只是对构成发盘的起码要求。在实际业务中，如发盘的交易条件太少或过于简单，会给合同的履行带来困难，甚至引起争议。因此，在对外发盘时，最好将品名、品质、数量、包装、价格、交货时间、地点和支付办法等主要交易条件一一列明。发盘必须表明发盘人在发盘有效期内接受该发盘约束。

②发盘的类型。

根据发盘主体的不同，发盘可以划分为两种类型，一种是卖方发盘，成为售货发盘（Selling Offer）；另一种是买方发盘，成为购货发盘（Buying Offer）。

根据发盘形式的不同，可以分为口头发盘和书面发盘两种。

③发盘的有效期。

在通常情况下，发盘都具体规定一个有效期，作为对方表示接受的时间限制，超过发盘规定的时限，发盘人即不受约束，当发盘未具体列明有效期时，受盘人应在合理时间内接受才能有效。何谓“合理时间”，需根据具体情况而定。根据《公约》的规定，采用口头发盘时，除发盘人发盘时另有声明外，受盘人只能当场表示接受，方为有效。

采用函电成交时，发盘人一般都明确规定发盘的有效期，其规定的方法有以下几种：

A.规定最迟接受的期限。例如，限8月8日复，或限8月8日复到此地。当规定限8月8日复时，按有些国家的法律解释，受盘人只要在当地时间8月8日24点以前将表示接受的通知投邮或向电报局交发即可。但在国际贸易中，由于交易双方所在地的时间大多存在差异，所以发盘人往往采取以接受通知送达发盘人为准的规定方法。按此规定，受盘人的接受通知不得迟于8月8日送达发盘人。

B.规定一段接受的期限。例如，发盘有效期为10天，或发盘限10天内复。采取此类规定方法其期限的计算，按《公约》规定，这个期限应从电报交发时刻或信上载明的发信日期开始算。如信上未载明发信日期，则从信封所载日期起算。采用电话、电传发盘时，则从发盘送达受盘人时起算。如果由于时限的最后一天在发盘人营业地是正式假日或非营业日，则应顺延至下一个营业日。

④发盘的生效。

发盘生效的时间有各种不同的情况：以口头方式作出的发盘，其法律效力自对方了解发盘内容时生效。以书面形式作出的发盘，关于其生效时间，主要有两种不同的观点与做法：一是发信主义，即认为发盘人将发盘发出的同时，发盘就生效；另一种是受信主义，又称到达主义，即认为发盘必须到达受盘人时才生效。我国执行受信主义做法。

⑤发盘的撤回。

发盘发出之后，在其到达受盘人之前，发盘人可以改变主意将其撤回。《公约》第15条（2）款规定：发盘是可以撤回的，只要撤回通知先于发盘或与发盘同时到达受盘人。发盘一经对方在有效期内接受，发盘人将受其约束，并承担按发盘条件与对方订立合同的法律责任。

英美法系认为：发盘原则上对发盘人没有约束力，发盘人在受盘人对发盘表示接受之前的任何时候，都可撤回发盘或变更其内容。大陆法系认为：发盘对发盘人有约束力,如《德国民法典》规定，除非发盘人在发盘中注明发盘人不受发盘的约束，否则发盘人就要受到发盘的约束。《公约》认为：一项发盘（包括注明不可撤销的发盘），只要在其尚未生效以前，都是可以修改或撤回的。

⑥发盘的撤销。

发盘的撤销，是指发盘送达受盘人，即已生效后，发盘人改变主意取消该发盘，解除其效力的行为。

英美法系认为：在受盘人表示接受之前，即使发盘中规定了有效期，发盘人也可以随时予以撤销。大陆法系认为：发盘人原则上应受发盘的约束，不得随意将其发盘撤销。《公约》认为：在发盘已送达受盘人，即发盘已经生效，但受盘人尚未表示接受之前，只要发盘人及时将撤销通知送达受盘人，仍可将其发盘撤销。如一旦受盘人发出接受通知，则发盘人无权撤销该发盘。

下列两种情况下的发盘一旦生效，则不得撤销：

A.在发盘中规定了有效期，或以其他方式表示该发盘是不可撤销的。

B.受盘人有理由信赖该发盘是不可撤销的，并本着对该发盘的信赖采取了行动。

⑦发盘的终止。

A.受盘人作出还盘，发盘的效力即告终止。

B.在发盘规定的有效期内或合理期内未被接受，则发盘的效力即告终止。

C.发盘被发盘人依法撤回或撤销，则发盘的效力即告终止。

D.发盘人发盘之后，发生了不可抗力事件，如所在国政府对发盘中的商品或所需外汇发布禁令等。在这种情况下，按出现不可抗力可免除责任的一般原则，发盘的效力即告终止。

E.发盘人或受盘人在发盘被接受前丧失行为能力（如患精神类疾病等），则该发盘的效力也可终止。

（2）接受。

①接受在法律上称为承诺，它是指受盘人在发盘规定的时限内，以声明或行为表示同意发盘提出的各项条件。

②构成接受的条件。

A.接受必须由受盘人作出。

B.接受必须是同意发盘所提出的交易条件。

C.接受必须在发盘规定的有效期内作出。

接受应该是无条件的，任何对发盘表示接受但对交易条件有所变更或添加的行为，均为无效接受。但是《公约》对发盘的交易条件的变更或添加，分为实质性变更和非实质性变更。受盘人对货物的价格、品质、数量、支付方式、交货时间和地点、一方当事人对另一方当事人的赔偿责任范围或解决争端的办法等条件提出的变更或添加，均为实质性的变更。此种接受，只能视作还盘。如果所作的变更或添加的条件属于非实质性的交易条件，则除非当事人及时对这些变更或添加提出异议，否则该接受有效。合同按添加或变更后的条件于该接受到达时生效。

③逾期接受的处理。

接受必须在发盘规定的有效期内作出。在国际贸易中由于各种原因导致受盘人的接受通知有时晚于发盘人规定的有效期送达，这在法律上称为“逾期接受”或“迟到的接受”。对于逾期接受发盘人可不受其约束，该接受不构成有效接受，逾期接受是否有效，关键要看发盘人如何表态。

④接受生效与撤回。

接受送达发盘人时生效。此外，接受还可以在受盘人采取某种行为时生效。“如果撤回通知于接受原发盘应生效之前或同时送达发盘人，接受可以撤回。”

知识拓展7-3

接受生效时间

（1）大陆法系规定：采用到达生效的原则，即接受通知书必须到达发盘人时才生效。

（2）英美法系规定：采用投邮生效的原则，即接受通知书一经投邮或发出即生效。

（3）《公约》规定：采用送达发盘人时生效的原则或以某种行为表示。

任务二　合同签订

任务描述

本任务主要探讨国际贸易中合同的签订，学习签订书面合同的意义以及具体的格式。通过学习能达到会签订基本合同的目的。

任务实施

一、签订书面合同的意义

1.合同成立的证据

根据法律的要求，凡是合同必须能得到证明、提供证据（包括人证和物证）。在用信件、电报或电传磋商时，往来函电就是证明。口头合同成立后，如不用一定的书面形式加以确定，那么它将由于不能被证明而不能得到法律的保障，甚至在法律上成为无效。

2.合同生效的条件

一般情况下，合同的成立是以接受的生效为条件的。但在有些情况下，签订书面合同却成为合同生效的条件。我国《合同法》第10条规定："法律、行政法规规定采用书面形式的，应当采用书面形式。当事人约定采用书面形式的，应当采用书面形式。"

3.合同履行的依据

国际货物买卖合同的履行涉及很多部门，如以分散的函电为依据，将给履行合同造成很多不便。所以买卖双方不论通过口头，还是信件、电报磋商在达成交易后将谈定的、完整的交易条件，全面清楚地列明在一个书面文件上，这对进一步明确双方的权利和义务以及为合同的履行提供更好的依据，具有重要意义。

4.办理进出口手续的要件

5.出口方办理货物检验的依据

6.进口方向银行申请开立信用证的依据

7.双方处理索赔以及诉讼或仲裁的依据

二、合同有效成立的条件

1.当事人必须在自愿和真实基础上达成协议

签订国际货物买卖合同是买卖双方的法律行为，不是单方面的行为，所以，只有双方当事人的意思表示一致，合同才能成立。如果当事人一方用诈骗、威胁或暴力等行为使另一方被迫达成合同，则在法律上是无效的。

2.当事人必须具有订立合同的行为能力

例如，若是自然人，必须是公民。未成年人对达成合同可以不负法律责任。精神病患者和醉汉，在发病期间和神志不清时达成的合同，也可免去合同的法律责任。若是法人，则行为人应是企业的全权代表。

3.合同必须有对价和合法的约因

对价是指缔约当事人之间由于缔约行为，一方获得利益，一方遭受损失。例如，某甲公司同意按一定价钱出售货物给某乙公司，约定乙公司得到货物后于一定期限付款，但到期后乙公司未付款，因而甲公司遭受损失，乙公司获利。在这里，乙公司支付一定数额的款项的约定，就是甲公司出售货物约定的"约因"。约因是在"违约损害之诉"的基础上产生的。但是对价和约因又有不同，对价是指有金钱价值的约因。

4.合同的标的和内容必须合法

货物应是政府允许出口或进口的商品，货款和外汇的收付必须符合国家的有关规定。

5.合同的形式必须符合法律规定的要求

订立合同要符合法律、行政法规的要求，由于合同约定的是当事人双方之间的权利和义务关系，而权利和义务是依照法律规定所享有和承担的，所以订立合同必须符合法律、行政法规的规定。如果当事人订立的合同违反法律、行政法规的要求，法律就不予承认和保护，这样，当事人达成协议的目的就不能实现，订立合同也就失去了意义。

知识拓展7-4

我国合同法的部分规定

我国合同法规定，有下列情形之一的，合同无效：

（1）一方以欺诈、胁迫的手段订立合同，损害国家利益。

（2）恶意串通，损害国家、集体或者第三人利益。

（3）以合法形式掩盖非法目的。

（4）损害社会公共利益。

（5）违反法律、行政法规的强制性规定。

三、合同生效的时间

合同法第32条规定：当事人采用合同书形式，自双方当事人签字或者盖章时起合同成立。

合同法第33条规定：当事人采用信件、数据电文等形式订立合同的，可以在合同成立之前要求签订确认书，签订确认书时合同成立。

四、合同的形式和结构

1.合同的形式

（1）书面形式（最为常见，且比较有利）。在我国出口业务中，主要使用合同和确认书两种。其中，合同是交易中一种非常正式的货物买卖协议。它的内容比较全面、详细，除了交易的主要条件如品名、品质、数量、包装、价格、交货、支付外，还有保险、商品检验、索赔、不可抗力、仲裁等条件。而确认书是一种内容比较简单的贸易合同，它与前面所说的合同相比，仅包括买卖交易的主要条件，而不包括买卖交易的一般条件。

以上两种形式的合同，虽然在格式、条款项目和内容的繁简上有所不同，但在法律上具有同等效力。

（2）口头形式（在我国涉外合同中不可使用）。

2.书面合同的一般结构

书面合同一般由约首、正文和约尾组成。

（1）合同的约首。约首主要包括合同名称、合同编号、签订日期和地点、双方名称和地址、传真号和电子信箱等。

（2）合同的正文。①品质条款：品名、规格、货号。②数量条款：交货数字和计量单位。③包装条款：包装材料、包装方式等。④价格条款：单价和总价值。⑤交货条款：交货时间、装运港/地和目的港/地、分批装运或转运等。⑥保险条款：按FOB/FCA或CFR/CPT成交——由买方办理保险。按CIF/CIP成交——包括保险金额、保险险别、何种保险条款、该保险条款的生效日期等。⑦支付条款：包括汇付、托收、信用证三个方面。汇付则约定付款时间、汇付方式、付款金额等。托收则约定D/P（即期或远期）、D/A等方式。信用证则约定信用证种类（即期或远期）；开证时间、付款/承兑/议付、到期时间等要素。

（3）合同的约尾。列明合同份数、使用的文字及其效力、附件及其效力，以及有正当权限的双方当事人代表的签字。

五、签订买卖合同时应注意的问题

1.合同条款的内容必须与磋商达成的协议内容相一致

2.合同条款要具体、明确、完善

合同条款是否齐备、准确，决定了合同能否成立、生效以及能否顺利的履行。合同的内容一般包含以下条款：（1）当事人的名称（姓名）和住所，这是每一个合同必须具备的条款，当事人是合同的主体，表述时要准确、清楚。（2）标的，标的是合同成立的必要条件，是一切合同的必备条款。（3）数量，在大多数合同中，数量是必备条款。（4）质量。（5）价款或报酬。（6）履行期限。（7）履行地点和方式。履行地点是确定运费由谁负担，风险由谁承担及所有权是否转移，何时转移的依据。（8）违约责任。（9）解决争议的方法。

3.合同文字简练、严密，避免模糊不清。如“大约”“可能”等词句不要使用

在实际业务中，我们的一些当事人对合同的标的价格、数量、运输、支付、保险等条款订得比较清晰，而对其他一些条款订得笼统、文字含糊不清，在合同执行过程中往往争议纷纷。例如：包装条款不能太笼统，在一些合同中，包装条款仅写明“标准出口包装”，这是一个较为笼统的概念，在国际上没有统一的标准，一些出口商便在此大做文章，偷工减料以降低包装成本。因此，在订立合同的包装条款时，应对使用的包装物料、包装方式、包装费用以及运输标志作出明确的规定，以对发货人进行有效的约束。

4.合同标的物要合法

合同的标的物应当是出卖人所有或者有权处分的物件。一般情况下，出卖人在出卖时即为标的物的所有人，但在买卖合同成立时出卖人也可能尚未取得标的物的所有权，实际上这样的事例是大量存在的。例如，现实生活中的连环买卖，即一方是前一合同的买受人，又是后一合同的出卖人，该方在订立后一买卖合同时，可能还未成为标的物的所有人。但无论如何，出卖人在交付时标的物应当属于出卖人所有或者出卖人有权处分，否则，应适用有关无权处分的规定。法律禁止流通的标的物不得作为买卖标的物，如淫秽书刊。法律限制流通的物，只能在限定的领域流通，如枪支的买卖。国家对枪支的买卖实行特别许可制度，未经许可，任何单位和个人不得买卖枪支。购买民用枪支，需持公安部门核发的民用枪支配购证。出售民用枪支，应当核对配购证件，按照配购证件载明的品种、型号、数量配售。

小提示7-1

签订合同时要提防“公章陷阱”

（1）刻制假冒公章。甲公司是一家正规经营的公司，李某通过各种途径找到甲公司公章的样本，花钱找人仿刻了一枚假公章，然后凭借这枚假公章冒用甲公司的名义与乙公司签订合同。事后发生纠纷，当乙公司找到甲公司要求甲公司承担赔偿责任时，才发现合同上的公章是假的，但此时，李某早已逃之夭夭。

（2）扫描打印公章。甲公司与他人签订了一份合同，上面盖有甲公司的公章。李某辗转拿到这份合同的复印件，然后先扫描，再用彩色打印机在一份事先准备好的合同上打印出一枚红色的公章，最后再拿着这份“盖有”公章的合同与他人签约。这样的公章也很容易以假乱真，但是如果稍稍留意一下，还是能够发现没有油印的公章正常使用时所具有的印迹。

（3）不具资质的部门公章。目前在实践中，有些合同上加盖的公章是以所谓的“甲公司第二项目部”等下属部门名义加盖的。一旦发生纠纷，起诉甲公司时，甲公司很可能矢口否认存在下属的第二项目部，并同时否认该公章的效力，在这种情况下，原告很可能会由于缺乏足够的证据证明其与被告甲公司之间存在合同关系，而无法胜诉。

（4）公章印模含数字。一些公司的公章是这样记载的：××市甲公司（二）。不要小看这里的“（二）”，它往往会成为公章的玄机所在！一旦发生纠纷，合同一方面当事人以盖有这枚公章的合同为证据起诉××市甲公司，甲公司可能会辩称，其公司在工商部门备案的公章并没有序号，不过其公司的确有多枚并未备案但含有序号的公章，可就是没有序号为“（二）”这个数字的公章，因此其公司否认该公章的效力，也不认可这份合同。在这种情况下，原告如果没有其他的证据作为佐证的话，很可能会处于被动的处境。

知识拓展7-5

合同范本（中英文对照）

合同编号（Contract No.）：______________________________

签订日期（Date）：______________________________

签订地点（Signed at）______________________________

买方：______________________________

The Buyer：______________________________

地址：______________________________

Address：______________________________

电话（Tel）：______________ 传真（Fax）：______________

电子邮箱（E-mail）：______________________________

卖方：______________________________

The Seller：______________________________

地址：______________________________

Address: ____

电话（Tel）: ____________________ 传真（Fax）: ____________________

电子邮箱（E-mail）: ____

买卖双方同意按照下列条款签订本合同：

The Seller and the Buyer agree to conclude this Contract subject to the terms and conditions stated below:

1.货物名称、规格和质量（Name, Specifications and Quality of Commodity）:

2.数量（Quantity）:

允许________的溢短装（________% more or less allowed）

3.单价（Unit Price）:

4.总值（Total Amount）:

5.交货条件（Terms of Delivery） FOB/CFR/CIF________

6.原产地国与制造商（Country of Origin and Manufacturers）:

7.包装及标准（Packing）:

货物应具有防潮、防锈蚀、防震并适合于远洋运输的包装，由于货物包装不良而造成的货物残损、灭失应由卖方负责。卖方应在每个包装箱上用不褪色的颜色标明尺码、包装箱号码、毛重、净重及“此端向上”“防潮”“小心轻放”等标记。

The packing of the goods shall be preventive from dampness, rust, moisture, erosion and shock, and shall be suitable for ocean transportation/ multiple transportation.The Seller shall be liable for any damage and loss of the goods attributable to the inadequate or improper packing.The measurement, gross weight, net weight and the cautions such as "Do not stack up side down", "Keep away from moisture", "Handle with care" shall be stenciled on the surface of each package with fadeless pigment.

8.唛头（Shipping Marks）:

9.装运期限（Time of Shipment）:

10.装运口岸（Port of Loading）:

11.目的口岸（Port of Destination）:

12.保险（Insurance）:

由________按发票金额110%投保________险和________附加险。

Insurance shall be covered by the ________ for 110% of the invoice value against ________ Risks and ________ Additional Risks.

13.付款条件（Terms of Payment）:

（1）信用证方式：

买方应在装运期前/合同生效后____日，开出以卖方为受益人的不可撤销的议付信用证，信用证在装船完毕后____日内到期。

Letter of Credit: The Buyer shall, ________ days prior to the time of shipment /after this Contract comes into effect, open an irrevocable Letter of Credit in favor of the Seller. The Letter of Credit shall expire ________ days after the completion of loading of the shipment as stipulated.

（2）付款交单：

货物发运后，卖方出具以买方为付款人的付款跟单汇票，按即期付款交单（D/P）方式，通过卖方银行及________银行向买方转交单证，换取货物。

Documents against Payment: After shipment, the Seller shall draw a sight bill of exchange on the Buyer and deliver the documents through Seller's bank and ________ Bank to the Buyer against payment, i.e.D/P.The Buyer shall effect the payment immediately upon the first presentation of the bill (s) of exchange.

（3）承兑交单：

货物发运后，卖方出具以买方为付款人的付款跟单汇票，付款期限为后____日，按即期承兑交单（D/A____日）方式，通过卖方银行及________银行，经买方承兑后，向买方转交单证，买方在汇票期限到期时支付货款。

Documents against Acceptance: After shipment, the Seller shall draw a sight bill of exchange, payable____days after the Buyers delivering the document through Seller's bank and ________ Bank to the Buyer against acceptance (D/A____days) .The Buyer shall make the payment on the date of the bill of exchange.

（4）货到付款：

买方在收到货物后____天内将全部货款支付卖方（不适用于FOB、CRF、CIF术语）。

Cash on Delivery (COD): The Buyer shall pay to the Seller total amount within ________ days after the receipt of the goods (This clause is not applied to the Terms of FOB, CFR, CIF) .

14.单据（Documents Required）：

卖方将下列单据提交银行议付/托收：

The Seller shall present the following documents required to the bank for negotiation/collection:

（1）标明通知收货人/收货代理人或者为空白抬头的全套清洁的、已装船的、空白背书并注明运费已付/到付的海运/联运/陆运提单。

Full set of clean on board Ocean/Combined Transportation/Land Bills of Lading and blank endorsed marked freight prepaid/ to collect to order or bearer.

（2）标有合同编号、信用证号（信用证支付条件下）及装运唛头的商业发票一式____份。

Signed commercial invoice in ____ copies indicating Contract No., L/C No. (under Terms of L/C) and shipping marks.

（3）由________出具的装箱或重量单一式____份。

Packing list/weight listin ____ copies issued by____。

（4）由________出具的质量证明书一式____份。

Certificate of Quality in ________ copies issued by________。

（5）由________出具的数量证明书一式____份。

Certificate of Quantity in ___ copies issued b________。

（6）保险单/凭证正本一式____份（CIF交货条件）。

Insurance policy/certificate in ________ originals（Terms of CIF）。

（7）________签发的产地证一式____份。

Certificate of Origin in ________ copies issued by________。

（8）装运通知（Shipping Advice）：

卖方应在交运后____小时内以特快专递方式邮寄给买方上述第____项单据副本一式一套。

The Seller shall，within____hours after shipment effected，send the above-mentioned documents No.____in One set of copy to the Buyer by courier.

15.装运条款（Terms of Shipment）：

（1）FOB交货方式。卖方应在合同规定的装运日期前30天，以________方式通知买方合同号、品名、数量、金额、包装件、毛重、尺码及装运港可装日期，以便买方安排租船/订舱。装运船只按期到达装运港后，如卖方不能按时装船，发生的空船费或滞期费由卖方负担。在货物越过船舷并脱离吊钩以前一切费用和风险由卖方负担。

The Seller shall，30 days before the shipment date specified in the Contract，advise the Buyer by ________ of the Contract No.，commodity，quantity，amount，packages，gross weight，measurement and the date of shipment in order that the Buyer can charter a vessel/book shipping space.In the event of the Seller´s failure to effect loading when the vessel arrives duly at the loading port，all expenses including dead freight and/or demurrage charges thus incurred shall be for the Seller´s account..Before the goods passing the ship's rail and leaving the hook，all expenses and risks are borne by the Seller.

（2）CIF或CFR交货方式。卖方须按时在装运期限内将货物由装运港装船至目的港。在CFR术语下，卖方应在装船前2天以________方式通知买方合同号、品名、发票价值及开船日期，以便买方安排保险。

The Seller shall ship the goods duly within the shipping duration from the port of loading to the port of destination.Under CFR terms，the Seller shall advise the Buyer by ______of the Contract No.，commodity，invoice value and the date of dispatch two days before the shipment for the Buyer to arrange insurance in time.

16.装运通知（Shipping Advice）：

装载完毕，卖方应在____小时内以________方式通知买方合同编号、品名、已发运数量、发票总金额、毛重、船名/车/机号及启程日期等。

The Seller shall，immediately upon the completion of the loading of the goods，advise the Buyer of the Contract No.，names of commodity，loading quantity，invoice amount，gross weight，name of vessel and shipment date by ____ within ________hours.

17.质量保证（Quality Guarantee）：

货物品质规格必须符合本合同及质量保证书之规定，品质保证期为货到目的港个月内。在保证期限内，因制造厂商在设计制造过程中的缺陷造成的货物损害应由卖方负责赔偿。

The Seller shall guarantee that the commodity must be in conformity with the quality, specifications and quantity specified in this Contract and Letter of Quality Guarantee.The guarantee period shall be ____ months after the arrival of the goods at the port of destination, and during the period the Seller shall be responsible for the compensation of the damage due to the defects in designing and manufacturing of the manufacturer.

18.检验（Inspection）（以下两项任选一项）：

（1）卖方须在装运前____日委托________检验机构对本合同之货物进行检验并出具检验证书，货到目的港后，由买方委托________检验机构进行检验。

The Seller shall have the goods inspected ____ days before the shipment and have the Inspection Certificate issued by________.The Buyer may have the goods reinspected by _______ after the goods arrival at the destination.

（2）发货前，制造厂应对货物的质量、规格、性能和数量/重量作精密全面的检验，出具检验证明书，并说明检验的技术数据和结论。货到目的港后，买方将申请中国商品检验局（以下简称商检局）对货物的规格和数量/重量进行检验，如发现货物残损或规格、数量与合同规定不符，除保险公司或轮船公司的责任外，买方得在货物到达目的港后____日内凭商检局出具的检验证书向卖方索赔或拒收该货。在保证期内，如货物由于设计或制造上的缺陷而发生损坏或品质和性能与合同规定不符时，买方将委托中国商检局进行检验。

The manufacturers shall, before delivery, make a precise and comprehensive inspection of the goods with regard to its quality, specifications, performance and quantity/weight, and issue inspection certificates certifying the technical data and conclusion of the inspection. After arrival of the goods at the port of destination, the Buyer shall apply for a further inspection by China Commodity Inspection Bureau （hereinafter referred to as CCIB） as to the specifications and quantity/weight of the goods.If damages of the goods are found, or the specifications and/or quantity are not in conformity with the stipulations in this Contract, except when the responsibilities lie with Insurance Company or Shipping Company, the Buyer shall, within ____ days after arrival of the goods at the port of destination, claim against the Seller or reject the goods, according to the inspection certificate issued by CCIB.In case of damage of the goods incurred due to the design or manufacture defects and/or in case that the quality and performance are not in conformity with the Contract, the Buyer shall, during the guarantee period, request CCIB to Carry out a inspection.

19.索赔（Claim）：

买方凭其委托的检验机构出具的检验证明书向卖方提出索赔（包括换货），由此引起的全部费用应由卖方负担。若卖方收到上述索赔后____天未予答复，则认为卖方已接受买方索赔。

The buyer shall make a claim against the Seller （including replacement of the goods） with the further inspection certificate issued by authorized inspection agency and all the expenses incurred therefrom shall be borne by the Seller.The claims mentioned above shall be regarded as being accepted if the Seller fail to reply within ____days after the Seller received the Buyer´s claim.

20.迟交货与罚款（Late Delivery and Penalty）:

除合同第21条不可抗力原因外，如卖方不能按合同规定的时间交货，买方应同意在卖方支付罚款的条件下延期交货。罚款可由议付银行在议付货款时扣除，罚款率按每__天收____%，不足____天时以____天计算。但罚款不得超过迟交货物总价的____%。如卖方延期交货超过合同规定____天时，买方有权撤销合同，此时，卖方仍应毫不迟延地按上述规定向买方支付罚款。买方有权对因此遭受的其他损失向卖方提出索赔。

Should the Seller fail to make delivery on time as stipulated in the Contract, with the exception of Force Majeure causes specified in Clause 21 of this Contract, the Buyer shall agree to postpone the delivery on the condition that the Seller agree to pay a penalty which shall be deducted by the negstiating bank from the payment fornegotiation.The rate of penalty is charged at____% for every ____ days, odd days less than ____ days should be counted as ____ days.But the penalty, shall not exceed____% of the total value of the goods involved in the delayed delivery.In case the Seller failsmake delivery ____ days later than the time of shipment stipulated in the Contract, the Buyer shall have the right to cancel the Contract and the Seller, in spite of the cancellation, shall nevertheless pay the aforesaid penalty to the Buyer without delay.The Buyer shall have the right to lodge a claim against the Seller for the losses sustained if any.

21.不可抗力（Force Majeure）:

凡在制造或装船运输过程中，因不可抗力致使卖方不能或推迟交货时，卖方不负责任。在发生上述情况时，卖方应立即通知买方，并在____天内，给买方特快专递一份由当地民间商会签发的事故证明书。在此情况下，卖方仍有责任采取一切必要措施加快交货。如事故延续____天以上，买方有权撤销合同。

The Seller shall not be responsible for the delay of shipment or non-delivery of the good due to Force Majeure, which might occur during the process of manufacturing or in the course of loading or transit.The Seller shall advise the Buyer immediately of the occurrence mentioned above, and within____ days thereafter the Seller shall send the Buyer by courier, a certificate of the accident issued by the local chamber of commerce under whose jurisdiction the accident occurs as evidence thereof.Under such circumstances the Seller, however, are still under the obligation to take all necessary measures to hasten the delivery of the goods. In case the accident lasts for more than ____ days the Buyer shall have the right to cancel the Contract.

22.争议的解决（Arbitration）:

凡因本合同引起的或与本合同有关的任何争议应协商解决。若协商不成，应提交中国国际经济贸易仲裁委员会深圳分会，按照申请仲裁时该会现行有效的仲裁规则进行仲裁。仲裁裁决是终局的，对双方均有约束力。

Any dispute arising from or in connection with the Contract shall be settled through friendly negotiation.In case no settlement is reached, the dispute shall be submitted to China International Economic and Trade Arbitration Commission (CIETAC), Shenzhen Commission for arbitration in accordance with its rules in effect at the time of applying for arbitration.The arbitration award is final and binding upon both parties.

23.通知（Notices）：

所有通知用________文写成，并按照如下地址用传真/电子邮件/快件送达给各方。如果地址有变更，一方应在变更后____日内书面通知另一方。

All notice shall be written in ________ and served to both parties by fax/E-mail/courier according to the following addresses.If any changes of the addresses occur, one party shall inform the other party in writing with in ____days after the change.

24.本合同使用的FOB、CFR、CIF术语系根据国际商会《2000年国际贸易术语解释通则》。

The terms, FOB、CFR、CIF in, used the Contract are based on INCOTERMS 2000 of the International Chamber of Commerce.

25.附加条款（Additional Clause）：

本合同上述条款与本附加条款抵触时，以本附加条款为准。

Conflicts between the Contract clauses here above and this additional clause, if any, it is subject to this additional clause.

26.本合同用中英文两种文字写成，两种文字具有同等效力。本合同共____份，自双方代表签字（盖章）之日起生效。

This Contract is executed in two counterparts in Chinese and English, each of which shall deemed equally valid.This Contract is in ________ copies, effective since being signed/sealed by both parties.

买方代表（签字）：

Representative of the Buyer（Authorized signature）：

卖方代表（签字）：

Representative of the Seller（Authorized signature）：

项目小结

交易磋商和签订合同是国际贸易中不可缺少的环节，交易磋商的质量决定合同的质量，直接关系到企业的经济效益，在磋商过程中犯下的错误或留下的隐患，往往很难弥补或挽回。本项目明确了交易磋商的具体程序和一些特殊情况的处理方法，以及合同签订时应该注意的问题，避免产生一些争议和损失。

项目训练

一、填空题

1.在交易磋商的一般程序中________和________既是商业行为，又是法律行为。

2.交易磋商的一般程序包括________，________，________，________。

二、判断题

1.一项发盘必须写明有效期。（　　）

2.在交易磋商过程中，发盘是卖方作出的行为，接受是买方作出的行为。（　　）

3.询盘又称询价，即一方向交易的另一方询问价格。（　　）

4.买卖双方就各项交易条件达成协议，并不意味着此项合同就一定有效。（　　）

5.一项还盘是对原发盘的拒绝，一旦受盘人作出还盘，原发盘也随之失效，交易磋商必须再从询盘开始。（　　）

6.从法律效力来看，合同和确认书这两种形式的书面合同没有区别。（　　）

7.一项有效的发盘，一旦被受盘人无条件地全部接受后，合同即告成立。（　　）

8.一项逾期接受在任何情况下都是无效的。（　　）

9.大陆法系认为发盘不得随意撤销，而英美法系却认为发盘人可以在有效期内撤销发盘。（　　）

10.在报刊上刊登的广告实际上是一项有效的发盘。（　　）

三、单项选择题

1.英国某买方向我国某轻工业出口公司来电“拟购美加净牙膏大号1 000罗，请电告最低价格最快交货期”，此来电属于交易磋商的（　　）环节。

A.发盘　　B.询盘　　C.还盘　　D.接受

2.一项发盘，经过还盘后，则该项发盘（　　）。

A.失效　　B.仍然有效

C.对原发盘人有约束力　　D.对还盘人有约束力

3.根据《公约》的规定，合同成立的时间是（　　）。

A.接受生效的时间　　B.交易双方签订的书面合同的时间

C.在合同获得国家批准时　　D.当发盘送达受盘人时

4.据《公约》规定，下列哪些是一项发盘必须具备的基本要素（　　）。

A.货名、品质、数量　　B.货名、数量、价格

C.货名、价格、支付方式　　D.货名、品质、价格

5.在下列条件中，（　　）不是构成发盘的必备条件。

A.发盘的内容必须十分确定　　B.主要交易条件必须齐全

C.向一个或一个以上特定的人发出　　D.主要发盘人承受约束的意旨

6.在交易磋商中，有条件的接受是（　　）。

A.还盘的一种形式　　B.接受的一种形式

C.发盘的一种形式　　D.发盘的邀请

7.根据《公约》规定，一项发盘在未送达发盘人之前，发盘人可以（　　）。

A.还盘　　B.接受　　C.撤销　　D.撤回

8.我国某公司于5月5日以电报方式向法国商人发盘，限5月8日复到有效。对方于7日以电报方式发出接受通知，由于电讯部门延误，我公司9日才收到该通知，事后我公司未表态。根据《公约》（　　）。

A.该逾期接受无效，合同未成立

B.因我公司未及时提出异议，该接受有效，合同成立

C.只有在我公司及时表示确认后，该接受才有效，否则，合同不成立

D.只有在对方再次发出接受通知时，该接受才有效，否则，合同不成立

9.关于接受的生效，英美法系实行的原则是（　　）。

A.投邮生效　　B.签署日生效　　C.到达生效　　D.双方协商

10.根据《公约》的规定，发盘和接受的生效采取（　　）。

A.投邮生效原则　　B.签订书面合约原则

C.口头协商原则　　D.到达生效原则

四、问答题

1.交易磋商一般要经过哪些环节？它们的含义是什么？

2.一项法律上有效的发盘必须具备哪些条件？

3.合同有效成立的条件有哪些？

4.逾期接受应该如何处理？

5.发盘撤回与发盘撤销有什么不同？

五、实务训练题

1.某日，一位法国商人走访我国外贸企业洽谈某商品的出口合作。我方口头发盘后，对方未置可否，当日下午法国商人再次来访表示无条件接受我方上午的发盘，那时我方已获知该项商品的国际市场价格有上涨趋势。对此，你认为我方应该如何处理为好，为什么？

2.如果你是一家公司的业务员，所在的公司欲出口德国一批货物，由你来负责该笔交易的磋商。你于4月1日向德国A公司发盘“每箱23美元CIF汉堡，共计200箱，7月份上海港装运，4月底以前回复有效”，A公司在4月5日作出如下还盘：“贵方4月1日的报价，还盘为每箱18美元CIF汉堡，共200箱，上海装运，4月15日前回复有效。”收到A公司的还盘后，你认为还价太低，没有回复。4月20日，该货物价格有上涨趋势，突然于4月21日你收到A公司的电文如下：“贵方4月1日电……我们接受。”请问：你应该如何看待A公司的接受？能否因货价看涨而不理A公司的接受？你于4月1日报出的价格是否在4月底仍然有效？

3.H公司有一批羊毛待售，4月2日公司销售部以信件的形式向某市第一纺织厂发出要约，将羊毛的数量、质量、价格等主要条款做了规定，约定若发生争议将提交某仲裁委员会仲裁，并特别注明希望在15日内得到答复。但由于工作人员疏忽，信件没有说明要约的起算日期，信件的落款也没有写日期。4月4日公司人员将信件投出，4月17日纺织厂收到信件。恰巧纺织厂急需一批羊毛，第二天即拍发电报请其准备尽快发货。邮局于4月19日送达H公司。不料H公司却因在4月18日未收到纺织厂的回信，已将羊毛卖给另一纺织厂。第一纺织厂几次催货未果，向仲裁委员会提请仲裁，要求H公司赔偿其损失。请根据《公约》规定对此案例进行分析。

项目八

国际贸易合同的履行

■学习目标

知识目标：

1. 了解出口合同履行的一般程序。
2. 了解进口合同履行的一般程序。
3. 掌握国际贸易进出口合同履行过程中的基本环节和注意事项。

能力目标：

1. 能分析某个外贸合同的履行过程。
2. 能运用本项目所学知识点解决实际问题。

在国际贸易中，买卖双方通过洽谈交易达成协议后，按国际贸易的一般习惯做法，大都需要签订一定格式的书面合同，以作为约束双方的法律依据。

在交易双方所订立的买卖合同中，都规定了合同双方当事人的权利和义务。虽然交易对象、成交条件及所选用的惯例不同，但是从每份合同中规定的当事人的基本义务来看，却是相同的。根据《公约》规定：卖方的基本义务是，按合同规定交付货物，移交与货物有关的各项单据，转移货物的所有权；买方的基本义务是，按合同规定支付货款和收取货物。

合同签订后，买卖双方都应受合同的约束，都要本着“重合同，守信用”的原则，切实履行合同规定的各项义务，如合同一方没有或没有完全履行在合同中所承担的义务，致使对方的权利受到损害时，受损害的一方可以采取适当的措施取得补偿。

为了有利于合同的履行，现将履行进出口合同的基本程序、各环节的基本内容和履行当中的注意事项等，进行介绍和说明。

任务一　出口合同履行

任务描述

在我国出口贸易中，多数以CIF条件成交，并按信用证支付方式收款。履行这种出口合同，涉及面广、工作环节多、手续繁杂且影响履行的因素很多，为了提高履约率，各外贸公司必须加强同有关部门的协作与配合，力求把各项工作做到精确细致，尽量避免出现脱节情况，做到环环扣紧、井然有序。本任务探讨在CIF条件下的出口合同的履行。

任务实施

履行出口合同的程序，一般包括备货、催证、审证、改证、租船、订舱、报关、报验、保险、装船、制单、结汇等工作环节。在这些工作环节中，以货（备货）、证（催证、审证和改证）、船（租船、订舱）、款（制单结汇）四个环节的工作最为重要。只有做好这些环节的工作，才能防止出现有货无证、有证无货、有货无船、有船无货、单证不符或违反装运期等情况。根据我国对外贸易长期实践的经验表明，在履行出口合同时，应做好下列各环节的工作：

一、备货与报验

1. 备货

备货工作的内容，主要包括按合同和信用证的要求生产加工或仓储部门组织货源和催交货物，核实货物的加工、整理、包装和数量情况，对应交的货物进行验收和清点，在备货工作中，应注意下列事项：

（1）发运货物的时间。为了保证按时交货，应根据合同和信用证对装运期的规定，并结合船期安排，做好供货工作，使船货衔接好，以防止出现船等货的情况。

（2）货物的品质、规格。交付货物的品质和规格必须符合约定的要求，如果不符，应进行筛选和加工、整理直至达到要求为准。

（3）货物的数量。必须按约定数量备货，而且应留有余地，以备必要时作调换之用，如约定可以溢短装百分之若干时，则应考虑满足溢装部分的需要。

（4）货物的包装。按约定的条件包装，核实包装是否适应长途运输和保护商品的要求，如发现包装不良或有破损，应及时修整或调换。

2. 报验

凡按约定条件和国家规定必须法定检验的出口货物，在备妥货物后，应向中国进出口商品检验局申请检验，只有经检验出具商检局签发的检验合格证书，海关才放行。凡检验不合格的货物，一律不得出口。

申请报验时，应填制出境货物报验单（如图8-1所示），向商检局办理申请报验手续。该报验单的内容，一般包括品名、规格、数量或重量、包装、产地等项，在提交报验单时，应附合同和信用证副本等有关文件，供商检局检验和发证时作参考。

中华人民共和国出入境检验检疫

出境货物报检单

报检单位（加盖公章）	上海进出口贸易公司	编号	
报检单位登记号：0500003566	联系人：李林	电话：13602063×××	报检日期 2016年5月17日

发货人	（中文）	上海进出口贸易公司
	（外文）	SHANGHAI IMPORT & EXPORT TRADE CORPORATION
收货人	（中文）	TKALA公司
	（外文）	TKALA CORPORATION

货物名称（中/外文）	H.S.编码	产地	数/重量	货物总值	包装种类及数量
棉毯 COTTON BLANKET	**********	上海	2 500件	USD 12 500	250箱

运输工具名称号码	GFRT 03524	贸易方式	一般贸易	货物存放地点	上海
合同号	HX050264	信用证号	33416852	用途	其他
发货日期		输往国家（地区）	日本	许可证／审批号	
启运地	上海	到达口岸	大阪港	生产单位注册号	
集装箱规格、数量及号码					

合同、信用证订立的检验检疫条款或特殊要求	标 记 及 号 码	随附单据（划“√”或补填）	
单据齐全；在信用证上的装船日期之前装船。		□合同 □信用证 □发票 □换证凭单 □装箱单 □厂检单	□包装性能结果单 □许可/审批文件 □ □ □ □

需要单证名称（划“√”或补填）				*检验检疫费	
□品质证书	__正__副	□植物检疫证书	__正__副	总金额（人民币元）	
□重量证书	__正__副	□熏蒸/消毒证书	__正__副		
□数量证书	__正__副	□出境货物换证凭单	__正__副		
□兽医卫生证书	__正__副	□出境货物通关单		计费人	
□健康证书	__正__副	□			
□卫生证书	__正__副	□		收费人	
□动物卫生证书	__正__副	□			

报检人郑重声明： 1.本人被授权报检。 2.上列填写内容正确属实，货物无伪造或冒用他人的厂名、标志、认证标志，并承担货物质量责任。 签名：________	领取证单	
	日期	
	签名	

注：有“*”号栏由出入境检验检疫机关填写　　　　国家出入境检验检疫局制

图8-1　出境货物报检单

当货物经检验合格时，商检局发给检验合格证书，外贸公司应在检验证规定的有效期内将货物装运出口。如在规定的有效期内不能装运出口，应向商检局申请展期，并由商检局进行复验，复验合格后，才准予出口。

二、催证、审证和改证

在履行凭信用证付款的出口合同时，应注意做好下列工作：

1.催证

在按信用证付款条件成交时，买方按约定时间开证是卖方履行合同的前提条件，尤其是大宗交易或按买方要求而特制的商品交易，买方及时开证更为必要；否则，卖方无法安排生产和组织货源，在实际业务中，由于种种原因买方不能按时开证的情况时有发生，因此，我们应结合备货情况做好催证工作，及时提请对方按约定时间办理开证手续，以便合同的履行。

2.审证

在实际业务中，由于种种原因，买方开来的信用证常有与合同条款不符的情况，为了维护我方的利益，确保收汇安全和合同的顺利履行，我们应对国外来证按合同进行认真的核对和审查，在审证时应注意下列事项：

（1）政治性、政策性审查。在我国对外政策的指导下，对不同国家和不同地区的来证从政治上、政策上进行审查。如来证国家同我国有无经济贸易往来关系，来证内容是否符合政府间的支付协定，证中有无歧视性内容等。

（2）开证行与保兑行的资信情况。为了确保安全收汇，对开证行和保兑行所在国的政治、经济状况，开证行和保兑行的资信及其经营作风等，都应注意审查，如有问题发现，应酌情采取适当的措施。

（3）信用证的性质和开证行对付款的责任。要注意审查信用证是否为不可撤销的信用证，信用证是否生效。在信用证中对开证行的付款责任是否添加“限制性”条款或其他“保留”条件。

（4）信用证金额及其采用的货币。信用证金额应与合同金额一致，如合同订有溢短装条款，则信用证金额还应包括溢短装部分的金额，来证采用的货币与合同规定的货币要一致。

（5）有关货物的记载。来证中对有关品名、数量、重量、规格、包装和单价等内容的记载，是否与合同的规定相符，有无附加特殊条款，如发现信用证与合同规定不符，应酌情作出是否接受或修改的决策。

（6）有关装运期，信用证有效期和到期地点的规定。按惯例，一切信用证都必须规定一个交单付款、承兑或议付的到期日，未规定到期日的信用证不能使用。通常，信用证中规定的到期日是指受益人最迟向出口地银行交单议付的日期。如信用证规定到期日在国外交单，由于寄单费时，且有延误的风险，一般应提请修改，否则就必须提前交单，以防逾期。装运期必须与合同规定一致，如来证太晚，无法按期装运，应及时申请国外买方延长装运期限。信用证有效期与装运期应有一定的合理间隔，以便在装运货物后有足够的时间办理制单结汇工作。信用证有效期与装运期规定在同一天的称为“双到期”。应当指出，“双到期”是不合理的，受益人是否就此提出修改，应视具体情况而定。

（7）装运单据。对来证要求提供的单据种类、份数及填制方法等，要仔细审查，如发现有不适当的规定和要求，应酌情作出适当处理。

（8）其他特殊条款。审查来证中有无与合同规定不符的其他特殊条款，如发现有对我方不利的附加特殊条款，一般不宜接受；如对我无不利之处，也可酌情灵活掌握。

知识拓展8-1

保兑行

保兑行（Confirming Bank）是指根据开证银行的请求在信用证上加具保兑的银行。保兑银行在信用证上加具保兑后，即对信用证独立负责，承担必须付款或议付的责任。保兑银行可以由通知行兼任，也可由其他银行加具保兑。当信用证规定的“单证相符，单单相符”的单据提交到保兑行时，保兑行即应承担不可撤销的付款责任。凡有另一受票银行承兑者——如信用证规定的受票银行，对于以其为付款人的汇票不予承兑，应由保兑行承兑并在到期日支付受益人出具的以保兑行为付款人的汇票。如受票银行对汇票已承兑但到期不付，则保兑行应予支付，予以议付，不得追索。保兑行在开证行不能兑付时，有必须议付或代付的责任。在已经议付或代付之后，不论开证行倒闭或无理拒付，只要出口人提交了“单证相符，单单相符”的单据后，保兑行都不能向受益人行使追索权。

3.改证

在审证过程中如发现信用证内容与合同规定不符，应区别问题的性质，分别同有关部门研究，做出妥善的处理。一般地说，如发现我方不能接受的条款，应及时提请开证人修改，在同一信用证上如有多处需要修改的，应当一次提出。对信用证中可改可不改的，或经过适当努力可以办到而并不造成损失的，则可酌情处理。对通知行转来的修改通知书内容，如经审核不能接受时，应及时表示拒绝。如一份修改通知书中包括多项内容，只能全部接受或全部拒绝，不能只接受其中一部分，而拒绝另一部分。

三、租船订舱、报关、投保

1.租船订舱

按CIF或CFR条件成交时，卖方应及时办理租船订舱工作，如系大宗货物，需要办理租船手续；如需订舱位，各外贸公司洽订舱位需要填写托运单，托运单是托运人根据合同和信用证条款内容填写的向船公司或其代理人办理货物托运的单证。船方根据托运单内容，并结合航线、船期和舱位情况，如认为可以承运，即在托运单上签章，留存一份，退回托运人一份。至此，订舱手续即告完成，运输合同即告成立。

船公司或其代理人在接受托运人的托运申请之后，即发给托运人装货单，凭单办理装船手续，装货单的作用主要有三个方面：一是通知托运人已配妥船舶、航次，装货日期，让其备货装船；二是便于托运人向海关办理出口申报手续；三是作为命令船长接受该批货物装船的通知。

货物装船以后，船长或大副则应签发收货单，即大副收据作为货物已装妥的临时收据，托运人凭此收据即可向船公司或其代理人交付运费并换取正式提单。如收货单上有大副批注，换取提货单时应将大副批注附在提单上。

2.报关

出口货物在装船出运之前，需向海关办理报关手续，出口货物办理报关时必须填写出口货物报关单（如图8-2所示），必要时还需要提供出口合同副本、发票、装箱单、重量单、商品检验证书以及其他有关证件，海关查验有关单据后，即在装货单上盖章放行，凭单装船出口。

中华人民共和国海关出口货物报关单

预录入编号：　　　　　　　　　　　　　　　　海关编号：

收/发货人 上海进出口贸易公司		出口口岸　2200 上海海关	出口日期 20160518	申报日期 20160517
生产销售单位 上海进出口贸易公司		运输方式 水路运输	运输工具名称 GFRT 03524	提运单号
申报单位 上海进出口贸易公司		监管方式 0110 一般贸易	征免性质 101 一般征税	备案号
贸易国（地区） 中国	运抵国（地区） 日本		指运港 大阪	境内货源地 其他
许可证号	成交方式 CIF	运费 502/2300/3	保费 502/60/3	杂费
合同协议号 HX050264	件数 250	包装种类 纸箱	毛重（公斤） 5 125	净重（公斤） 5 000
集装箱号	随附单据			生产厂家
标记唛码及备注 T.C OSAKA C/NO.1-250				

项号	商品编号	商品名称、规格型号	数量及单位	最终目的国（地区）	单价	总价	币制	征免
1.	**********	棉毯　货H666	500件	日本	5.5	2 750	美元	照章征税
2.	**********	棉毯　货号HX88	500件	日本	4.5	2 250	美元	照章征税
3.	**********	棉毯　货号HE21	500件	日本	4.8	2 400	美元	照章征税
4.	**********	棉毯　货号HA56	500件	日本	5.2	2 600	美元	照章征税
5.	**********	棉毯　货号HH46	500件	日本	5	2 500	美元	照章征税

图8-2　出口货物报关单

案例8-1

A公司委托其客户指定的船公司出口近50万美金的货物，涉及大额的出口退税。具体情况是，由于A公司采购时是以"盒"为单位采购的，A公司提供的报关单上也是注明"506 000 BOXES"，所以工厂的增值税发票开的也是以"506 000盒"为单位。由于船公司在重新填写报关单时将"BOXES"和"506 000"漏写，只标明"6 000KGS"，因此海关计算机上该产品的数量为"6 000千克"，导致因报关单上的内容与发票上的数量和单位不同，A公司不能正常退税。A公司要求船公司办理改单（修改报关单据），就是要在品名下注明 "506 000 BOXES"，但是由于船公司的一再拖延，导致A公司无法办理退税手续。A公司不断催促船公司办理改单，考虑到手续麻烦需要较长时间，要求对方必须在3个月内将改后的单据退还给A公司，否则要其承担由于不能正常退税造成的相关经济损失。3个月后，总算了结了此案。

案例解析：

为了报关不要发生问题，卖方在报关时需注意，最好用铅笔在报关单上注明正确的品名、数量单位等以防发生错误。

关于报关单据和改单有以下注意点：

（1）报关时应注意报关单上资料的准确性。可能由于一个资料的问题，会造成不能正常报关、正常出运、正常退单、正常退税等。

（2）注意报关单据上的单位，为了避免这样类似的事情再次发生，在海关计量单位与我们要求的计量单位不同时，需特别要加注我们所要求的单位。

（3）因为货名的英文品名太长，在报关单商品名下加注数量和单位可能会由于海关的计算机问题不能全部显示。为以防这样的事情发生，应把需要注明数量和单位的英文货名尽量简写。

（4）报关的品名与数量、单位，必须和工厂开具的增值税发票一致。

（5）报关过程中，可能会碰到我们提供的H.S的编号与货物中文品名有所出入，海关提出更改品名。但是不管怎样，都要显示我们要求的中文品名，可把中文品名加在括号内标注。

3.投保

凡按CIF条件成交的出口合同，在货物装船前，卖方应及时向中国人民保险公司办理投保手续。出口货物投保都是逐笔办量，投保人应填制投保单，将货物名称、保险金额、运输路线、运输工具、开航日期、投保险别等一一列明，为了简化投保手续，也可利用出口货物明细单或货物出运分析单来代替投保单，保险公司接受投保后，即签发保险单或保险凭证。

四、制单结汇

按信用证付款方式成交时，在出口货物装船发运之后，外贸公司应按照信用证规定，及时备妥缮制的各种单证，并在信用证规定的交单有效期内交银行办理议付和结汇手续。在制单工作中，必须高度认真、十分细致、勤勤恳恳，做到"单证相符"和

“单单一致”，以便及时、安全收汇。在办理议付结汇时，通常提交的单据有下列几种：

1. 汇票

汇票一般都是开具一式两份，只要其中一份付讫，另一份即自动失效。

2. 商业发票

商业发票简称发票（如图8-3所示），是卖方开立的载有货物的名称、数量、价格等内容的清单，是买卖双方凭以交接货物和结算货款的主要单证，也是办理进出口后，纳税所不可缺少的单证之一。

上海进出口贸易公司

SHANGHAI IMPORT & EXPORT TRADE CORPORATION

1321 ZHONGSHAN ROAD SHANGHAI，CHINA

COMMERCIAL INVOICE

TO: TKALA CORPORATION 6-7，KAWARA MACH OSAKA JAPAN	发票代码： INV NO： XH056671 DATE： MAY.16，2016 S/C NO： HX050264 L/CNO： 33416852

FROM SHANGHAI TO OSAKA PORT

MARKS & NO	DESCRIPTIONS OF GOODS	QUANTITY	UNIT PRICE	AMOUNT (USD)
T.C	COTTON BLANKET		CIF OSAKA	
OSAKA	ART NO. H666	500PCS	USD 5.5	2 750
C/NO.1-250	ART NO. HX88	500PCS	USD 4.5	2 250
	ART NO. HE21	500PCS	USD 4.8	2 400
	ART NO.HA56	500PCS	USD 5.2	2 600
	ART NO. HH46	500PCS	USD 5	2 500
	PACKED IN 250CATONS			12 500

第 联：发票联

TOTAL AMOUNT： SAY US DOLLARS TWEVE THOUSAND FIVE HUNDRED ONLY

WE HEREBY CERTIFY THAT THE CONTENTS OF INVOICE HEREIN ARE TRUE AND CORRECT

SHANGHAI IMPORT & EXPORT TRADE CORPORATION

LI LIN

图8-3 商业发票

3.海关发票

在国际贸易中，有些进口国家要求国外出口商按照进口国海关规定的格式填写海关发票，以作为估价完税或征收差别待遇关税或征收反倾销税的依据。填写海关发票时，必须格外注意下列事项：

（1）各国使用的海关发票，都有其特定的格式，不得混用。

（2）凡海关发票与商业发票上共有的项目和内容，必须一致不得互相矛盾。

（3）对“出口国国内市场价格”一栏，应按有关规定审慎处理。其价格的高低是进口国海关作为是否征收反倾销税的重要依据。

（4）如售价中包括运费或保险费，应分别列明FOB加价运费、保险费各多少，FOB价加运费应与CFR货值相等，FOB价加运费和保险费应与CIF货值相等。

（5）海关发票的签字人和证明人不能为同一个人，他们须均以个人身份签字，而且必须手签才有效。

4.领事发票

有些进口国家要求国外出口商必须向该国海关提供该国领事签证的发票，其作用与海关发票基本相似，各国领事签发领事发票时，均需收取一定的领事签证费。有些国家规定了领事发票的特定格式，有些国家规定可在出口商的发票上由该国领事签证。

5.厂商发票

厂商发票是出口厂商所出具的以本国货币计算价格，用来证明出口国国内市场的出厂价格的发票。其作用是供进口国海关估价、核税以及征收反倾销税之用，如国外来证要求提供厂商发票，应参照海关发票有关国内价格的填写办法处理。

6.海运提单

海运提单（如图8-4所示）是各种单据中最重要的单据，它是确定承运人和托运人双方权利与义务、责任与豁免的依据，各船公司所负责制的提单格式各不相同但其内容大同小异。其中包括承运人、托运人、收货人及被通知人的名称，船名、装卸港的名称，有关货物和运费的记载以及签发提单的日期、地点及份数等。

7.保险单

按CIF条件成交时，出口商应代为投保并提供保险单，保险单（如图8-5所示）的内容应与有关单证的内容衔接。例如，保险险别与保险金额，应与信用证的规定相符；保险单上的船名，装运港目的港，大约开航日期以及有关货物的记载，应与提单内容相符；保险单的签发日期不得晚于提单日期；保险单上的金额，一般应相当于发票金额加一成的金额。

<table>
<tr><td colspan="2">Shipper 托运人
SHANGHAI IMPORT & EXPORT TRADE CORPORATION
1321 ZHONGSHAN ROAD SHANGHAI，CHINA</td><td colspan="2" rowspan="5">BILL OF LADING 提单　B/L No. 提单号

COSCO

中 国 远 洋 运 输 公 司
CHINA OCEAN SHIPPING COMPANY

ORIGINAL</td></tr>
<tr><td colspan="2">Consignee 收货人
TO ORDER</td></tr>
<tr><td colspan="2">Notify Party 被通知人
TKALA CORPORATION
6-7，KAWARA MACH
OSAKA JAPAN</td></tr>
<tr><td>Pre carriage by
前程运输</td><td>Place of Receipt
nh wxm f
OSAKA CY</td></tr>
<tr><td>Ocean Vessel Voy. No.
船名航次
GFRT 03524</td><td>Port of Loading
装货港
SHANGHAI</td></tr>
<tr><td>Port of discharge
卸货港
OSAKA</td><td>Final destination
最终目的地
OSAKA</td><td>Freight payable at
运费支付地</td><td>Number original B/L
正本提单份数</td></tr>
<tr><td>Marks and Numbers
唛号和编号

T.C
OSAKA
C/NO.1-250</td><td>Number and kind of packages
包装种类及数量
Description of goods
货物描述
COTTON BLANKET
ART NO. H666
ART NO. HX88
ART NO. HE21
ART NO.HA56
ART NO. HH46
PACKED IN 250CATONS</td><td>Gross weight
毛重

5 125 KGS</td><td>Measurement
(m³) 尺寸

50 M³</td></tr>
<tr><td colspan="4">TOTAL PACKAGES (IN WORDS) 大写总件数 SAY TWO HUNDRED AND FIFTY CARTONS ONLY.</td></tr>
<tr><td colspan="2">Freight 运费
"FREIGHT PREPAID"</td><td colspan="2">Place and date of issue
签发地点与日期
SHANGHAI
MAY 20 2016
Signed for the Carrier 承运人签名
A.JERETS</td></tr>
</table>

图 8-4 海运提单

中 国 人 民 保 险 公 司

THE PEOPLE'S INSURANCE COMPANY OF CHINA

总公司设于北京　　　1949年创立

Head Office: BEIJING　　Established in 1949

发票号码　　　　保险单　　　保险单号次

Invoice No.XH056671　　INSURANCE POLICY　No.PC010-037650

中国人民保险公司（以下简称本公司）根 据

This Policy of Insurance witnesses that The People's Insurance Company of China （hereinafter called "the Company"）, at the request of

SHANGHAI IMPORT & EXPORT TRADE CORPORATION

（以下简称被保险人）的要求，由被保险人向本公司缴付约定的保险费，按照本保险单承保险别和背面所载条款与下列条款承保下述货物运输保险，特立本保险单。

（hereinafter called "the Insured"） and in consideration of the agreed premium paid to the Company by the Insured, undertakes to insure the undermentioned goods in transportation subject to the conditions of this Policy as per the Clause printed overleaf and other special clauses attached hereon.

唛头标记 Marks & Nos.	包装及数量 Quantity	保险货物项目 Description of Goods	保险金额 Amount Insured
T.C OSAKA C/NO.1-250	250 CARTONS	COTTON BLANKET	USD13 750

总保险金额：

Total Amount Insured: SAY U.S.DOLLARS THIRTEEN THOUSAND SEVEN HUNDRED AND FIFTY ONLY.

保　费：　　　　费率：　　　　装载运输工具：

Premium: as arranged Rate : as arranged Per conveyance: GFRT 03524

开行日期　　　　自　　　　至

Slg.on or abt. AS PER B/L From SHANGHAI, CHINA To OSAKA

承保险别：所保货物，如遇出险，本公司凭本保险单及其他有关证件给付赔款。所保货物，如发生本保险单项下负责赔偿的损失或事故，应立即通知本公司下述代理人查勘。

Conditions FOR 110PERCENT OF THE INVICE VALUE COERING ALL RISKS AND WAR RISK

Claims, if any, payable on surrender of this Policy together with other relevant documents. In the event of accident whereby loss or damage may result in a claim under this Policy immediate notice applying For survey must be given to the Company's Agent as mentioned hereunder:

赔款偿付地点：

Claim payable at OSAKA

日期　　　上海　　　　　　中国人民保险公司上海分公司

Date: MAY.20, 2016 Shanghai　　THE PEOPLE'S INSURANCE CO.OF CHINA

地址：中国上海中山东一路23号。　　SHANGHAI BRANCH

Address: 23 Zhongshan Dong Yi Lu Shanghai, China.

Cables: 42001 Shanghai.

Telex: 33128 PICCS CN　　　General Manager

图8-5　保险单

8.原产地证

原产地证（Certificate of Origin）是出口国的特定机构出具的证明其出口货物为该国家（或地区）原产的一种证明文件。原产地证主要分为一般原产地证和普惠制原产地证。

（1）一般原产地证（如图8-6所示）即CO，是证明货物原产于某一特定国家或地区，享受进口国正常关税（最惠国）待遇的证明文件。它的适用范围是：征收关税、贸易统计、保障措施、歧视性数量限制、反倾销和反补贴、原地产标记、政府采购等方面。可以分为两种，一种是由中国国际贸易促进委员会（简称CCPIT）签发，另一种是由中国进出口检验检疫中心（简称CIQ）签发。其中CCPIT是可以代表中国国际商会的机构，所以国外进口商要求出口方出具由中国商会签发的CO时，可以去贸促会加盖"CCPIT"的章。

自2016年1月1日起，海关总署与国家质量监督检验检疫总局将共享原产地证书相关电子数据信息。在制单结汇时，要求报关单上申报的原产地证书编号与原产地证书所载编号一致、报关单上申报商品的成交计量单位与原产地证书上对应商品的计量单位一致、报关单上申报商品的数量不能大于原产地证书上对应商品的数量、报关单上的申报日期应当在原产地证书的有效期内、一份原产地证书应当对应一份出口报关单。

（2）普惠制原产地证（如图8-7所示）即FORM A，是在给惠国税率基础上进一步减免进口关税的官方凭证。给予我国普惠制待遇的国家有：比利时、丹麦、英国、德国、法国、爱尔兰、意大利、卢森堡、荷兰、希腊、葡萄牙、西班牙、奥地利、芬兰、瑞典、波兰、捷克、斯洛伐克、拉脱维亚、爱沙尼亚、立陶宛、匈牙利、马耳他、塞浦路斯、斯洛文尼亚、保加利亚、罗马尼亚、挪威、瑞士、土耳其、俄罗斯、白俄罗斯、乌克兰、哈萨克斯坦、日本、加拿大、澳大利亚、新西兰、奥地利、克罗地亚、列支郭士登。

凡是向给惠国出口受惠商品，均须提供普惠制原产地证，才能得到关税减免的优惠，所以不管来证是否要求提供这种产地证，我出口商均应主动提交。普惠制原产地证的书面格式名称为格式A（Form A）。但对新西兰还须提供格式59A（Form 59A），对澳大利亚不用任何格式，只须在商业发票上加注有关声明文句。在我国，普惠制原产地证由进出口商品检验局签发。

9.检验证书

检验证书包括品质检验证书、重量检验证书、数量检验证书、兽医检验证书、卫生检验证书、价值检验证书和残损检验证书等，提供何种检验证书，应事先在检验条款中作出明确的规定。

10.装箱单和重量单

装箱单（如图8-8所示）须列明每批货物的逐件花色搭配，重量单则列明每件货物的净重和毛重。这两种单据可用来补充商业发票内容的不足，便于进口国海关检验和核对货物。

ORIGINAL

<table>
<tr><td colspan="3">1.Exporter
SHANGHAI IMPORT & EXPORT TRADE CORPORATION
1321 ZHONGSHAN ROAD SHANGHAI，CHINA</td><td colspan="2" rowspan="2">Certificate No.
CERTIFICATE OF ORIGIN
OF
THE PEOPLE'S REPUBLIC OF
CHINA</td></tr>
<tr><td colspan="3">2.Consignee
KALA CORPORATION
6-7，KAWARA MACH
OSAKA JAPAN</td></tr>
<tr><td colspan="3">3.Means of transport and route
PORT OF LOADING：SHANGHAI
PORT OF DISCHARGE：OSAKA
VESSEL：GFRT 03524
MAY.20，2016</td><td colspan="2" rowspan="2">5.For certifying authority use only</td></tr>
<tr><td colspan="3">4.Country / region of destination
JAPAN</td></tr>
<tr><td>6.Marks and numbers</td><td>7.Number and kind of packages；description of goods</td><td>8.H.S.Code</td><td>9.Quantity</td><td>10.Number and date of invoices</td></tr>
<tr><td>T.C
OSAKA
C/NO.1-250</td><td>COTTON BLANKET
ART NO. H666
ART NO. HX88
ART NO. HE21
ART NO.HA56
ART NO. HH46
PACKED IN 250 CATONS</td><td>**********</td><td>2 500PCS</td><td>XH056671
MAY.16，2016</td></tr>
<tr><td colspan="2">11.Declaration by the exporter
The undersigned hereby declares that the above details and statements are correct，that all the goods were produced in China and that they comply with the Rules of Origin of the People's Republic of China.
SHANGHAI IMPORT & EXPORT TRADE CORPORATION
1321 ZHONGSHAN ROAD SHANGHAI，CHINA
LI LIN</td><td colspan="3">12.Certification
It is hereby certified that the declaration by the exporter is correct.</td></tr>
<tr><td colspan="2">Place and date，signature and stamp of authorized signatory</td><td colspan="3">Place and date，signature and stamp of certifying authority</td></tr>
</table>

图 8-6　一般原产地证

ORIGINAL

<table>
<tr><td colspan="3">1.Goods consigned from (Exporter's business name, address, country)
SHANGHAI IMPORT & EXPORT TRADE CORPORATION
1321 ZHONGSHAN ROAD SHANGHAI, CHINA</td><td colspan="3" rowspan="2">Reference No.
GENERALIZED SYSTEM OF PREFERENCES
CERTIFICATE OF ORIGIN
(Combined declaration and certificate)
FORM A
(country) THE PEOPLE'S REPUBLIC OF CHINA
See Notes overleaf</td></tr>
<tr><td colspan="3">2.Goods consigned to (Consignee's name, address, country)
KALA CORPORATION
6-7, KAWARA MACH
OSAKA JAPAN</td></tr>
<tr><td colspan="3">3.Means of transport and route (as far as known)
PORT OF LOADING: SHANGHAI
PORT OF DISCHARGE: OSAKA
VESSEL: GFRT 03524
MAY.20, 2016</td><td colspan="3">4.For official use</td></tr>
<tr><td>5.Item number
1</td><td>6.Marks and numbers of packages
T.C
OSAKA
C/NO.
1-250</td><td>7.Number and kind of packages; description of goods
COTTON BLANKET
ART NO. H666
ART NO. HX88
ART NO. HE21
ART NO.HA56
ART NO. HH46
PACKED IN 250 CATONS</td><td>8.Origin criterion (see Notes overleaf)
P</td><td>9.Gross weight or other quantity
5 125 KGS</td><td>10.Number and date of invoices
XH056671
MAY.16, 2016</td></tr>
<tr><td colspan="3">11.Certification
It is hereby certified, on the basis of control carried out, that the declaration by the exporter is correct.
由当局签章</td><td colspan="3">12.Declaration by the exporter
The undersigned hereby declares that the above details and statements are correct, that all the goods were
produced in ____________
(country)
and that they comply with the origin requirements specified for those goods in the Generalized System of Preferences for goods exported to</td></tr>
<tr><td colspan="3">Place and date, signature and stamp of certifying authority</td><td colspan="3">Place and date, signature and stamp of authorized signatory</td></tr>
</table>

图 8-7 普惠制原产地证

上海进出口贸易公司 SHANGHAI IMPORT & EXPORT TRADE CORPORATION PACKING LIST					
TO:KALA CORPORATION 6-7, KAWARA MACH OSAKA JAPAN			INV NO: XH056671 DATE: MAY 16, 2016 S/C NO: HX050264 L/C NO: 33416352		
GOODS DESCRIPTION & PACKING	QTY (SET)	CTNS	G.W (KGS)	N.W (KGS)	MEAS (M^3)
COTTON BLANKET ART NO. H666 ART NO. HX88 ART NO. HE21 ART NO.HA56 ART NO. HH46 PACKED IN 250CATONS	500PCS 500PCS 500PCS 500PCS 500PCS	50 50 50 50 50	20.5/CTN	20/CTN	0.2/CTN
TOTAL	2 500PCS	250	5 125	5 000	50

SAY PACKED IN 250 CATONS ONLY.

SHANGHAI IMPORT & EXPORT TRADE CORPORATION

LI LIN

图8-8 装箱单

11.制单结汇应注意的问题

在这里，需要特别强调指出的是，提高单证质量，对保证安全、迅速收汇有着十分重要的意义。特别是在信用证付款条件时，实行的是单据和货款对流的原则，单证不相符，单单不一致，银行和进口商就可能拒收单据和拒付货款。因此，缮制结汇单据时，要求做到以下几点：

（1）正确。单据内容必须正确，既要符合信用证的要求，又要能真实反映货物的实际情况，且各单据的内容不能相互矛盾。

（2）完整。单据份数应符合信用证的规定，不可缺少。单据本身的内容应当完备，不能出现项目短缺情况。

（3）及时。制单应及时，以免错过交单日期或信用证有效期。

（4）简明。单据内容应按信用证要求和国际惯例填写，力求简明，切勿加列不必要的内容。

（5）整洁。单据的布局要美观大方，缮制或打印的字迹要清楚醒目，不能轻易更改，尤其对金额、件数和重量等，更不宜改动。

为了做好各个环节的工作，并使其互相衔接，做到环环扣紧，防止出现脱节现象，我们必须根据多年来行之有效的经验，做好“三平衡”的工作。

所谓“三平衡”就是以信用证为对象，根据信用证规定的装运期和信用证有效期的远近，结合货源、船源情况，分出轻重缓急。力争做到货、证、船三方面的衔接和平衡，防止出现有货无船、有船无货、拖延装运或制单结汇赶不上在信用证有效内进行等现象，做好上述“三平衡”的工作，使货、证、船三方面互相衔接、环环扣紧，有利于提高履约率和经济效益。

在履行凭信用证付款的CIF出口合同时，上述环节是不可缺少的，但在履行按其他付款方式或其他贸易术语成交的出口合同时，其工作环节则有所不同。例如，在采用汇付或托收的情况下，就没有我方催证、审证和改证的工作环节。在履行CFR出口合同时，就没有我方负责投保的工作，在履行FOB出口合同时，我方既无负担租船订舱的任务，也无投保货物运输险的责任。由此可见，履行出口合同的环节和工作内容，主要取决于合同的类别及其所采用的支付方式。

此外，在履行出口合同过程中，如因国外买方未按时开证或未按合同规定履行义务，致使我方遭受损失，我方应根据不同对象、不同情况及损失程度，有理有据地及时向对方提出索赔，以维护我方的正当权益。

当外商对我方交货的品质、数量、包装指出不符合约定的条件或我方未按时装运，致使对方蒙受损失而向我方提出索赔时，我方应在调查研究的基础上，查明事实，分清责任，酌情作出适当的处理。如确属我方责任，我们应实事求是地予以赔偿：如属外商不合理的要求，我们必须以理拒赔。

五、出口结汇的方式与收汇核销

1.出口结汇的方式

出口结汇，是指外汇收款人将外汇卖给银行，银行按照外币的汇率支付给等值的人民币。凡未有规定或未经核准可以保留现汇的经常项目项下的外汇收入必须办理结汇。

出口结汇的方式有三种：

（1）收妥结汇。

收妥结汇又称“先收后付”，是指议付行收到出口公司的出口单据后，经审查无误，将单据寄交国外付款行索取货款，待收到付款行将货款拨入议付行账户通知书时，即按当时外汇牌价，折成人民币拨给出口公司，目前，我国银行一般采用收妥结汇方式，尤其是对于可以电报索汇的信用证业务，因为在电汇索汇时，收汇较快，一般都短于规定的押汇时间。

（2）定期结汇。

定期结汇是指议付行根据向国外付款行索偿所需时间，预先确定一个固定的结汇期限（7到14天不等），到期后主动将票款金额折成人民币拨交出口企业。

（3）出口押汇。

出口押汇也称“买单结汇”或“议付”，是指议付行在审单无误的情况下，按信用证条款买入受益人（出口公司）的汇票和单据，从票面金额中扣除从议付日到估计收到票款之日的利息，将余款按议付日牌价，折成人民币拨给出口公司。议付行向受益人垫付资金，买入跟单汇票后，即成为汇票持有人，可凭票向付款行索取票款。银行同意做出口押汇，是为了对出口公司提供资金融通，有利于出口公司的资金周转。

2.收汇核销

收汇核销，是指国家外汇管理部门在每笔出口业务结束后，对出口是否安全、及时收取外汇以及其他有关业务情况进行监督管理的业务。收汇核销是国家为加强出口收汇管理，确保国家外汇收入，防止外汇流失，指定外汇管理部门对出口企业贸易项下的外汇收入情况进行监督检查的一项制度。

外汇结单一定要正确、完整、及时、简明、整洁。对不同的结款方式要注意有关事宜。目前我国国家外汇管理局规定："允许外汇指定银行对境内出口单位通过福费廷业务（外汇指定银行从境内出口企业处，无追索权地买断由境外进口国/地区的银行担保/承兑的远期汇票/本票）方式取得的外汇资金，在按规定办理结汇或入账手续时，为出口单位出具出口收汇核销专用联，供出口单位办理出口收汇核销和退税手续。"

出口企业向国外买方或银行提交全套合格单据并按时收回货款后，按照我国的外汇管理 规定，还必须进行出口收汇核销。出口企业一般会在结关出口后10~30天左右取得海关审核签发（注）的出口收汇核销单、出口报关单、出口收汇核销证明联以及出口报关单、出口退税证明联等凭证，即可向外汇管理局办理出口收汇核销业务。由于我国实行出口收汇核销与出口退税挂钩的原则，出口企业只有办理完出口收汇核销并取得核销单退税专用联等退税凭证后方可到税务机关进行退税。

知识拓展8-2

出口退税

出口退税是指在国际贸易中货物输出国对输出境外的货物免征其在本国境内消费时应缴纳的税金或退还其按本国税法规定已缴纳的税金（增值税、消费税）。这是国际贸易中通常采用的、并为各国所接受的一种税收措施。

（一）出口退税的条件：

（1）必须是增值税、消费税征收范围内的货物。

（2）必须是报关离境出口的货物。

（3）必须是在财务上作为出口销售处理的货物。

（4）必须是已收汇并经核销的货物。

（二）出口退税的特点：

（1）它是一种收入退付行为。

（2）它具有调节职能的单一性。

（3）它属于间接税范畴内的一种国际惯例。

（三）出口退税登记的一般程序如下：

（1）有关证件的送验及登记表的领取企业在取得有关部门批准其经营出口产品业务的文件和工商行政管理部门核发的工商登记证明后，应于30日内办理出口企业退税登记。

（2）退税登记的申报和受理企业领到"出口企业退税登记表"后，即按登记表及有关要求填写，加盖企业公章和有关人员印章后，连同出口产品经营权批准文件、工商登记证明等证明资料一起报送税务机关，税务机关经审核无误后，即受理登记。

（3）填发出口退税登记证税务机关接到企业的正式申请，经审核无误并按规定的程序批准后，核发给企业"出口退税登记证"。

（4）企业经营状况发生变化或某些退税政策发生变动时，应及时根据实际需要进行变更或注销退税登记。

（四）政策解读

2016年，按照《财政部、国家税务总局关于提高机电、成品油等产品出口退税率的通知》（财税〔2016〕113号）的规定，包括车用汽油、航空汽油、柴油等能源类产品，真空泵、电动钻、液体提升机等机械类产品，电子分色机、家用型洗碟机等电子及家电类产品，带动力装置的玩具及模型等轻工类产品等共计418种产品提高了出口退税率，涉及产品可谓十分丰富。有关专家认为，调整这些产品增值税出口退税率，传递出两大积极信号：一是稳定出口，有效扩大外需；二是确保我国外贸企业和国际企业处于同等起跑线，提高我国产品的出口竞争力。

知识拓展8-3

国家税务总局公告（2016年第22号）

关于延长2016年出口退（免）税相关业务申报期限的公告

为深入开展"便民办税春风行动"，进一步优化服务，支持出口企业持续健康发展，税务总局经研究决定，延长2016年出口退（免）税相关业务的申报期限。具体公告如下：

一、出口企业2015年1月1日以后出口的适用出口退（免）税政策的货物、劳务和服务，申报出口退（免）税的期限延长至2016年6月增值税纳税申报期截止之日。逾期申报的，主管国税机关不再受理出口企业的退（免）税申报，出口企业应于2016年7月增值税纳税申报期之内按规定向主管国税机关申报免税；未按规定申报免税的，应按规定缴纳增值税。

二、出口企业从事进料加工业务的，向主管国税机关申请办理2015年度进料加工业务核销手续的期限延长至2016年6月20日。

三、出口企业从事来料加工委托加工业务的，向主管国税机关申请办理2015年度来料加工出口货物免税核销手续的期限延长至2016年7月15日。

四、委托出口货物的，受托方向主管国税机关申请开具《代理出口货物证明》的期限延长至2016年6月15日。如果属于按规定需要开具《委托出口货物证明》的，委托方向主管国税机关申请开具《委托出口货物证明》的期限延长至2016年5月15日。

五、本公告所称出口企业是指适用出口退（免）税政策的出口企业、其他单位和增值税零税率应税服务提供者。

国家税务总局

2016年4月7日

资料来源　根据国家税务总局网站相关资料整理得来。

任务二　进口合同履行

任务描述

在我国的进口合同中，大多数是使用FOB价格条件成交，只有少部分进口商品使用CIF条件。支付条件绝大多数是使用信用证方式。进口合同格式一般由我方备制，一式两份，经我方签章后，递交对方签回一份留档备查。国际贸易合同一经成立，进口商必须按照合同规定履行合同，及时接运货物并支付货款。因国际贸易合同涉及成交方式和支付方式不同，进口商承担的具体责任和义务也各不相同。本任务以成交方式为FOB条件，支付方式以L/C的合同为例，来介绍进口合同的履行。

任务实施

履行进口合同的主要环节是：开立信用证、租船订舱和接运货物、办理货运保险、审单付款、报关提货、验收和拨交货物、进口索赔。在整个进口货物合同的履行过程中，买方最关注的就是能否按时收到符合合同要求的货物。注意下述几个问题，可能有助于买方达到目的，并保障自己的利益。

一、开立信用证

信用证是依据商业合同开立的，用来保证合同按约执行的银行信用保证。信用证主要条款依据合同开立，但同时它又有相对的独立性。只要单证相符、单单相符，开证行必须付款。与合同执行过程中是否存在纠纷没有直接关系。合同的主要条款有品名条款、品质条款 、数量条款、包装条款、价格条款、装运条款 、保险条款、支付条款、检验条款、索赔条款、不可抗力条款、仲裁条款等。信用证的开立依据合同的条款，但信用证已经开出，就成为独立于合同以外的另外一种契约，不受买卖合同的限制。

买方开立信用证是履行合同的前提条件，因此，签订进口合同后，应按合同规定办理开证手续，如合同规定在收到卖方货物备妥通知或在卖方确定装运期后开证，则我们应在接到上述通知后及时开证；如合同规定在卖方领到出口许可证或支付履约保证金后开证，则我方应在收到对方已领到许可证的通知，或银行通知履约保证金已付讫后开证。买方向银行办理开证手续时，必须按合同内容填写开证申请书，银行则按开证申请书内容开立信用证，因此，信用证内容是以合同为依据开立的，它与合同内容应当一致。

卖方收到信用证后，如要求延长装运期和信用证有效期或变更装运港等，则须征求我方的许可，若我方同意对方的请求，即可向银行办理改证手续。

知识拓展8-4

信用证的开立

进口方与出口方签订国际贸易货物进出口合同（如图8-9所示）并确认以信用证为结算方式后，即由进口方向有关银行申请开立信用证。开证申请是信用证处理实务的第一个环节，进口方应根据合同规定的时间或在规定的装船日期前的一定时间内申请开证，并填制开证申请书。开证行根据有关规定收取开证押金和开证费用后开出信用证。开证申请人（进口方）在向开证行申请开证时必须填制开证申请书（如图8-10所示）。开证申请书是开证申请人对开证行的付款指示，也是开证申请人与开证行之间的一种书面契约，它规定了开证申请人与开证行的责任。在这一契约中，开证行只是开证申请人的付款代理人。开证申请书通常为一式两联，申请人除填写正面内容外，还须签订背面的“开证申请人承诺书”（如图8-11所示）。

上海进出口贸易公司

SHANGHAI IMPORT & EXPORT TRADE CORPORATION

1321 ZHONGSHAN ROAD SHANGHAI，CHINA

SALES CONTRACT

S/C No（合同号）：XH050264

DATE（合同日期）：MAR，12，2016

To:　TKALA CORPORATION

6-7，KAWARA MACH

OSAKA JAPAN（买方）

Dear Sirs,

We hereby confirm having sold to you the following goods on terms and conditions as specified below:

MARKS & NO 唛头/号码	DESCRIPTIONS OF GOODS 货物描述	QUANTITY 件数	UNIT PRICE 单价	AMOUNT 总价
T.C OSAKA C/NO.1-250	COTTON BLANKET ART NO. H666 ART NO. HX88 ART NO. HE21 ART NO.HA56 ART NO. HH46 PACKED IN 250CATONS	500PCS 500PCS 500PCS 500PCS 500PCS	CIF OSAKA USD 5.5 USD 4.5 USD 4.8 USD 5.2 USD 5	USD 2 750 USD 2 250 USD 2 400 USD2 600 USD2 500. USD12 500

LOADING PORT（装运港）：SHANGHAI

DESTINATION（目的港）：OSAKA PORT

PARTIAL SHIPMENT（分批装运）：PROHIBITED

TRANSHIPMENT（转运）：PROHIBITED

PAYMENT（支付方式）：L/C AT SIGHT

INSURANCE（保险条款）：FOR 110PERCENT OF THE INVICE VALUE COERING ALL RISKS AND WAR RISK

TIME OF SHIPMENT（装运期）：LATEST DATE OSHIPMENT MAY.26，2016

THE BUYER 买方　　　　THE SELLER 卖方

TKAMLA CORPORATION　　　　SHANGHAI IMPORT&EXPORT TRAD CORPORATION

图8-9　国际贸易货物进出口合同

上海农村信用合作联社

开立跟单信用证申请书

<table>
<tr><td colspan="2">To: SHANGHAI CREDIT UNION
致：上海农村信用合作联社</td><td>Credit No. 信用证号码</td></tr>
<tr><td colspan="2">Applicable Rules 适用规则</td><td rowspan="2">Expiry Date and Place 有效期及地点
in the country of Beneficiary at Issuing Bank's counter
在受益人所在国家 在开证行柜台</td></tr>
<tr><td colspan="2">Applicant 申请人</td></tr>
<tr><td colspan="2">Advising Bank (if blank, at your option) 通知行</td><td>Beneficiary (with full name and address)
受益人（全称和详细地址）</td></tr>
<tr><td>Partial shipments 分批装运
allowed 允许
not allowed 不允许</td><td>Transshipment 转运
allowed 允许
not allowed 不允许</td><td>Amount (in figures & words) 金额（大、小写）</td></tr>
<tr><td colspan="2">Pl of Tking in Chrg/of Rceipt 接管地
Port of loading (/Airport of Dep 起运港
Port of Discharge/Airport of Dest 卸货港
Pl of Final Dest/of Delivery 目的地
Not later than 不得迟于</td><td rowspan="2">Credit available with 此证可由____________银行
By 凭 □sight payment 即期付款 □acceptance 承兑
□negotiation 议付
□__________deferred payment 迟期付款
against the documents detailed herein 连同下列单据
□and beneficiary's draft (s) at□___day (s) sight
□___day from/after B/L date
drawn on__________for_____% of invoice value
受益人按发票金额___%，以__________为付款人，期限为_____天的汇票。</td></tr>
<tr><td colspan="2">Terms 价格条款
□FOB □CFR □CIF
Or other terms 其他价格条款</td></tr>
<tr><td colspan="3">Documents required (marked with "×") 所需单据（"×"标明）
□Signed Commercial Invoice in copies indicating L/C No. And Contract No._____.
□Full set of clean on board ocean bills of lading made out to order and blank endorsed, marked "freight" [ ] prepaid/ [ ] to collect " [ ] showing freight amount and notifying__________."
□Clean Airway bill consigned to____marked "freight [ ] prepaid/ [ ] to collect" notifying___________.
□Insurance policy/Certificate in duplicate for_____% of the invoice value, blank endorsed, showing claims payable at
□Destination in the currency of the draft, covering All risks, War risk and___________.
□Packing list/Weight Memo in_____copies indicating quantity, gross and net weight of each package.
□Certificate of Quantity/Weight in___copies issued by manufacturer.
□Certificate of Quality in___copies issued by [ ] manufacturer/ [ ] public recognized survey or/ [ ] _____.
□Certificate of Origin in___copies issued by_________.
□Beneficiary's certified copy of fax/telex dispatched to applicant within_____day (s) after Shipment advising L/C No.___, name of vessel, date of shipment, name, quantity, weight and weight and value of goods.
□Other documents, if any.

□Description of goods.

□Additional instructions: All banking charges outside the Issuing Bank including reimbursing charges are for account of beneficiary.
□Documents must be presented within_____days after date of issuance of the transport document but within
□The validity of the Credit.
□Third party as shipper is not acceptable.
□Short form/Blank back B/L is not acceptable
□Both quantity and Credit amount_____% more or less allowed.
□Other terms and conditions, if any.</td></tr>
</table>

Date 日期：

图8-10 开证申请书

上海农村信用合作联社

SHANGHAI CREDIT UNION

开证申请人承诺书

致：上海农村信用合作联社

我公司已依法办妥一切必要的进口手续，兹谨请贵社为我公司依照本申请书所列条款开立第　　号国际货物买卖合同项下不可撤销跟单信用证，并承诺如下：

一、同意贵社依照国际商会第600号出版物《跟单信用证统一惯例》办理该信用证项下一切事宜，并同意承担由此产生的一切责任。

二、及时提供贵社要求的我公司提供的真实、有效的文件及资料，接受贵社的审查监督。

三、在贵社规定期限内支付信用证项下的各项款项，包括货款及贵社和有关银行的各项手续费、杂费、利息及国外受益人拒绝承担的有关银行费用。

四、在贵社到单通知书中规定的期限之内，书面通知贵社办理对外付款/承兑/确认迟期付款/拒付手续。否则，贵社有权自行确定对外付款/承兑/确认迟期付款/拒付，并由我公司承担全部责任。

五、我公司如因单证有不符之处而拟拒绝付款/承兑/确认迟期付款时，将在贵社到单通知书中规定期限内向贵社提出拒付请求，并附拒付理由书一式两份，一次列明所不符点。对单据存在不符点，贵社有独立的终结认定权和处理权。经贵社根据国际惯例审核认为不属可据以拒付的不符点，贵社有权主动对外付款/承兑/确认迟期付款，我公司对此放弃抗辩权。

六、该信用证如需修改，由我公司向贵社提出书面申请，由贵社根据具体情况确定能否办理修改。我公司确认所有修改当由受益人接受时才能生效。

七、经贵社承兑的远期汇票或确认的迟期付款，我公司无权以任何理由要求贵社止付。

八、按上述承诺，贵社在对外付款时，有权主动借记我公司在贵社的账户款项。若发生任何形式的垫付，我公司将无条件承担由此而产生的债务、利息和费用等，并按贵社要求及时清偿。

九、在收到贵社开出信用证、修改书的副本以后，及时核对，如有不符之处，将在收到副本后的两个工作日内书面通知贵社。否则，视为正确无误。

十、该信用证如因邮寄、电讯传递发生遗失、延误、错漏，贵社概不负责。

十一、本申请书一律用英文填写。如用中文填写而引发的歧义，贵社概不负责。

十二、因申请书字迹不清或词意含混而引起的一切后果均由公司负责。

十三、如发生争议需要诉讼的，同意由贵社所在地法院管辖。

十四、我公司已对开证申请书及承诺书各印就条款进行审慎研阅，对各条款含义与贵社理解一致。

同意受理

申请人（盖章）　　　　市联社（盖章）

法定代表人或授权代理人　　　　负责人或授权代理人

年　月　日　　　　年　月　日

图8-11　开证申请人承诺书

二、租船订舱、接运货物

1.租船订舱

按FOB条件签订进口合同时，应由买方安排船舶，如买方自己没有船舶，则应负责租船订舱或委托租赁代理办理租船订舱手续。当办妥租船订舱手续后，应及时将船名及船期通知卖方，以便卖方备货装船，避免出现船等货的情况。

2.接运货物

买方备妥船后，应做好催装工作，随时掌握卖方备货情况和船舶动态，催促卖方做好装船准备工作。对于数量大或重要的进口货物，必要时可请我方驻外机构就地协助了解和督促对方履约，或派相关人员前往出口地点检验监督，以便接运工作的顺利进行。

三、办理货运保险

按FOB条件成交的进口货物，由我方进口企业自行办理保险。当接到卖方的装运通知后，应及时将船名、提单号、开航日期、装运港、目的港以及货物的名称和数量等内容通知中国人民保险公司，办妥投保手续。保险公司按保险合同的规定对货物负自动承保的责任。为简化投保手续和避免漏保，一般采用预约保险的做法，即被保险人和保险人就保险标的物的范围、险别、责任、费率以及赔款处理等条款签订长期性的保险合同。投保人在获悉每批货物起运时，应将船名、开船日期及航线、货物品名及数量、保险金额等内容，书面定期通知保险公司。保险公司对属于预约保险合同范围内的商品，一经起运，即自动承担保险责任。未与保险公司签订预约保险合同的进口企业，则采用逐笔投保的方式，在接到国外出口方的装船通知或发货通知后，应立即填写装货通知或投保单，注明有关保险标的物的内容、装运情况、保险金额和险别等交保险公司，保险公司接受投保后签发保险单。

四、审单付款

货物装船后，卖方即凭提单等有关单据向当地银行议付货款，当议付行寄来单据后，经银行审核无误即通知买方付款赎单。如经银行配合审单发现单证不符或单单不符，应分别按实际情况进行处理。处理的方法有很多种，例如，拒付货款；相符部分付款，不符部分拒付；货到检验合格后再付款；凭卖方或议付行出具担保付款，在付款的同时提出保留索赔权。

1.原则

根据“单证一致”和“单单一致”的原则，对照信用证的条款，核对单据的种类、份数和内容。如相符，即由开证银行向国外付款，并通知进口商按当日外汇牌价付款赎单。

2.“单证不符”和“单单不符”的处理方法

（1）由开证银行向国外银行提出异议，根据不同情况采取必要的处理办法。

（2）由国外银行通知卖方更正单据。

（3）由国外银行书面担保后付款。

（4）拒付。

3.审单的期限

银行审单的期限是收到单据的次日起7个工作日之内审单完毕。

4.审单的要点

最基本的是整套单据的一致性。银行收到国外寄来的汇票及单据后，对照信用证的规定，核对审据的份数和内容。如内容无误，银行对国外付款。

5.审核单据中常见的不符点

主要是审核与信用证的不符处：汇票、发票、保险单、提单等。

五、报关提货

买方付款赎单后，货物运抵目的港，即应及时向海关办理申报手续。在货物进口通关业务中，不同的进口贸易方式（加工贸易货物进口、一般贸易货物进口、货物暂时进口）通关业务规范及要求单证有很大不同。为此，通关操作人员在办理进口报关工作前，必须详细阅读相关贸易单证，做好进口报关的准备工作。

在进口报关工作阶段，需要报关操作员确认货物商品编码，确认该进口商品是否为法检商品及其进口检验检疫类别，同时应查阅海关税则，确认进口税率及货物需要的监管条件。

办理进口货物报关，需提供的其他单证还包括国外发票、装箱清单、提（运）单、代理报关委托协议、进口许可证以及经我国出入境检验检疫局签发的入境货物通关单。经海关查验有关单据、证件和货物，并在提单上签章放行后，即可凭单提货。

六、验收和拨交货物

凡属进口的货物，都应认真验收，如发现品质、数量或包装有问题应及时取得有效的检验证明，以便向有关责任方提出索赔或采取其他补救措施。对于需要法定检验的进口货物，必须向卸货地或到达地的商检机构报验，未经检验的货物，不准销售和使用。为了在规定时效内对外提出索赔，凡属下列情况的货物，均应在卸货港口就地报验：

（1）合同订明须在卸货港检验的货物。

（2）货到检验合格后付款的货物。

（3）合同规定的索赔期限很短的货物。

（4）卸货时已发现残损、缺少或有异状的货物。

如无上述情况，而用货单位不在港口的，可将货物转运至用货单位所在地，由其自选验收，验收中如发现问题，应及时请当地商检机构出具检验证明，以便在索赔有效期内对外提出索赔。货物进口后，应及时向用货单位办理交货手续。如用货单位在卸货港所在地，则就近拨交货物；如用货单位不在卸货地区，则委托货运代理将货物转运，并拨交给用货单位。在货物拨交后，外贸公司再与用货单位进行结算。

在履行凭信用证付款的FOB进口合同时，上述各项基本环节是不可缺少的，但是在履行凭其他付款方式或其他贸易术语成交的进口合同时，则其工作环节有别。例如：在采用汇付或托收的情况下，就不存在买方开证的工作环节。在履行CFR进口合同时，买方则不负责租船订舱，此项工作由卖方办理。在履行CIF进口合同时，买方不仅不承担货物从装运港到目的港的运输任务，而且不负责办理货运投保手续，此项工作由卖方按约定条件代为办理，这就表明，履行进口合同的环节和工作内容，主要取决于合同的类别及其所采取的支付条件。

七、进口索赔

此外，在履行进口合同过程中，往往因卖方未按期交单或货到后发现品质、数量和包装等方面有问题，致使买方遭受损失，而需向有关方面提出索赔。进口索赔事件虽不是每笔交易都会发生，但为了维护我方的利益，我们对此项工作应当常备不懈、随时注意，一旦出现卖方违约或发生货运事故，应切实做好进口索赔工作。为此，我们必须注意下列事项：

1.在查明原因，分清责任的基础上确定索赔对象

根据事故性质和致损原因的不同，向责任方提出索赔。例如，凡属原装短少和品质、规格与合同不符，应向卖方提出索赔；货物数量少于提单所载数量，或在签发清洁提单情况下货物出现残损短缺，则应向承运人索赔；由于自然灾害、意外事故而使货物遭受承保险别范围内的损失，则应向保险公司索赔。

2.提供索赔证据

为了保证索赔工作的顺利进行，必须提供切实有效的证据，如事故记录、短卸或残损证明和联检报告等，必要时还可提供物证或实物照片等。

3.掌握索赔期限

向责任方提出索赔，应在规定的期限内提出。过期提出索赔无效。在合同内一般都规定了索赔期限：向卖方索赔，应在约定期限内提出。如合同未规定索赔期限，则按《联合国国际货物销售合同公约》规定，为买方实际收到货物之日起两年。向船公司索赔的时限，按《海牙规则》的规定，是货物到达目的港交货后一年。向保险公司索赔的时限，按照中国人民保险公司规定，为货物在卸货全部卸离海轮后两年。

4.索赔金额

索赔金额应适当确定，除包括受损商品价值外，还应加上有关费用（如检验费等）。索赔金额究竟多少，其中究竟包括哪些费用，应视具体情况而定。

项目小结

国际贸易合同的履行因其具有跨国性而比国内贸易合同的履行复杂得多，其中包括费用的支付、运输问题、保险问题、海关检验以及索赔的事项等等。在国际贸易中，买卖合同一经依法有效成立，有关当事人必须履行合同规定的义务。所以，履行合同是当事人双方共同的责任。

项目训练

一、填空题

1.履行出口合同的程序中，________、________、________、________四个环节的工作最为重要。

2.备货主要应该注意：________、________、________、________。

3.缮制结汇单据时，要求做到以下几点：________、________、________、______、________。

4.在货物到港后，买方凭借________提货。

5.在我国的进口合同中，大多数是使用________价格条件成交。

6.根据《公约》规定：卖方的基本义务是________________。

7.根据《公约》规定：买方的基本义务是________________。

8.按________、________术语成交时，卖方应及时办理租船订舱工作。

二、判断题

1.必须按约定数量备货，而且应留有余地，以备必要时作为调换之用，如约定可以溢短装百分之若干时，不用考虑满足溢装部分的需要。（　　）

2.凡按CIF条件成交的出口合同，在货物装船前，买方应及时向中国人民保险公司办理投保手续。（　　）

3.在制单工作中，必须高度认真、十分细致、勤勤恳恳，做到“单证相符”和“单单一致”。（　　）

4.按FOB条件签订进口合同时，应由买方安排船舶或负责租船订舱。（　　）

5.在我国的进口合同中，大多数是使用FOB价格条件成交，只有少部分进口商品使用CIF条件，支付条件绝大多数是使用信用证方式。（　　）

三、单项选择题

1.（　　）是卖方开立的载有货物的名称、数量、价格等内容的清单，是买卖双方凭以交接货物和结算货款的主要单证，也是办理进出口通关、纳税所不可缺少的单证之一。

A.发票　　B.汇票　　C.提单　　D.信用证

2.（　　）是各种单据中最重要的单据，它是确定承运人和托运人双方权利与义务、责任与豁免的依据。

A.发票　　B.汇票　　C.提单　　D.信用证

3.在我国的进出口合同中，支付条件绝大多数是使用（　　）方式。

A.汇付　　B.托收　　C.信用证　　D.汇款

4.按（　　）条件签订进口合同时，应由买方安排船舶，如买方自己没有船舶，则应负责租船订舱或委托租赁代理办理租船订舱手续。

A.FOB　　B.DAT　　C.CFR　　D.CIF

5.按（　　）条件成交时，卖方应及时办理租船订舱工作，如系大宗货物，需要办理租船手续。

A.EXW　　B.FCA　　C.CIF　　D.FOB

6.凡按CIF条件成交的出口合同，在货物装船前，（　　）应及时向中国人民保险公司办理投保手续。

A.买方　　B.卖方　　C.船公司　　D.货代公司

四、问答题

1.在履行出口合同时，应做好哪些环节的工作。

2.履行进口合同的主要环节有哪些。

五、实务训练题

1.某公司以CIF条件向鹿特丹出口食品1 000箱，即期信用证付款。货物装运后，凭装船清洁提单和已投保一切险、战争险的保险单，向银行收妥货款。货到目的港后经进口人复验，发现下列情况：

（1）该批货物共有10个批号，抽查20箱，发现其中2个批号涉及200箱内含沙门氏细菌超过进口国标准。

（2）收货人共收998箱，短少2箱。

（3）有15箱货物外表状况良好，但箱内共短少货物60公斤。试分析进口商应分别向谁索赔，并说明理由。

2.某省精明化工厂利用加拿大政府贷款通过蓝天公司分批从该国王牌公司引进500万美元的化工设备。在商订合同时，精明化工厂为协调配套设备资金及建设情况，在合同装运条款中加列了“卖方在设备装运前通知买方，并取得买方的同意，方可进行装运”的条款。卖方对此无异议，并如期签订了合同。日后，卖方按合同要求开始备货，在首批货物中，30%为外购货，70%为自己生产的产品、完成备货后，王牌公司向蓝天公司发出装运通知，但是精明化工厂以配套资金没有到位，附属设施无法开工为由，拒绝卖方发货。后经多次协商，精明化工厂同意在王牌公司同意支付每年2万美元仓储费的前提下，接受第一批货物。鉴于当时、当地化工市场的情况，为避免损失，精明化工厂不再同意接受后几批的货物。最后，该合同以精明化工厂另外找到新的买家，才得以继续执行。试分析该案例。

3.广交会上，某公司A与科威特某一老客户B签订合同，客户B欲购买A公司的玻璃餐具（品名：GLASS WARES），该公司报价FOB温州，温州出运到科威特，海运费到付。合同金额USD25 064.24，共1×40英尺集装箱，支付条件为全额信用证，客人回国后开信用证到A公司，要求6月份出运货物。A公司按照合同与信用证的规定在6月份按期出了货，并向银行交单议付，但在审核过程发现2个不符点：（1）发票上：GLASS WARES错写成GLASSWARES，即没有空格。（2）提单上：提货人一栏，“TO THE ORDER OF BURGAN BANK，KUWAIT”错写成了“TO THE ORDER OF BURGAN BANK”，即漏写KUWAIT。B公司认为这两个是极小的不符点，根本不影响提货。A公司本着这一点，又认为客户是老客户，就不符点担保出单了。但A公司很快就接到由议付行转来的拒付通知，银行就以上述两个不符点作为拒付理由拒绝付款。A公司立即与客户取得联系，原因是客户认为到付的运费USD2 275太贵，拒绝到付运费（原来A公司报给客户的是5月份的海运费，到付价大约是USD1 950。6月份海运费价格上涨，但客户并不知晓）。因此货物滞留在码头，A公司也无法收到货款。

后来A公司人员进行各方面的协调后，与船公司联系要求降低海运费，船公司将运费降到USD2 100，客户才勉强接受，到银行付款赎单，A公司被扣了不符点费用。整个解决纠纷过程使得A公司推迟收汇大约20天。试分析该案例。

项目九

贸易方式的选择

■学习目标

知识目标：

1. 了解经销、代理、寄售与展卖的含义。
2. 掌握招投标和拍卖的含义以及流程。
3. 掌握加工贸易和补偿贸易的含义和区别。

能力目标：

1. 能恰当地选择不同贸易方式。
2. 能针对不同贸易方式规避贸易风险。
3. 能正确区分加工贸易和补偿贸易。

国际贸易方式是指国际贸易中采用的各种方法。随着经济不断发展，国际贸易越发繁荣，国际贸易方式日趋多样化。国际贸易方式分为一般贸易和综合贸易经营方式，其中一般贸易是指在国内购买原材料，加工后产品出口的贸易方式，主要包括经销、代理、寄售与展卖、招投标、拍卖。综合贸易方式是以简单的货物贸易为基础，将进口与出口、贸易与生产、贸易与融资、货物与劳务结合起来的贸易方式，其主要目的是以进口带动出口，开辟出口市场，以求得每宗交易的外汇收支平衡或基本平衡，主要有加工贸易、补偿贸易和易货贸易（在当今国际贸易中较少使用）三种。不同的贸易方式之间性质、内容、责任所属和风险各不相同，企业必须结合自身产品的特征，灵活运用各种不同的贸易方式才能保持优势。

任务一 认识经销、代理、寄售与展卖

任务描述

作为基本进出口贸易方式，经销、代理、寄售与展卖是当今外贸活动中必须了解的基本内容，只有深入掌握每种方式的含义、特点以及应注意的问题，才能针对企业自身环境及产品特性来选择合适的业务发展方案，才会在进出口贸易中承担应负的责任。

任务实施

一、经销

1.经销的定义

经销是指进口商（经销商）与出口商（供货商）达成书面协议，在规定的期限和区域内销售指定商品的一种贸易方式。

2.经销的种类

（1）一般经销，也称为定销。在此方式下，出口企业根据经销协议向国外经销商提供在一定地区、一定时期内经营某（几）项商品的销售权，经销商则有义务维护出口企业的利益，必要时还要对经销商品提供技术服务，进行宣传推广，而出口企业也需向经销商提供各种便利。经销商虽然享有经销权，在购货时能享受优惠，但并不拥有专营权，出口企业可以在同一地区指定几个经销商。

（2）独家经销，也称为包销。在此方式下，出口企业与国外某客户或几个客户组成的集团（即独家经销商）达成书面协议，由前者给后者在约定地区和一定期限内某一种商品或某一类商品独家经营的权利。

3.经销的优缺点

（1）优点。①专营权的给予，有利于调动独家经销商经营的积极性，利用销售商的销售渠道，巩固和扩大市场。②可避免多头经营产生的自相竞争。③有利于有计划地组织生产和供货。

（2）缺点。①独家经销商可能利用其垄断地位操纵价格和控制市场。②独家经销商可能还经营其他出口企业的商品，使其不能专心经营约定的商品。③若独家经销商经营能力差，则会出现“包而不销”的情况，出口商又不能向其他商人销售，从而蒙受损失。

4.经销的性质

供货人和经销人之间是买卖关系。

5.经销协议的基本内容

独家经销协议包括以下几项内容：

（1）独家经销商的委任、授予及双方的关系。

（2）独家经销权及其对等条件。

（3）独家经销商的商品种类、名称、规格及经销地区和期限。

（4）最低购买金额。

（5）个别销售合同及其与协议和协议所附格式条款的关系。

（6）信息沟通和宣传推广。

6.采用经销方式出口应注意的问题

（1）慎重选择经销商，尤其是包销商。

（2）注意签订好经销协议。

二、代理

1.代理的定义

代理是指代理人按照委托人的授权，代表委托人与第三人订立合同或从事其他法律行为，委托人直接承担由此产生的权利和义务的一种贸易方式。

2.代理的分类

根据授权大小可以分为独家代理（Exclusive Agency）、一般代理（Agency）和总代理（Aeneral Agency）。

（1）独家代理。

①含义：独家代理是指出口企业与国外的独家代理商签订书面协议，在约定的期限和地区范围内，给予对方推销约定商品的权利——专营权。

②独家代理协议：独家代理协议是规定出口企业和独家代理商之间的权利和义务的协议。我国现阶段的独家代理协议内容主要有：协议名称及当事人；独家代理的权限及其对等义务；独家代理推销的商品、地区和期限；最低代销额；代理佣金；宣传推广和商情报告；例外规定。

（2）一般代理。一般代理又称佣金代理、普通代理，是指在同一地区和同一期限内，出口企业同时约定多个代理商，根据代理协议规定的支付办法，付给代理商佣金，代理商不享有独家代理经营权。

（3）总代理。总代理是指代理人在约定地区和期限内，不仅享有指定代销商品的专营权，还有代表出口企业从事其他商务活动的权利。比如，总代理商有权分派分代理，是委托人的全权代表。

案例9-1

美国某公司与中国香港A公司签订一份独家代理协议，指定A公司为该公司在香港的独家代理商。在订立协议时，美国某公司正在试验改进现有产品的性能。不久美国某公司试验成功，并针对这项改进后的同类产品，指定了香港另一家公司B作为香港地区的独家代理商。A公司针对此情况要求美国公司撤销B公司独家代理权并进行相应赔偿。

案例解析：

在本案中，美国某公司并无这种权利。独家代理是指在约定地区和期限内，委托人给予代理人独家代理某项商品权利的方式。委托人在约定地区内，不得委托其他代理人。本案中，美国某公司经改进后的商品与指定商品仍为同类商品，所以美国公司应该将该商品在香港的经营权给予A公司，而无权给予除A公司以外的任何公司。

知识拓展9-1

独家代理协议范本

独 家 代 理 协 议

Exclusive Agency Agreement

本协议于________年____月____日在________（地点）由有关双方在平等互利基础上达成，按双方同意的下列条件发展业务关系：

This agreement is made and entered into by and between the parties concerned on ________（Date） in ________ （Place） on the basis of equality and mutual benefit to develop business on terms and conditions mutually agreed upon as follows:

1.协议双方 （The Parties Concerned）

甲方：__________	乙方：__________
Party A：________	Party B：________
地址：__________	地址：__________
Add：___________	Add：___________
电话：__________	电话：__________
Tel：___________	Tel：___________
传真：__________	传真：__________
Fax：___________	Fax：___________

2.委任（Appointment）

甲方指定乙方为其独家代理，为第三条所列商品从第四条所列区域的顾客中招揽订单，乙方接受上述委任。

Party A hereby appoints Party B as its Exclusive Agent to solicit orders for the Commodity stipulated in Article 3 from customers in the Territory stipulated in Article 4， and Party B accepts and assumes such appointment.

3.代理商品

Commodity

4.代理区域：仅限于韩国

Territory： In Korea only.

5.价格与支付（Price and Payment）

每一笔交易的货物价格应由乙方与买主通过谈判确定，并须经甲方最后确认。付款使用保兑的、不可撤销的信用证，由买方开出，以甲方为受益人。信用证须在装运日期前__30__天到达甲方。

The price for each individual transaction shall be fixed through negotiations between Party B and the buyer， and subject to Party A's final confirmation.Payment shall be made by confirmed， irrevocable L/C opened by the buyer in favor of Party A， which shall reach Party A 30 days before the date of shipment.

6. 商情报告（Market Report）

为使甲方充分了解现行市场情况，乙方应至少每季度一次或在必要时随时向甲方提供市场报告，内容包括与本协议代理商品的进口与销售有关的地方规章的变动、当地市场发展趋势以及买方对甲方按协议供应的货物的品质、包装、价格等方面的意见。乙方还承担向甲方提供其他供应商类似商品的报价和广告资料。

In order to keep Party A well informed of the prevailing market conditions, Party B shall supply Party A, at least once a quarter or at any time when necessary, with market reports concerning changes of the local regulations in connection with the import and sales of the Commodity covered by this agreement, local market tendency and the buyer′s comments on quality, packing, price, etc.of the goods supplied by Party A under this agreement.Party B shall also supply Party A with quotations and advertising materials on similar products of other suppliers

7. 广告及费用 （Advertising and Expenses）

乙方负担本协议有效期内在韩国销售代理商品做广告宣传的一切费用，并向甲方提交所用于广告的声像资料，供甲方事先核准。

Party A shall bear all expenses for advertising and publicity in connection with the Commodity in Korea within the validity of this agreement, and shall submit to Party A all audio and video materials intended for advertising for prior approval of Party A.

8. 佣金 （Commission）

对乙方直接获取并经甲方确认接受的订单，甲方按发票售价向乙方支付___%的佣金。佣金在甲方收到每笔订单的全部货款后_____天内向乙方支付。

Party A shall pay Party B a commission of_____% on the invoiced selling price on all orders directly obtained by Party B and accepted by party A.For each order, Party A shall paid the commission to Party B within_____days from the date Party A receives the full payment for such order.

9. 工业产权 （Industrial Property Rights）

在本协议有效期内，为销售本协议项下的代理商品，乙方可以使用甲方拥有的商标，并承认使用于或包含于代理商品中的任何专利商标、版权或其他工业产权为甲方独家拥有。一旦发现侵权，乙方应立即通知甲方并协助甲方采取措施保护甲方权益。

Party B may use the trade-marks owned by Party A for the sale of the Commodity covered herein within the validity of this agreement, and shall acknowledge that all patents, trademarks, copy rights or any other industrial property rights used orembodied in the Commodity shall remain to be the sole properties of Party A.Should any infringement be found, Party B shall promptly notify and assist Party A to take steps to protect the latter's rights.

10. 协议有效期 （Validity of Agreement）

本协议经有关双方如期签署后生效，有效期为________年，从________年____月____日至________年____月____日。除非作出相反通知，本协议期满后将延长____个月。

This agreement, when duly signed by the both parties concerned, shall remain effect for ________ months from ________ (date) to ________ (date), and it shall be extended for another ________months upon expiration unless notice in writing is given to the contrary.

11. 协议的终止 (Termination)

在本协议有效期内，如果一方被发现违背协议条款，另一方有权终止协议。

During the validity of this agreement, if either of the two parties is found to have violated the stipulations herein, the other party has the right to terminate thisagreement.

12. 不可抗力 (Force Majeure)

由于水灾、火灾、地震、干旱、战争或协议一方无法预见、控制、避免和克服的其他事件导致不能或暂时不能全部或部分履行本协议，该方不负责任。但是，受不可抗力事件影响的一方须尽快将发生的事件通知另一方，并在不可抗力事件发生15天内将有关机构出具的不可抗力事件的证明寄交对方。

Either party shall not be responsible for failure or delay to perform all or any part of this agreement due to flood, fire, earthquake, draught, war or any other events which could not be predicted, controlled, avoided or overcome by the relevant party. However, the party affected by the event of Force Majeure shall inform the other party of its occurrence in writing as soon as possible and thereafter shall send a certificate of the event issued by the relevant authorities to the other party within 15 days after its occurrence.

13. 争议解决 (Dispute Resolution)

凡因本合同引起的或与本合同有关的任何争议，双方应首先尝试友好协商解决。如果一方向另一方发出协商通知之日起三十日内，争议仍未得到解决，则应将争议提交中国国际经济贸易仲裁委员会上海分会，按照申请仲裁时该会实施的仲裁规则进行仲裁。仲裁裁决是终局的，对双方均有约束力。

Any dispute arising from or in connection with this agreement shall first be attempted to be resolved through discussions and consultations between the Parties in good faith.If the dispute remains unresolved upon expiration of 30 days after written notice has been sent by one Party to the other Party, the dispute shall be submitted to China International Economic and Trade Arbitration Commission, Shanghai Sub-Commission for arbitration, which shall be conducted in accordance with the Commission´s arbitration rules in effect at the time of applying for arbitration.The arbitral award is final and binding upon both Parties.

14. 语言 (Language)

本合同以中英文书就，如中英文内容存在不一致，以中文为准。

This agreement is made in both Chinese.In the event of any discrepancy between the two versions, the Chinese version shall prevail.

15. 管辖法律 (Governing Law)

本协议受中华人民共和国法律管辖并按中华人民共和国法律解释。

This agreement shall be governed, construed and interpreted in accordance with the laws of the People's Republic of China.

双方于文首日期签署本独家代理协议。

The parties have executed this Exclusive Agency Agreement on the date first written above.

甲方：（盖章）	乙方：（盖章）
Party A:	Party B:
授权代表人签字：	授权代表人签字：
Authorized Representative:	Authorized Representative:
____________________（签字）	____________________（签字）

资料来源　根据《百度文库》2013年11月22日有关资料整理得来。

三、寄售与展卖

1.寄售

（1）寄售的定义。寄售（Consignment）是指出口商（又称寄售人Consignor）先将准备销售的货物运往国外寄售地，委托当地代销商（Consignee）按照寄售协议规定的条件代为销售后，再由代销商同货主结算货款。

寄售是一种先运后售的商品委托代售贸易方式，通过寄售出售商品，要等货物售出后才由代销商将货款交付寄售人。

（2）寄售的特点。①寄售是由寄售人先将货物运至寄售地，然后再寻找买主，因此，它是凭借实物进行的现货交易。②商品售出前所有权属于寄售人。③寄售人与代售人是委托代售关系。④寄售方式下，代销商不承担任何风险和费用，货物售出前的一切风险和费用均由寄售人承担。

（3）寄售协议的内容。寄售协议是寄售人和代销商之间为了执行寄售业务就双方的权利、义务和有关寄售的条件和具体做法而签订的法律文件。签订寄售协议必须注意商品价格的确定、各种费用的承担以及安全收汇三个方面的问题。一般而言，寄售协议都会包括下列内容：①协议名称及双方的义务和责任。②寄售地区。③寄售商品的名称、规格、数量。④定价方法。⑤佣金的比例及支付方法。⑥货款的收付方式。⑦保险的责任、各种费用的负担以及代销商的其他义务等条款。

（4）寄售的利弊。有利之处：①对寄售人来说，寄售有利于开拓市场、扩大销路。②代售人在寄售方式中不需要垫付资金，也不承担风险，因此，寄售方式有利于调动那些具有推销能力、经营作风好、资金不足的客户的积极性。③寄售是凭实物进行的现货买卖，买主看货成交，付款后即可提货，大大节省了交易时间，减少了交易风险和费用，为买主提供了便利。有弊之处：①承担的贸易风险大。②资金周转期长，收汇不够安全。

2.展卖

（1）展卖的定义。展卖是利用展览会和博览会及其他交易会形式，对商品实施展销结合的一种贸易方式。

（2）展卖的特点。展卖作为一种商品推销方式，其基本特点可以概括为：把出口商品的展览和推销有机地结合起来。边展边销，其中以销售为主要目的。

（3）展卖的形式。展卖的形式有国际博览会（International Fair）、中国进出口商品交易会（Chinese Import and Export Commodities Fair，简称广交会）、中国国际高新技术成果交易会（China Hi-Tech Fair，简称高交会）等。

知识拓展9-2

中国进出口商品交易会

中国进出口商品交易会也叫“广州交易会”，简称广交会。创办于1957年春季，每年春秋两季在广州举办，距今已有59年的历史，是中国目前历史最长、层次最高、规模最大、商品种类最全、到会客商最多、成交效果最好的综合性国际贸易盛会。自2007年4月第101届起，广交会由中国出口商品交易会更名为中国进出口商品交易会，由单一出口平台变为进出口双向交易平台。

中国进出口商品交易会贸易方式灵活多样，除传统的看样成交外，还举办了网上交易会（VirtualExpo，Online Exhibition）。广交会以出口贸易为主，也做进口生意，还可以开展多种形式的经济技术合作与交流，以及商检、保险、运输、广告、咨询等业务活动。

资料来源　根据《百度百科》有关资料整理得来。

任务二　认识招投标与拍卖

任务描述

招投标和拍卖丰富、完善了进出口贸易方式。投标引入竞争机制，是国际上采用的较为完善的交易方式。而拍卖则一定程度上避免了交易的主观随意性，最终实现商品的最大价值。本任务探讨了招投标和拍卖的内容、程序和特点，是进出口贸易方式中必须掌握的内容。

任务实施

一、招标与投标

1.招标与投标的定义

招标（Invitation to Tender）指招标人（买方）在规定的时间、地点发出招标通告，说明拟采购的商品名称、规格、数量及其他交易条件，邀请投标人（卖方）在规定时间、地点按照一定的程序进行投标的行为。

投标（Submission of Tender）是投标人（卖方）根据招标公告或招标单规定的条件，在指定的时间内向招标人递盘的行为。投标是招标的后续行为，二者结合才形成完整的贸易行为。

2.招标与投标的基本程序

（1）招标包括三个基本环节：制定招标文件、发布招标公告、对投标人进行资格预审。

（2）投标的工作包括：认真研究招标文件、确定适当的价格、提供投标保证金、认真制作投标文件、正确即使递送投标文件。

（3）开标与评标。①开标。开标有公开开标和秘密开标之分。公开开标是按照招标人规定的时间、地点，在投标人或其代理出席的情况下，当众拆开密封的投标文件，宣读文件内容。秘密开标是指没有投标人参加，由招标人自行选定中标人。招标人可以根据情况选择上述不同方式。②评标。评标即招标人对投标书的贸易条件、技术条件及法律条件进行评审、比较，选出最佳投标人作为中标人。评标的基本原则是公正性、准确性和保密性。

（4）签订协议。中标人签约时要提交履约保证金，取代原投标保证金。贷款项目需贷款人审批同意后，协议方能生效。

二、拍卖

1.拍卖的定义

拍卖是由专营拍卖业务的拍卖行接受货主的委托，在一定的时间和地点，按照一定的章程和规则，以公开叫价的方法，最后拍卖人把货物卖给出价最高的买主的一种贸易方式。

通过拍卖进行交易的商品大多是一些品质不易标准化的、或者难以久存的、或者是习惯上采用拍卖方式进行交易的商品，比如茶叶、烟叶、兔毛、皮毛、木材等。某些商品，如水貂皮、澳洲羊毛，大部分都是以国际拍卖形式进行。

2.拍卖的形式

（1）增价拍卖，也称买方叫价拍卖。这是最常用的一种拍卖方式。拍卖时由拍卖人（Auctioneer）提出一批货物，宣布预定的最低价格，估价后由竞买者（Bidder，又称买主）相继叫价、竞相加价，有时规定每次加价的金额额度，直到出价最高时，由拍卖人接受并以击槌动作宣告达成交易。

（2）减价拍卖，也称“荷兰式拍卖”。是由拍卖人喊出最高价格，然后逐渐减低叫价，直到某竞买者认为已经低到可接受的价格，表示买进。

（3）密封递价拍卖，又称招标师拍卖。是先由拍卖人公布每批商品的具体情况和拍卖条件等，然后由各竞买方在规定时间内将自己的出价密封递交拍卖人，以供拍卖人进行审查比较，从而决定将该货物卖给哪一个竞买者。

3.拍卖的特点

拍卖是一种公开竞买的现货交易；拍卖是在一定地点有组织地进行；拍卖必须按预先规定的规章和程序进行。

4.拍卖的基本程序

（1）准备阶段。货主于拍卖前将货物运至拍卖人指定地点，委托拍卖人进行挑选和分批，拍卖人编印目录并招揽买主。拍卖人一般还应准备提供各种书面资料，进行宣传以扩大影响。

（2）查看货物。参加拍卖的买主在规定的时间内到仓库查看货物，了解商品品质，提前拟定自己的出价标准。

（3）正式拍卖。正式拍卖是在规定的时间和地点，按照拍卖目录规定的次序逐笔喊价成交。拍卖过程中，买主在正式拍卖的每一次叫价，都相当于一项发盘，当另一竞买者报出更高价格时，该发盘即行失效。当无人再次喊价，拍卖主持人以击槌的方式代表卖主表示接受后，交易即达成，买卖双方签订合同。

（4）付款、提货。拍卖成交后，买主按规定付款并提货。

5. 拍卖的应注意的问题

（1）确定适当的拍卖基价。基价过低则易受买主压价，对卖方不利；基价过高则容易导致流拍或交易无法成交，不但要支付运费和仓租费，还要支付给拍卖机构一定费用。

（2）选择适合的拍卖货物，比较与其他贸易方式成交的利弊。

（3）熟悉各拍卖行的习惯做法和规章制度，比如各国对于支付货币与付款方式及对货物转移方面的不同规定等。

（4）公平交易。不允许买方为了自己利益私下串通，恶意压价。

小提示 9-1

投标在市场中引入竞争机制，价格并不是竞争的唯一因素，还要评价投标人的履约能力和技术管理能力以及性价比等等，这也是国际上采用的较为完善的交易方式。

拍卖通过一个卖方与多个买方进行现场交易，使不同买方围绕同一物品或财产权利竞相出高价，从而在拍卖竞价中去发现其真实价值和稀缺程度。拍卖避免了交易的主观随意性，更直接地反映了市场需求，最终实现商品的最大价值。

任务三　加工贸易与补偿贸易

任务描述

加工贸易与补偿贸易是综合贸易经营方式中主要的两种，同时在目的和形式上具有一定相似性。本任务中探讨了加工贸易与补偿贸易各自的含义与形式，要求能够准确区分加工贸易与补偿贸易。

任务实施

一、加工贸易

1. 加工贸易的定义

主要是指由外商提供全部或部分原材料、辅料、零部件、元器件、包装物料，必要时提供设备，由我方加工单位按外商的要求进行加工装配，成品交外商销售，我方收取工缴费；外商提供的设备价款，我方用工缴费偿还的贸易方式。

2. 加工贸易的形式

加工贸易主要有对外加工装配和进料加工两种方式。

（1）对外加工装配。对外加工装配是来料加工、来件装配的统称，特点是由外商提供原材料、元器件或零部件，利用加工装配国的国内企业设备和劳动力按照外商要求进行加工，加工装配企业收取工缴费。

（2）进料加工。进料加工是指企业自筹外汇在国际市场购买原材料、元器件或零部件，按照自己的设计加工装配方式进行加工，制成成品后出口销往国外。

（3）进料加工与来料加工的异同。

相同点：都是两头在外。

不同点：①进料加工中原料进口和成品出口是两笔交易，原料和成品均发生了所有权的转移。而来料加工中的原料进口和成品出口是属于同一笔交易，所有权不发生转移。②在进料加工中，加工方要承担经营风险、价格风险、销售风险。而在来料加工中，加工方不承担经营风险，只收取加工费。

二、补偿贸易

1.补偿贸易的含义

补偿贸易（Compensation Trade），又称产品返销，它是指交易的一方在对方提供信用的基础上，进口设备技术；然后以该设备技术生产的产品，分期抵付进口设备技术的价款及利息。

补偿贸易是商品贸易与信贷、生产、劳务和技术引进相结合的贸易方式。

2.种类

我国开展的补偿贸易中，按照偿付标的不同大体分为下列三种形式：

（1）直接产品补偿。即一方进口国外的设备技术后，用这些设备技术生产出来的产品分期偿还价款。设备技术的进口方一般愿意采用这种方法。

（2）间接产品补偿。即设备技术进口方不用上述直接产品补偿，而是其他产品补偿。这种做法类似互购，但它使用同一个合同也就是补偿贸易合同，而互购则需要分别签订两个单独合同。

（3）劳务补偿。这是将补偿贸易与来料加工相结合的做法，即由一方提供设备技术的同时，提供原材料，委托对方加工装配，另一方用加工费收入分期偿还价款。

补偿贸易也可以根据商品、劳务补偿所占比重不同分为以下两种形式：

（1）全额补偿。即全部货款都用商品或劳务补偿。

（2）部分补偿。即货款中有一定的比例用现金支付，其余部分用商品或劳务补偿。

3.补偿贸易的基本过程

（1）准备阶段。从引进设备、技术和劳务的一方来说，在这一阶段要做好可行性研究，其中最重要的是引进项目的建设条件是否具备。

（2）对外磋商阶段。这是补偿贸易的关键阶段。双方就补偿贸易合同的主要条款进行具体磋商，明确双方的权利和义务，一般包括技术谈判和商务谈判两个方面。

（3）签订书面合同阶段。在这一阶段，要根据磋商达成的一致意见签订书面合同，以便合同双方执行。补偿贸易签订的书面合同一般有三种：补偿贸易协议、设备（或技术、劳务）进口合同、补偿产品出口合同。

补偿贸易协议是一笔具体交易的基础和连接进口设备技术、出口补偿产品两个合同的纽带，它规定了进行补偿贸易的总原则和一般条件。

小提示9-2

信贷是进行补偿贸易必不可少的前提条件。设备技术供应方必须同时承诺回购设备技术进口方的产品或劳务，这是构成补偿贸易的必备条件。

项目小结

国际贸易方式是在国际贸易中正常、有序、合理地进行贸易活动的保证，选择恰当的贸易方式要求针对商品间的差异和当前市场的特点进行选择。恰当的国际贸易方式便于调动双方的积极性，带来更高的进出口经济效益，促进贸易转型升级，推动我国进出口贸易进一步发展。同时，每种贸易方式规定了买卖双方应该承担的义务，作了完整而确切的解释。因而，避免了由于对合同条款的理解不一致，在履约过程中可能产生的某些争议。

项目训练

一、填空题

1.经销是进口商与出口商达成协议，在规定______和规定______内销售________商品的贸易方式。

2.寄售是指出口人先将准备的货运往________，委托________按照协议代为销售后，再由________结算货款。

3.在招投标中，由__________________发布招标公告，由________________进行资格预审。

4.拍卖以________叫价的方式进行贸易。

5.增价拍卖又称为________。

6.加工贸易主要包括________和________两种方式。

7.进料加工是指________________________购买原材料等。

8.来料加工与进料加工的相同点是__________________________。

9.在进料加工中，________承担经营风险。

10.在来料加工中，加工方收取________。

二、判断题

1.包销商以自己的名义买进商品，也有权在转售商品时自行定价。（　　）

2.拍卖实际是一种现货交易。（　　）

3.独家代理是委托人在指定地区内的全权代表。（　　）

4.加工贸易由外商提供原材料甚至设备，不需加工方支付这方面成本，一定程度上减少了外汇匮乏带来的问题。（　　）

5.在寄售业务中，代销人不能以自己的名义出售货物。（　　）

6.寄售方式对寄售人而言风险较小，而对代销人而言则风险较大。（　　）

7.补偿贸易是在信贷基础上的交易方式。（　　）

8.招标与投标是一种交易方式的两个方面，二者结合才是完整的贸易行为。（　　）

9.展卖是一种边展边销，有利于宣传出口商品的贸易方式。（　　）

10.通过拍卖成交的商品通常是品质难以标准化或难以久存的商品，或是按传统习惯以拍卖出售的商品。（　　）

三、单项选择题

1.经销商在协议规定的期限和地域内，对指定的商品享有独家专营权的是（　　）。

A.独家经销　　B.一般经销　　C.专买权　　D.转卖权

2.在独家经销中，包销人（　　）。

A.按包销数量收取佣金　　B.代销指定商品

C.进行产品宣传和推广　　D.不承担市场风险

3.委托人在约定地区的全权代表是（　　）。

A.总代理　　B.独家代理　　C.一般代理　　D.代办人

4.委托人与代理人的关系在代理协议中体现为（　　）。

A.买卖关系　　B.委托代理关系

C.委托代售关系　　D.委托代购关系

5.独家代理和独家经销两种贸易方式（　　）。

A.前者是委托代理关系，后者是买卖关系

B.前者是买卖关系，后者是委托代理关系

C.都是委托代理关系

D.都是买卖关系

6.在寄售业务中，寄售人与代销人之间是（　　）。

A.买卖关系

B.委托与受托关系

C.委托代理关系

D.既是买卖关系，也可以是委托代理关系

7.在寄售方式下，货款一般是在货物（　　）。

A.售出前向代销人收取　　B.售出前向代销人收取保证金

C.售出后收回　　D.售出前或售出后按代销人要求办理

8.招投标方式中（　　）。

A.招标买方是竞争者　　B.招标时并无竞争者

C.招标卖方是竞争者　　D.投标时并无竞争者

9.在购买技术要求较高的专业性设备或成套设备时，多采用（　　）。

A.公开招标　　B.公开投标　　C.非公开招标　　D.非公开投标

10.投标书是一项（　　）。

A.询盘　　B.发盘　　C.还盘　　D.受盘

四、问答题

1.简述拍卖的基本程序。

2.简述招标、投标业务的基本程序。

3.简述寄售的特点。

五、实务训练题

1.A公司在国外选择了B公司作为其代售人，并签订了寄售协议。货物在运往寄售地销售的途中遭遇洪水，使得20%的货物被洪水冲走。又因遭遇洪水道路需要维修，货物存仓发生了8 000美元的仓储费，以上损失的费用应由谁承担？为什么？

2.某公司在拍卖行经竞买获得一批精美瓷器，在商品拍卖时，拍卖条件中规定，“买方对货物的过目或不过目，卖方对商品的品质概不负责。”该公司在将这批瓷器通过公司所属商行销售时，发现有部分瓷器出现网纹，严重影响这部分商品的销售。该公司因此向拍卖行提出索赔，但遭到拍卖行的拒绝。试分析，拍卖行的拒绝是否有道理？为什么？

主要参考文献

[1] 何民乐. 国际贸易实务 [M]. 大连：东北财经大学出版社，2009.

[2] 崔瑾. 外贸单证实务 [M]. 北京：高等教育出版社，2011.

[3] 费景明，罗理广. 进出口贸易实务 [M]. 3版. 北京：高等教育出版社，2012.

[4] 吕红军. 进出口贸易实务 [M]. 北京：对外经济贸易大学出版社，2013.

[5] 天津市第一商业学校物流服务与管理专业教材编写组. 进出口贸易实务 [M]. 北京：海洋出版社，2013.

[6] 张玮. 国际贸易原理 [M]. 北京：中国人民大学出版社，2013.

[7] 张锡嘏. 国际贸易 [M]. 北京：对外经济贸易大学出版社，2013.

[8] 应颖. 国际贸易认知 [M]. 北京：高等教育出版社，2014.

[9] 袁建新. 国际贸易实务 [M]. 上海：复旦大学出版社，2015.

[10] 吴百福，徐小薇. 进出口贸易实务教程 [M]. 7版. 上海：格致出版社、上海人民出版社，2015.

[11] 张艰伟. 国际贸易流程 [M]. 北京：高等教育出版社，2016.

[12] 黎孝先. 国际贸易实务 [M]. 北京：对外经济贸易大学出版社，2016.

[13] 孙国忠. 国际贸易实务 [M]. 北京：机械工业出版社，2016.

[14] 傅龙海. 国际贸易理论与实务 [M]. 北京：对外经济贸易大学出版社，2016.